C 프로그래밍 입문

저자 **김태용**

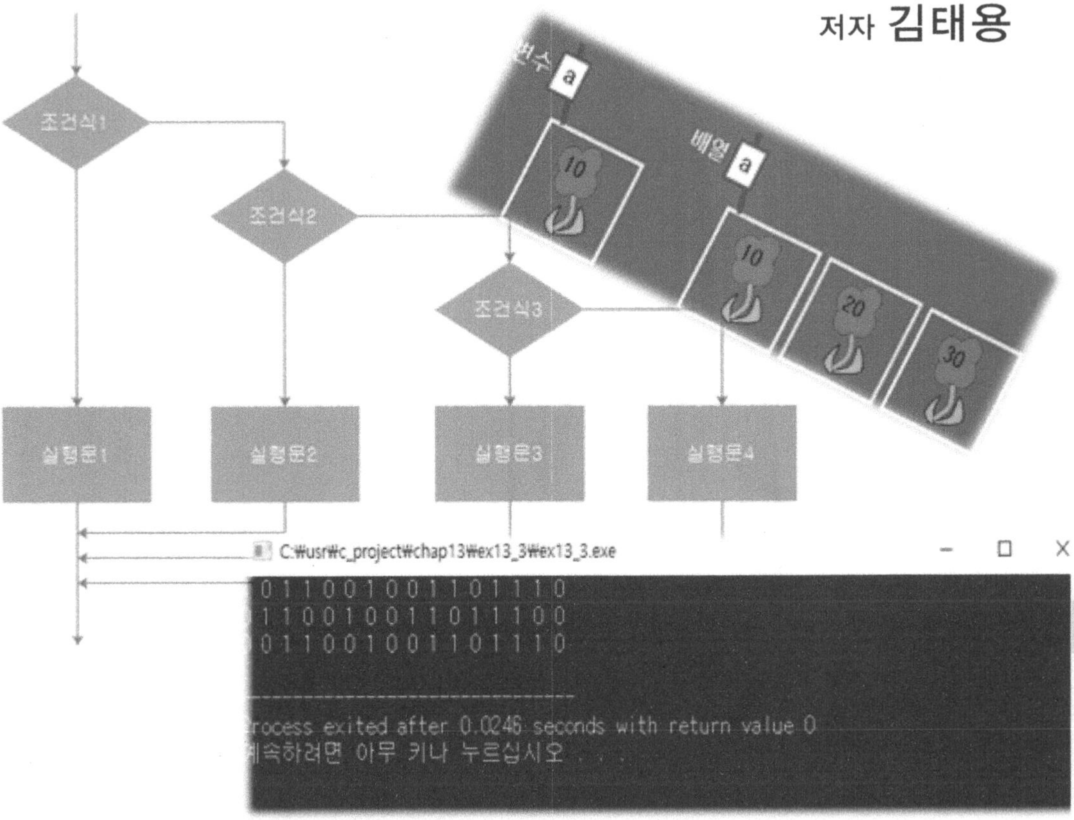

HS 도서출판 한산

머 리 말

C 언어는 오랜 역사를 가진 프로그래밍 언어로, 현재와 같은 퍼스널 컴퓨터가 등장하기 이전부터 UNIX와 같은 운영체제에서 시스템을 개발하기 위해 사용되어 왔다. 현재는 객체지향 언어가 주류를 이루게 되었으나, 결국 그 근본은 C 언어에서 파생되었다고 해도 과언은 아닐 것이다. 또한 C 언어 그 자체만으로도 시스템 개발의 한 부분을 아직도 담당하고 있어 그 역할은 대단히 중요하다고 할 수 있다.

본 교재는 C 언어를 습득하기 위한 기초 교재로 개발되었다. 앞으로 C 언어를 배우거나 개념을 확립시키고자 하는 경우에 입문서로서 활용할 수 있을 것이다. 또한 프로그래밍이 이제는 공학계열을 전공하는 사람만의 전유물로 국한되지 않고 있으며 일반인도 본인만의 소프트웨어 개발을 희망하는 경우도 늘고 있다. 대다수의 프로그래밍 학습서는 프로그래밍 문법이라는 관점에서 내용을 다루고 있어 기초적인 컴퓨터 소양이 부족한 사람들에게는 학습부담을 느낄 수밖에 없는 상황이다.

단순히 문법적인 내용만을 나열하기 보다는 프로그래밍 및 C 언어에서 사용되는 예약어 및 개념을 파악하고 단계별로 학습진도를 설계할 수 있도록 구성하였지만, 프로그래밍이라는 것은 직접 체험하지 않으면 - 결국은 부단한 연습이 필요하다 - 자기 것으로 만들 수 없다. 단순하게 배우는 것이 아니라 "배우고 익히는" 부단한 학습과정이 필요하다는 점을 기억해 주었으면 한다.

누구라도 처음 작성한 프로그램이 동작하게 되면 감동하게 된다. 이 교재를 통하여 프로그래밍 그 자체를 이해하고 실생활의 문제를 해결하기 위한 수단으로서, 스스로 프로그램을 개발할 수 있기를 바라면서 조금이나마 도움이 되었으면 한다.

목 차

제1장 프로그래밍을 위한 기초 지식

제4장 간단한 연산을 통한 프로그래밍

제5장 프로그램 제어하기 - 분기처리

제6장 프로그램 제어하기 - 반복처리

제7장 배열 이용하기

제8장 함수를 이용하기

제9장 문자열 처리

제10장 파일 입출력

제11장 포인터의 이해

제12장 구조체의 이해

제13장 진보된 내용의 학습

A. Dev-C++ Compiler의 설치와 환경 설정

B. ANSI 함수 사양

프로그래밍을 위한 기초 지식

제1장 프로그래밍을 위한 기초 지식

C 프로그래밍에 대해 알아보기 전에 몇 가지 기초지식을 해설한다. 프로그래밍에 국한되지 않고 좋아하는 스포츠를 배운다든지, 요리를 배우더라도 필요한 전문용어 및 규칙 등을 사전에 숙지하는 것은 반드시 필요할 것이다.

1.1 소프트웨어는 어떻게 만들어지나?

소프트웨어가 탄생한 것은 최초의 컴퓨터가 등장한 이후 제법 시간이 걸렸다. 그 사이의 역사적인 흐름을 추적해보면 컴퓨터에게 소프트웨어가 어떤 역할을 담당했는지를 알 수 있다.

1.1.1 컴퓨터의 조상들

「귀찮은 계산은 기계에게」라는 아이디어는 생각보다 오래되었으며 17세기경으로까지 거슬러 올라간다. 물론 당시에는 전동식의 계산기를 제작하는 기술은 없었다.

컴퓨터의 원형이 등장한 것은 제2차 세계대전이라고 볼 수 있다. 1942년 미국 아이오아 주립대학에서 완성된 ABC, 1943년에 영국의 Colosus, 1946년에는 미국 펜실베니아 대학의 ENIAC 등을 들 수 있다. 이들 컴퓨터는 대포의 탄도계산 및 암호해독 등 군사적인 목적으로 개발되었다.

그러나 이들 컴퓨터의 조상들은 소프트웨어를 사용할 수는 없었다. 말하자면 당시에는 소프트웨어 그 자체가 탄생하지 않았다. 그럼 소프트웨어가 없는데도 불구하고 어떻게 컴퓨터를 사용할 수 있는가라는 의문을 가지게 될 것이다. 그 답은 이들 컴퓨터에서는 진공관의 배열 또는 배선을 조합시켜가며 사용하였던 것이다. 이런 이유로 ABC는 약 300개, Colosus는 약 2,500개, ENIAC의 경우는 약 1,800개의 진공관이 사용되었던 것이다. 지금은 상상할 수 없으나 ENIAC의 경우는 총 중량 30톤에 달해 커다란 빌딩의 한 층을 전부 점유할 정도의 규모를 자랑하였다.

1.1.2 소프트웨어를 사용할 수 있는 컴퓨터의 등장

컴퓨터가 발명되어도 진공관이나 배선 등을 변경하지 않으면 사용할 수 없다는 것이 그 당시에는 매우 큰 고민거리였다. 컴퓨터를 다양한 용도로 사용하고 싶어도 융통성이 없었다. 이러한 점을 해소하게 된 것은 수학자 존 폰 노이만(John von Neumann)이 제창한 노이만 방식이라는 아이디어가 나오면서부터이다. 노이만 방식에서는 다음과 같은 프로세스를 거쳐 연산처리를 하였다.

- 계산 절차를 데이터화 시키고 기억장치에 격납시켜 둔다.
- 컴퓨터는 이들 절차를 축차적으로 읽어 들여 처리한다.

쉽게 말하자면 하드 디스크에서 프로그램을 읽어 들여 실행시킨다는 현재의 PC에서와 같은 방식을 뜻하고 있다. 결국 현재 사용 중인 컴퓨터 대부분은 노이만 방식의 컴퓨터라고도 볼 수 있다.

노이만 방식 컴퓨터의 등장과 함께 이제까지 없었던 소프트웨어라는 개념이 탄생하게 되었다. 그리고 소프트웨어를 개발하기 위해 각종 프로그래밍 언어도 탄생하게 되었다. 현재 폭넓게 사용되고 있는 C언어, 파이썬(Phython), Java는 이러한 프로그래밍 언어의 한 부류이다.

1.2 컴퓨터로 할 수 있는 것

프로그래밍을 학습하기 위해서 컴퓨터로 할 수 있는 것과 할 수 없는 것들에 대해서 명확히 해 둘 필요가 있다. 이 점은 프로그램을 작성할 때 중요한 포인트가 될 것이다.

1.2.1 컴퓨터는 만능이 아니다

컴퓨터의 어원은 「계산한다(compute) + 것(er)」이다. 최초의 컴퓨터는 계산만을 수행하는 기계였으나 기술이 발달하면서 문자를 취급할 수 있게 되었다. 또한 대용량의 기억장치도 사용할 수 있게 되면서 보다 고성능의 OS가 등장하게 되었고 고도의 작업을 처리할 수 있게 되었다.

현재의 컴퓨터는 고성능이지만, 그렇다고 해서 무엇이든지 가능하다는 의미는 아니다. 컴퓨터로 가능한 일들을 크게 분류하여 보면 다음과 같이 두 가지라고 볼 수 있다.

- 데이터의 가공
- 데이터의 교환

예를 들어 프로그램에 의해서 로봇을 제어할 수 있다. 이는 로봇에 대해서 제어용 신호를 보내는 것에 해당하며 데이터를 교환하는 한 예라고 볼 수 있다.

1.2.2 데이터 가공과 데이터 교환

컴퓨터의 내부에서는 문자 데이터를 문자 코드(각각의 문자에 대응한 번호)로 취급한다. 그 이외의 그래픽 또는 동영상, 사운드 등은 디지털 데이터로서 취급한다.

데이터 가공이라는 의미는 데이터에 추가로 원하는 목적에 맞게끔 처리하는 것이다. 예를 들자면 다음과 같은 작업들이 될 수 있을 것이다.

- 구매한 물건의 합계 금액을 계산
- 컬러 이미지를 흑백 이미지로 변환

● 디지털 무비를 편집

데이터 교환에는 컴퓨터에 대한 입력과 컴퓨터로부터의 출력이 있다. 키보드의 타이핑 및 마우스 클릭 등은 입력에 해당하고, CDROM 등으로부터 파일을 읽어 들이는 것도 입력이다. 화면에 문자를 덤프(dump)한다든지 스피커에 소리를 내게 하는 것은 출력의 한 예이다.

이와 같이 생각하면 프로그래밍이라는 것은 데이터 가공 및 교환을 여러 형태로 조합하여 컴퓨터로 하여금 처리하도록 일을 시키는 것이라고 볼 수 있다.

1.2.3 내부에서는 어떤 처리가 일어나고 있는가?

우리가 TV 뉴스를 시청할 때, 캐스터가 뉴스를 전달하는 동안에 스튜디오 내부에서는 여러 작업들이 진행되고 있다는 것을 잘 알고 있을 것이다. 현장에서 취재를 하는 사람, 촬영된 영상을 편집하는 사람, 뉴스 원고를 작성하는 사람, 스튜디오 내부를 촬영하는 사람, 모든 작업을 감독하는 사람 등 다양한 작업들이 동시에 진행되고 있을 것이다.

컴퓨터를 조작할 때도 이와 같이 그 뒷면에는 어떤 처리를 하고 있는지 이해해 두는 것도 중요하다. 예를 들어 문서 편집기를 이용해서 편집 작업을 할 경우에도 무슨 문자가 입력되었는지 판단하고 이를 화면에 표시하고 툴바의 메뉴 또는 마우스가 클릭되었을 때 여러 상황에 대응하여 무언가를 처리하고 있을 것이다.

말하자면 우리가 작성하고자 하는 프로그램은 사용자와 컴퓨터를 연결하는 역할을 수행하게 된다.

1.3 프로그램에는 무엇이 들어있나?

1.3.1 C 언어 프로그램은 어떻게 생겼나?

「백문이 불여일견」. 【예제 1-1】이 가장 단순한 C 프로그램이다. 이것은 모니터 화면에 "Hello World"라는 문자 메시지를 표시할 수 있다. C언어의 입문서를 접하면 항상 보게 되는 가장 단순한 C 프로그램인 것이다.

【예제 1-1】 C프로그램의 예 (hello.c)

```
#include <stdio.h>

int main(void)
{
    printf("Hello World₩n");

    return 0;
}
```

프로그램을 읽을 때는 영어의 문장과 마찬가지로 왼편에서 우측으로, 위에서 아래로 읽는다. 프로그램의 작성방법은 2장에서 설명하므로 여기서는 C 언어의 프로그램은 어떤 것인지에 대한 전체적인 윤곽을 파악하여 보자.

예제 프로그램 안에는 include, main과 같은 단어 및 세미콜론, () 등의 기호가 사용되고 있다. 즉 C 프로그램은 이와 같은 단어 및 기호 등으로 작성되는 것이다. 말하자면 C 언어의 문법(사양)으로서 결정되어 있는 것을 의미하고 함수명, 예약어, 연산자 등으로 분류될 수 있다.

앞으로 소개되는 예약어 및 연산자 등을 처음부터 암기하려고 하는 사람들이 많다. 이는 필요 없는 행동으로 단계별로 학습하는 동안에 자연스럽게 대부분의 예약어 및 연산자 등을 체득하게 되므로 처음부터 무리하게 암기하려고 하지 말자.

1.3.2 컴퓨터는 프로그램이 시키는 것만 처리

졸업식을 하더라도 졸업식 전반에 걸쳐 정해진 순서가 정해져 있고 이 절차에 따라 행사가 진행된다. 졸업식의 사회자는 식순에 따라 개회식, 인사말, 상장 수여 및 폐회사 등을 진행한다.

이와 같이 컴퓨터의 프로그램에는 처리의 순서에 따라 정해진 명령 등을 처리한다. 문제는 인간처럼 그때그때의 상황에 따라 잘 적응하여 일을 처리할 수 없는 것이 컴퓨터라는 것이다. 결국은 이 컴퓨터를 원하는 작업을 하도록 일을 시키는 것이 프로그래밍이 되며, 컴퓨터는 프로그래머가 제시하는 작업의 순서에 따라 일을 할 뿐이다.

1.3.2 프로그램은 기계어로 변환된다

키보드에서 단순히 “Hello World"라고 타이핑했다고 해서 컴퓨터는 어떤 반응도 보이지 않을 것이다. C 언어라면 【예제 1-1】과 같은 프로그램을 작성하면 된다.

컴퓨터의 두뇌(=CPU)가 이해할 수 있는 언어는 기계어(machine language)에 국한된다. C언어로 프로그램을 작성했다고 해서 CPU가 이해해 주는 것은 아니다. 결국은 C언어로 작성된 프로그램을 기계어로 번역(컴파일)함으로써 CPU가 이해할 수 있는 실행 가능한 파일을 생성시키는 과정이 필요하다.

다시 말해서 컴퓨터의 CPU는 기계어만 이해할 수 있으므로 0과 1만 인식한다. 따라서 기계어 프로그램에서는 모든 명령 및 데이터가 0과 1의 조합으로 구성되어 있는 것이다. 예를 들면 1101010001010000011과 같은 형태를 취하고 있는 것이다.

기계어는 CPU 입장에서는 좋을 수 있지만 인간이 이러한 형태로 프로그램을 작성하는 것은 대단히 불편하고 어렵다. 따라서 기계어 보다는 인간에게 이해하기 쉽고 친숙한 언어에 가까운 C언어를 이용해서 프로그램을 작성하고 이를 기계어로 변환하는 과정을 거치게 된다.

C 언어로 작성된 프로그램은 컴파일러(compiler)라는 소프트웨어에 의해 기계어로 컴파일되고 컴퓨터가 실행시킬 수 있는 파일을 생성하게 된다. 이 때 변환되기 전의 C 프로그램을 소스코드(source code), 소스코드를 기술한 파일을 소스파일(source file), 소스파일을 컴파일해서 생성된 기계어의 파일을 실행파일(오브젝트 파일)이라고 부른다. 잘 알고 있듯이 실행 가능한 파일은 모두 확장자를 **.exe**를 가지고 있다.

1.4 C언어 프로그램의 작성법

C 프로그램을 작성하는 방법은 일반적으로 다음과 같은 절차로 진행된다.

- 순서도(flow chart)의 작성: 프로그램을 작성하기 전 단계로서 프로그램의 밑그림을 그리는 단계로 볼 수 있다.
- 통합 개발환경 또는 일반 텍스트 편집기에서 소스 코드를 작성한다.
- 소스 코드의 컴파일을 수행하고 오류가 있으면 디버깅(debugging)을 수행한다.

1.4.1 순서도 작성

순서도(flow chart)는 프로그램의 처리의 순서를 한눈에 알아볼 수 있도록 제어의 흐름을 정리한 것으로 소프트웨어의 설계도의 역할을 한다.

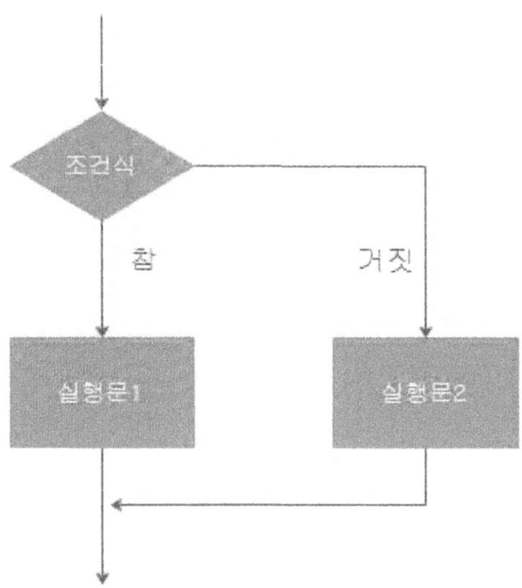

그림 1.1 순서도 작성 예

대규모 소프트웨어 개발 과정에서는 순서도의 작성은 필수라고도 볼 수 있다. 프로그래밍을 처음 배우는 단계에서 간단하고 단순한 코드의 작성으로 그다지 순서도의 필요성을 느끼지 못할 수 있으나, 기본적인 순서도의 작성방법을 알아두면 나중에 도움이 될 것이다.

1.4.2 텍스트 편집기를 이용하여 소스코드의 작성

텍스트 편집기는 【예제 1-1】과 같은 소스코드를 입력하기 위해 사용하는 어플리케이션(application)이다. 문서 편집기와는 다르게 문자 수식 기능 및 레이아웃 등의 기능은 그다지 충실하지 않지만 처리는 고속이라고 볼 수 있다.

처음 프로그래밍을 배우는 단계에서는 Windows의 메모장을 이용하는 것이 공부하는데 도움이 될 수 있다. 그 외에는 프로그래밍을 보조할 목적으로 제공되는 TextPad 등과 같은 에디터도 있으므로 본인의 취향에 맞는 에디터를 선택하여 사용하면 된다.

텍스트 편집기에서 작성된 소스 코드는 파일명의 확장자를 .c로 지정하여 저장한다. 말하자면 확장자가 .c로 지정된 소스코드의 파일을 소스 파일이라고 부르는 셈이다. 그리고 소스파일의 이름은 프로그램의 목적을 이해하기 쉬운 이름으로 파일명을 지정하여 사용하면 더 좋을 것이다.

1.4.3 소스 파일을 컴파일

소스 파일의 컴파일은 전용 컴파일러를 이용하여 처리하게 된다. 이 때 소스 코드의 오류 등이 존재하면 에러 메시지가 출력된다. 에러 메시지의 출력 내용을 잘 확인하고 잘못된 부분을 올바르게 정정하여 다시 컴파일하면 된다. 이 과정이 가장 단순한 디버깅 작업이라고 볼 수 있다. 컴파일이 완료되면 실행 가능한 파일이 생성된다. 이것을 실행 파일(오브젝트 파일)이라고 부르며 확장자는 대개 .exe를 가지고 있다.

본래 컴파일 후에는 링크(link)라는 작업이 필요하다. 그러나 최근에는 컴파일에서 링크까지의 작업을 자동으로 처리해 주는 컴파일러가 대부분이므로 링크 과정에 대해서는 그다지 걱정하지 않아도 좋다.

1.4.4 프로그램에 버그[1]는 항상 존재한다

컴파일이 완료되었더라도 전부 끝난 것은 아니다. 프로그램 안에 버그가 존재하는 경우는 디버그(debug)라는 작업과정을 통하여 프로그램의 오류를 제거시킬 필요가 있다.

프로그램 버그에는 여러 가지 종류가 있다. 문법상의 오류라면 컴파일 단계에서 모두 제거할 수 있다. 그러나 설계상의 오류가 있는 경우는 프로그램을 실제로 동작시켜 보지 않고는 파악할 길이 없다.

프로그램은 결국 인간이 만드는 것으로서 버그는 항상 존재한다고 인식하는 것이 좋다. 그러나 C 언어의 문법적 규칙을 잘 지키고 보기 좋은 소스코드를 작성하는 습관을 들인다면 이러한 버그는 최소한으로 줄일 수 있음을 명심하자.

---

1) 1945년 9월 미 해군의 컴퓨터의 내부에 날아든 벌레(bug)가 원인이 되어 트러블이 발생한 적이 있다. 이를 계기로 프로그램 안의 오류를 버그, 오류를 제거하는 작업을 디버그(debug)라고 부르게 되었다.

1.5 프로그래밍은 숫자들만의 세계

프로그래밍의 경우, 0과 1로만 표현되는 2진수 외에도 2진수를 사람이 이해하기 쉬운 형태로 변환된 16진수라는 표기 방법도 자주 사용된다. 여기서 설명하는 2진수와 16진수를 이해하지 않아도 프로그래밍을 배우는데 크게 곤란을 겪지 않을 것이다. 단, 어느 정도 수준에 도달하여 프로그래밍을 하고자 할 때는 꼭 필요한 사항이므로 미리 공부해 두는 것도 좋을 것이다.

1.5.1 2진수와 10진수

컴퓨터의 두뇌는 CPU이다. CPU는 on/off 와 같은 스위치들이 잔뜩 모여서 구성된 것이다. 컴퓨터 내부에서는 정보를 스위치의 on/off의 상태에 대응하는 조합을 사용하는데 바로 2진수가 여기에 해당한다.

한편 우리는 10진수를 즐겨 사용한다. 10진수를 표현하기 위해서는 자리수가 10개 필요하며 0에서 9까지의 수를 조합하여 원하는 수를 표현한다. 이와는 달리 2진수의 경우는 0과 1로만 표현된다. 10진수와 2진수 사이에는 다음과 같은 대응 관계를 가지고 있다.

표 1.1 10진수와 2진수 사이의 관계

10진수	2진수	10진수	2진수
0	00000000	9	00001001
1	00000001	10	00001010
2	00000010	11	00001011
3	00000011	12	00001100
4	00000100	13	00001101
5	00000101	14	00001110
6	00000110	15	00001111
7	00000111	16	00010000
8	00001000		

1.5.2 10진수를 2진수로 변환

프로그래밍을 공부할 때 10진수의 수를 2진수로 변환시키는 방법을 숙지해 두면 나중에 대단히 편리해진다. 다음과 같이 10진수를 2진수로 변화시킬 수 있으므로 잘 알아두자.

1 10진수의 숫자

(예) 218

2 수를 2로 나누어가면서 최후의 결과 값이 1이 될 때까지 반복한다. 매 회의 계산에서는 나눗셈의 나머지를 메모해 둔다.

```
218÷2 = 109        나머지는 0
109÷2 =  54        나머지는 1
 54÷2 =  27        나머지는 0
 27÷2 =  13        나머지는 1
 13÷2 =   6        나머지는 1
  6÷2 =   3        나머지는 0
  3÷2 =   1        나머지는 1
          1
```

3 마지막 계산결과 1부터 시작해서 나머지 부분을 밑에서 위로 읽어가면서 나열하면 2진수 완성

11011010

2진수는 4자리 또는 8자리로 표현하는 경우가 많고, 자리수에 모자라는 숫자의 경우는 상위의 자리수를 적당히 0으로 채울 필요가 있다. 다음 예를 참고하기 바란다.

```
101110 → 00010110
   110 → 0110 또는 00000110
```

1.5.3 2진수를 10진수로 변환

앞에서 설명한 것과는 반대로 2진수를 10진수로 변환하는 방법도 있다. 각각의 자릿수에 주의하여 다음을 살펴보자.

1 2진수의 숫자

(예) 11011010

2 각 자릿수에 대한 값 × $2^{(자릿수-1)}$을 계산한다.

$1 \times 2^7 = 128$
$1 \times 2^6 = 64$
$0 \times 2^5 = 0$
$1 \times 2^4 = 16$
$1 \times 2^3 = 8$
$0 \times 2^2 = 0$
$1 \times 2^1 = 2$
$0 \times 2^0 = 0$

3 위의 계산결과를 모두 더해서 10진수 완성

$128+64+0+16+8+0+2+0 = 218$

1.5.4 10진수와 2진수 그리고 16진수와의 관계

컴퓨터 입장에서는 이해하기 쉬운 수는 2진수(binary number)라고 하였지만, 다음과 같은 단점도 있다.

- 작은 수를 다루더라도 필요 이상으로 자리수가 증가하고 만다.
- 0과 1로만 표현하면 알기 어렵다.

따라서 좀 더 알기 쉽게 표현하기 위해서 2진수를 4자리 단위로 정리한 16진수라는 표기방법을 자주 사용하게 된다. 16진수에서는 0에서 시작하여

16번째까지 자리수를 가지게 된다. 그러나 숫자로 표시할 수 있는 것은 0에서 9까지 10개의 숫자밖에 없다. 9보다 큰 숫자는 알파벳 A~F를 대응시켜 사용한다. 말하자면 16진수는 0→1→2→…8→9→A→B→C→D→E→F로 진행해서, 그 다음 수는 한 자리 올림하여 10→11→12→…1E→1F 등으로 표현된다. 다음 표를 참고하기 바란다.

표 1.2 10진수/2진수/16진수의 대응관계

10진수	2진수	16진수	10진수	2진수	16진수
0	00000000	00	11	00001011	0B
1	00000001	01	12	00001100	0C
2	00000010	02	13	00001101	0D
3	00000011	03	14	00001110	0E
4	00000100	04	15	00001111	0F
5	00000101	05	16	00010000	10
6	00000110	06	17	00010001	11
7	00000111	07	…	…	…
8	00001000	08	26	00011010	1A
9	00001001	09	…	…	…
10	00001010	0A	32	00100000	20

1.5.5 문자 코드는 16진수로 표시

영문자 및 한자 등의 문자도 0과 1의 조합에 해당하는 코드로 표현한다. 실제의 기호(문자)와 코드와의 대응 관계를 나타낸 것이 문자코드이다. 문자코드는 2진수 보다는 16진수로 표현하는 것이 일반적이다.

문자 코드에는 다양한 종류가 있으나 C언어에서는 ASCII(American Standard Code for Information Interchange) 코드가 사용된다. 표 1.3에 나타낸 ASCII 코드는 전부 암기할 필요는 없으며 필요할 때마다 참조하는 것으로 충분하다.

표 1.3 ASCII 코드와 대응하는 문자

문자	코드 (10진수)	코드 (16진수)	문자	코드 (10진수)	코드 (16진수)	문자	코드 (10진수)	코드 (16진수)
(공백)	32	0x20	@	64	0x40	`	96	0x60
!	33	0x21	A	65	0x41	a	97	0x61
“	34	0x22	B	66	0x42	b	98	0x62
#	35	0x23	C	67	0x43	c	99	0x63
$	36	0x24	D	68	0x44	d	100	0x64
%	37	0x25	E	69	0x45	e	101	0x65
&	38	0x26	F	70	0x46	f	102	0x66
‘	39	0x27	G	71	0x47	g	103	0x67
(	40	0x28	H	72	0x48	h	104	0x68
)	41	0x29	I	73	0x49	i	105	0x69
*	42	0x2A	J	74	0x4A	j	106	0x6A
+	43	0x2B	K	75	0x4B	k	107	0x6B
,	44	0x2C	L	76	0x4C	l	108	0x6C
-	45	0x2D	M	77	0x4D	m	109	0x6D
.	46	0x2E	N	78	0x4E	n	110	0x6E
/	47	0x2F	O	79	0x4F	o	111	0x6F
0	48	0x30	P	80	0x50	p	112	0x70
1	49	0x31	Q	81	0x51	q	113	0x71
2	50	0x32	R	82	0x52	r	114	0x72
3	51	0x33	S	83	0x53	s	115	0x73
4	52	0x34	T	84	0x54	t	116	0x74
5	53	0x35	U	85	0x55	u	117	0x75
6	54	0x36	V	86	0x56	v	118	0x76
7	55	0x37	W	87	0x57	w	119	0x77
8	56	0x38	X	88	0x58	x	120	0x78
9	57	0x39	Y	89	0x59	y	121	0x79
:	58	0x3A	Z	90	0x5A	z	122	0x7A
;	59	0x3B	[	91	0x5B	{	123	0x7B
<	60	0x3C	₩	92	0x5C	|	124	0x7C
=	61	0x3D	]	93	0x5D	}	125	0x7D
>	62	0x3E	^	94	0x5E	~	126	0x7E
?	63	0x3F	_	95	0x5F	DEL	127	0x7F

1.5.6 데이터량의 단위 - 비트(bit)와 바이트(byte)

컴퓨터의 내부에서는 여러 가지 데이터를 0과 1로 나타낸다. 이러한 0과 1의 각각을 1 비트(bit)라고 부른다. 말하자면 1비트로는 0 또는 1의 두 종류의 정보를 표현할 수 있다. 또한 8비트 단위로 묶어서 1 바이트(byte)라는 단위도 자주 사용되고 있다.

1.6 C 언어의 특징

C 언어를 이용한 프로그래밍 기본 지식을 어느 정도 파악했을 것으로 판단된다. 실제로 프로그래밍에 입문하기 전에 C 언어가 가지는 몇 가지 특징들을 정리하여 보자.

1.6.1 C 프로그램은 영어 소문자를 이용하여 기술하는 것이 원칙

모든 코드를 소문자로 기술해야 된다는 것은 아니다. 필요하다면 대문자를 사용하는 것도 가능하다. 예를 들어, 한 번 초기화되고 난 뒤에는 더 이상 변경되어서는 곤란한 상수와 같은 변수의 경우는 일반 변수와 명확히 구분할 목적으로 MAX 등과 같이 기술하는 것이 편리할 때도 있다.

소문자와 대문자의 구별은 공부하면서 자연스럽게 이해가 될 것이다. 특별히 지정하지 않은 경우는 소문자를 기본적으로 사용하여 기술하는 것으로 약속하자.

1.6.2 C 프로그램은 간결하게 표현하는 것이 가능

이러한 점은 오히려 처음 C 언어를 배우는 입장에서는 거부감이 들 수도 있다. 그러나 익숙해지다 보면 제어구조의 표현 및 풍부한 연산자의 도움을 받아 본인도 모르게 간결한 표현을 도입하게 될 것이다.

1.6.3 C 언어에는 다양한 연산자가 준비되어 있다

일반적으로 연산자(operator)라고 하면, 수학에서 말하는 사칙연산을 연상하는 것은 당연하다. 그러나 표현에 대한 편의성으로 %와 같은 모듈로(modulo) 연산자, ++, --와 같은 증감 연산자 등을 이용할 수 있다.

주의할 것은 이러한 연산자를 사용하는데 있어 연산의 순서를 결정하게 되는 우선순위와 결합규칙을 제대로 이해하고 활용하여야 한다.

1.6.4 프로그램 제어를 위해 구조화 제어문을 사용할 수 있다

프로그램을 보다 세밀하고 정밀하게 제어하기 위해서 순차구조, 선택구조(if, else, switch, case, else if 등), 반복구조(while, for, do while 등)와 같은 제어문 등을 활용할 수 있다. 그리고 필요하다면 반복처리로부터 탈출을 도와주는 break문, 반복처리 중에 다음 반복을 수행하게 하는 continue문 등도 준비되어 있다.

1.6.5 C 프로그램은 함수들의 집합

처음에 함수(function)라고 하면 어렵게 느껴질 수도 있지만 실제로는 간단명료한 것이 바로 이 함수이다. 함수는 블랙박스(black box)로 자주 표현된다. 박스의 내부가 어떻게 구성되어 있는지 모르더라도 그 박스가 무엇을 하는지는 알 수 있다.

C 언어에서는 기본적인 처리를 위해서 미리 준비되어 있는 표준 함수(표준 라이브러리 함수)가 다양하게 준비되어 있다. 이들만 잘 사용하더라도 간단한 프로그램뿐만 아니라 대규모 프로그램을 작성하는 것도 가능해진다.

또한 C 프로그램에서는 반드시 처음에 실행되는 main() 함수도 존재한다. 이미 준비된 표준 라이브러리 함수로 해결할 수 없을 경우에는 사용자가 직접 정의한 함수를 추가로 기술하여 문제를 해결할 수도 있다.

1.6.6 입출력 기능은 존재하지 않는다

과학기술 계산용으로 사용되고 있는 FORTRAN 언어의 경우는 데이터 입출력을 위해서 READ, WRITE 명령을 사용한다. 그 이유는 입출력 목적으로 미리 정의되어 있었기 때문이다.

그러나 C 언어에서는 입출력이 따로 정의되어 있지 않다. 결국은 입출력도 함수를 호출함으로써 해결한다고 보면 될 것이다. C 언어에서는 저수준에서 고수준으로 처리할 수 있는 다양한 표준 라이브러리 함수들을 내장하고 있어 프로그래머는 이런 함수들을 이용하여 입출력 처리를 할 수 있다.

1.6.7 특수 문자를 취급할 수 있다

개행, 탭, 벨 코드 등의 특수문자도 '₩n', '₩t', '₩a'과 같이 표현 가능하다. 예를 들면, 「putchar('₩a');」과 같이 기술했다면 삐~하는 음을 스피커를 통해 발생시킬 수도 있다.

1.6.8 전처리(preprocessor)가 준비되어 있다

C 언어에서는 프로그램을 컴파일하기 전에, #으로 시작하는 문장에 대해서 필요한 전처리를 수행한다. 만약「#define MAX 256」과 같이 기술한 경우에는 프로그램 안에서는 MAX라는 문자가 나타날 때마다 문자 MAX를 256으로 치환하는 처리를 수행하게 된다.

1.6.9 데이터 구조는 자유롭게 표현 가능

데이터 구조의 기본으로 처음 배우게 되는 것은 배열(array)을 예로 들 수 있다. C 언어에서는 이외에도 트리(tree) 및 리스트(list) 구조 등의 데이터 구조도 자유롭게 프로그래밍 할 수 있다. 이를 위하여 제공되는 대표적인 표현방식으로 구조체(structure), 공용체(union), 열거형(enumeration) 등을 예로 들 수 있다.

1.6.10 C 언어의 백미 - 포인터의 사용

C 언어에서는 변수의 주소(address)를 추출하거나, 추출한 주소를 이용해서 변수를 참조하는 것도 가능하다. 주소를 취급할 수 있게 되면 비교적 하드웨어에 가까운 저수준 처리도 가능해진다. 뿐만 아니라 메모리를 보다 효율적으로 이용하거나 관리할 목적으로 이러한 포인터(pointer) 개념을 활용하면, 포인터 배열과 같은 동적 메모리 할당 등을 통해 고수준의 프로그래밍을 하는 것도 가능하다.

이러한 이유 때문에 하드웨어를 직접 제어하거나 디바이스 드라이버 개발과 같은 임베디드 프로그래밍에 C 언어가 주로 이용된다. 최근에는 아두이노

(Arduino)와 같이 저가로 구입 가능한 하드웨어 장비를 구입하여 각 종 센서와의 인터페이스를 통한 통신 프로그램을 작성할 때도 C 언어를 기술하여 제어를 할 수 있다. 그러나 잘못된 사용을 하였을 경우에는 데이터를 파괴하거나 컴퓨터에 치명타를 가하는 위험성도 내재되어 있다.

C언어로 프로그램을 동작시키기

제2장 C언어로 프로그램 동작시키기

앞 장에서 예를 든 Hello World의 프로그램을 기본으로 C 언어 프로그램을 작성하는 방법을 설명한다. 처음 C 언어 프로그래밍을 배우는 사람을 대상으로 하고 있으므로 복습을 한다는 마음가짐으로 읽어 주길 바란다. C 언어 프로그램을 작성하기 위해서는 다음 두 가지 사항을 염두에 둘 필요가 있다.

- C언어의 문법을 숙지(약속에 따라 작성)
- 프로그램을 일기 쉽게 작성(프로그램의 가독성을 생각한다)

특히 두 번째 사항을 무시하기 쉽지만 읽기 쉬운 프로그램을 작성하는 것은 버그를 발견하는데 도움이 되며 코드를 수정하거나 확장할 때 큰 도움이 된다는 점에 유의하자.

2.1 프로그램 작성에서 실행까지

프로그램을 작성하는 규칙은 뒤에 설명하지만, 앞 장에서 예를 든 Hello World 프로그램을 기본으로 C 언어 프로그램을 작성하고 실행하기까지의 절차를 살펴보자.

2.1.1 소스코드 작성

프로그램을 작성(소스 코드의 작성)하기 위해서는 메모장과 같은 텍스트 편집기를 사용할 수 있으며 TextPad와 같은 C 언어 프로그래밍을 지원하는 고기능 텍스트 에디터를 활용하는 것도 가능하다. 여기서는 Dev-cpp IDE에서 제공하는 개발환경을 이용하는 것을 전제로 설명한다.

먼저 【예제 2-1】의 프로그램을 작성하기 위해서 Dev-C++ IDE를 실행한다(부록 참고). 신규 프로젝트를 생성하고 소스코드 편집창에서 다음과 같이 소스코드를 입력한다. 편의상 프로젝트 이름은 ex2_1로 지정한다.

【예제 2-1】 Hello World를 출력하는 프로그램

```
01: #include <stdio.h>
02:
03: int main(void)
04: {
05:     printf("Hello World!\n);
06:     return 0;
07: }
```

2.1.2 입력된 프로그램 저장과 컴파일

일단 소스코드 작성이 완료되었으므로 ex2_1.c라는 이름으로 저장한다. 그리고 다음 그림과 같이 Dev-C++ IDE 창에서 단축키 F9를 눌러 컴파일을 진행한다(그림 2.1 참고).

컴파일 결과를 살펴보면 몇 가지 눈에 띄는 것들이 있다.

- 소스코드 편집창에서 7번줄을 주목할 필요가 있다. 행 번호가 있는 부분은 x 마크로 대체되어 있고, 7번줄 전체가 마킹되어 있는 것을 볼 수 있다. 이 의미는 7번줄의 코드에 무언가 문제가 있다는 것을 나타내고 있다.
- 다음으로 화면 하단부에 몇 가지 정보들이 출력되어 있는 것을 볼 수 있다. 색상으로 마킹된 내용을 확인하여 보면 **[Error]missing terminating " character** 라는 메시지가 여기에서는 중요하다. 이 의미는 printf() 함수문의 괄호 안의 문자열 Hello World 마지막에서 "를 누락시켜 컴파일 오류가 발생하고 있다는 것을 보여준다.
- 오류 발생 원인을 알았으므로 소스코드 편집창에서 7번줄의 코드라인에서 쌍따옴표를 추가하게 되면 컴파일 오류를 제거할 수 있다. 이와 같은

과정을 디버깅(debugging)이라고 한다.

그림 2.1 소스코드 입력과 컴파일러 실행

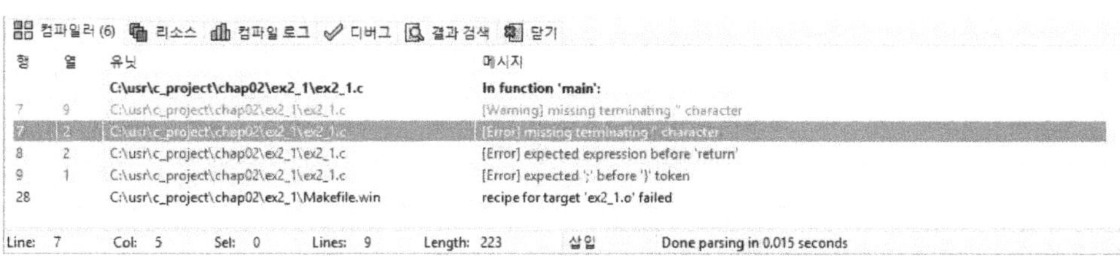

그림 2.2 컴파일러의 오류 메시지 확인

【One Point Lesson】 main() 함수의 선언과 return문

다른 C언어 해설서에서 Hello World 프로그램이 다음과 같이 기술된 경우도 있다. 【예제 2-1】과 비교하면 main() 함수의 선언에서 선두의 int와 괄호 안의 void가 없고, 최후의 return 0도 빠져 있다.

```
#include <stdio.h>

main()
{
    printf("Hello World!₩n");
}
```

위의 경우 다른 C 컴파일러로 컴파일하게 되면 문제가 없는 경우도 있으나 **Borland C++** 컴파일러를 사용하면 함수는 반환형을 가져야 된다는 메시지가 표시될 것이다. 이것은 같은 컴파일러가 C++ 언어의 규칙을 따르지 않으면 문제가 있다고 판단되는 원인을 제공하고 마는 것이다.

위 프로그램을 컴파일하면 경고는 뜨지만 컴파일 자체는 성공을 한다. 경고 메시지를 원하지 않는다면 【예제 2-1】과 같이 기술하던지 main() 함수의 선언을 void main()과 같이 기술하면 된다. 이 경우에는 마지막 행의 return문은 불필요하게 된다.

2.1.3 프로그램 실행

컴파일 단계에서 오류가 발생하더라도 컴파일러 에러 메시지에 주목하면 빠르게 문제가 되는 위치 및 원인을 추적하면서 오류를 제거해 나갈 수 있다. 일단 printf() 함수에서 쌍따옴표를 추가한 다음에 다시 컴파일러를 실행시키면 다음과 같이 정상적으로 컴파일이 완료되었음을 확인할 수 있을 것이다.

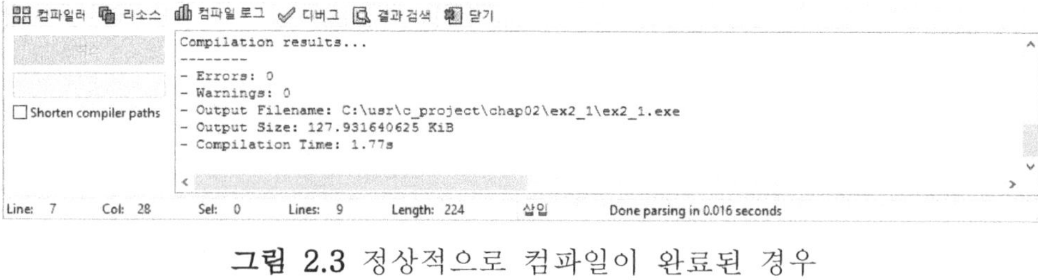

그림 2.3 정상적으로 컴파일이 완료된 경우

컴파일이 정상적으로 완료되었으므로 이 프로그램은 이제 실행 가능하다. 따라서 단축키 F10을 누르거나 화면 상단부의 툴바를 클릭하게 되면 다음과 같이 프로그램이 실행되는 것을 확인할 수 있다.

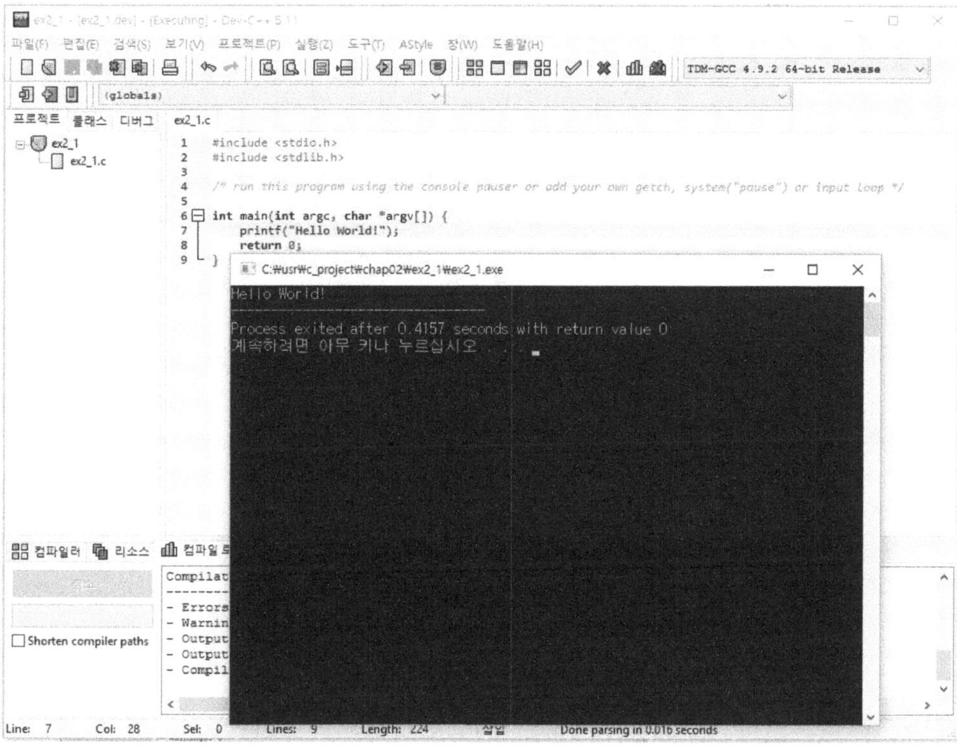

그림 2.4 프로그램의 실행

2.1.4 프로그램의 구조 이해

【예제 2-1】의 프로그램은 다음과 같은 의미를 가진다.

- 표준 라이브러리 함수의 사용 선언: **stdio**는 표준 입출력을 의미하며 이와 관련된 입출력 함수들은 모두 <stdio.h>라는 헤더 파일 안에 기술되어 있다. 여기서는 printf() 함수를 사용하고 있어 코드 선두부분에서 이와 같이 선언하였다.

```
01: #include <stdio.h>
```

- main() 함수의 선언: C 프로그램에서는 실행 가능한 프로그램의 경우, 이 main() 함수를 가져야 한다. main() 함수 앞의 int라는 표기는 이 main() 함수에서 처리된 결과를 정수형으로 반환하겠다는 의미이다. 따라서 6번 줄의 return이라는 명령어와 관계가 있으며, 이 경우에는 0의 값을 리턴시키고 있다. 또한 0이라는 의미는 프로그램 실행 중에 어떤 오류도 없었다는 의미로서 여기에서 사용되고 있다.

```
03: int main(void)
    .......
06:     return 0;
```

- 함수의 유효 범위: main() 함수가 구성되는 유효범위는 중괄호 기호 { 및 }를 이용하여 표기한다. 앞으로 함수 단위의 유효범위를 지정하거나 변수들의 정적블록을 구성시킬 때 중괄호 기호를 사용하게 될 것이다.

```
04: {
    .........
07: }
```

- 함수의 호출: <stdio.h> 헤더 파일 안에 정의되어 있는 printf() 함수를 호출하고 있다. 괄호 안의 내용은 화면에 표시할 정보 문자열을 지정하고 있으며, **₩n** 기호는 정보 문자열을 화면에 출력하고 다음 줄로 개행을 하라는 명령의 의미를 담고 있다. 그리고 printf() 함수문 맨 마지막에 세미콜론(;)의 의미는 실행문의 마지막이라는 것을 뜻하고 있으며, 이와 같이 각종 실행문을 구성할 때는 세미콜론을 문장의 맨 마지막에 기술해 주어야 한다.

```
05:     printf("Hello World!₩n);
```

2.2 프로그램의 작성 규칙

2.2.1 영문 알파벳으로 입력

C 언어 프로그램은 기본적으로 영 소문자로 입력한다. 코맨드 프롬프트(DOS 창) 조작과는 달리 대문자와 소문자는 구별되므로 주의하자. 다음 예는 7번째 줄에서 printf를 Printf로 입력한 경우로 보기에는 문제가 되지 않을 것처럼 보이지만 컴파일이 되지 않는다는 것에 주의하자(【예제 2-1】 참조).

그림 2.5 대소문자를 구분하지 않아 오류가 발생한 경우

그리고 화면에 표시되는 메시지 및 코멘트(보통 주석문이라고 부르는 경우가 많으며 프로그램 실행과정에는 영향을 미치지 않는다)의 경우는 대문자를 사용해도 무방하다. 사용자가 정의한 자료형의 이름 등에도 대문자를 사용해

서 구분하는 경우도 있으므로 대소문자에 주의하여 코드를 입력하기 바란다.

2.2.2 프로그램의 선두에 [#include <stdio.h>] 넣기

C 언어 프로그램에서는 코드의 선두에 #include <stdio.h>를 기술한다. 이 부분은 <stdio.h>라는 헤더 파일을 포함시키라는 의미를 담고 있다. 예제의 5행에 있는 printf문은 화면에 문자를 표시하는 함수(어떤 기능을 수행하는 작은 프로그램이라고 이해하기 바란다)이다. 프로그램 안에서 printf 함수를 사용하기 위해서는 <stdio.h>를 사전에 코드 선두부분에서 선언해 둘 필요가 있다.

C 언어에는 여러 가지 기능을 가진 함수들이 준비되어 있다. C 언어의 헤더 파일은 이러한 함수를 사용하기 위해 필요한 정의를 정리해둔 파일이다. 복잡한 처리를 수행하는 프로그램에서는 인클루드(include)하는 헤더 파일의 수도 증가하지만, 처음에는 <stdio.h>로 충분하다.

그림 2.6 C 언어에서 이용 가능한 표준함수와 사용자 정의함수

2.2.3 공백과 적절한 개행으로 읽기 쉽게 작성

【예제 2-1】의 2행은 빈 공백라인으로 되어 있다. 프로그램 안의 빈 공백라인은 무시되므로 컴파일 및 실행에는 전혀 영향을 미치지 않는다. 일반적으로 빈 공백라인은 프로그램에서 위와 아래를 구분하기 위한 목적으로 삽입되지만 이는 프로그램을 읽기 쉽게 하는 강력한 수단이 되기도 한다.

2.2.4 반드시 main() 함수 작성

C 프로그램에서는 반드시 main() 함수를 정의해야 한다. 예제 리스트 3행 부분에서 int main(void)로 기술된 부분이 main() 함수의 시작이 된다. main() 함수의 내용은 4행의 {과 7행의 }으로 싸여진 부분(자주 실행블록이라고 언급하게 될 것이다)이 된다.

```
#include <stdio.h>

int main(void)  //← main 함수의 선언
{
    printf("Hello World!₩n");          //여기가 main 함수의 내용
    return 0;                          //여기가 main 함수의 내용
}
```

C 언어에서는 프로그램의 실행은 반드시 main() 함수에서 시작한다. 주의할 점은 프로그램 안에 존재하는 main() 함수는 단 하나이다. 여기서 함수(function)라는 것은 특정의 기능을 수행하는 작은 프로그램을 뜻한다.

5행에 기술된 printf 함수는 화면에 메시지를 표시하는 기능을 수행한다. C 언어에는 다양한 기능을 수행하는 함수가 준비되어 있으나, 함수를 프로그래머가 정의해서 작성하는 것도 가능하다. 결론적으로 C에서는 다양한 함수들이 모여서 하나의 프로그램이 완성되는 것이다.

2.2.5 문의 끝에서는 [;]을 넣기

C 프로그램은 함수들의 집합이라고 볼 수 있으며, 함수는 (실행)문의 집합으로 구성된다. 각각의 문장의 끝에서는 세미콜론을 붙여서 개행(줄바꾸기)하도록 한다. 사실 다음 예에서 볼 수 있듯이 C 언어는 프리 포맷(free format)이므로 한 행에 여러 개의 문을 삽입하는 것도 가능하다.

[*] ex2_1.c   Makefile.win

```
#include <stdio.h>
#include <stdlib.h>

/* run this program using the console pauser or add your own getch, system("pause") or input loop */

int main(int argc, char *argv[]) {  Printf("Hello World!");    return 0;}
```

그림 2.7 프로그램을 한 줄에 전부 기술(보기 불편한 경우)

그러나 이 경우에는 무엇을 기술했는지 판독이 어렵고, 나중에 프로그램을 수정할 때는 매우 불편해진다. 일반적으로는 한 행에 하나의 문장을 기술하고 세미콜론을 붙여서 반드시 다음 라인으로 줄바꾸기를 하는 습관을 들이도록 한다.

2.2.6 들여쓰기는 탭 간격 4 정도로 설정

예제 리스트 5행과 6행에서는 선두에 공백을 4칸 추가하였다. 이를 indent(들여쓰기)라고 하며 프로그램의 가독성을 높이기 위한 강력한 수단이다. 빈 공백라인과 마찬가지로 공백도 컴파일과 실행에는 무관하다.

인덴트(indentation) 처리의 예로서, 자주 보게 되는 함수의 내용을 실행블록 안에서 공백처리를 하는 것이다. 6장, 7장에서 설명되는 제어문에서도 인덴트 처리가 중요하며 이를 통하여 프로그램 안의 의미가 있는 처리의 단위가 판별하기 쉽게 된다.

다음 예는 인덴트 처리를 무시하고 기술한 예로서 모든 구문이 첫 번째 열에 집중되어 의미를 판별하는 것이 어렵다는 것을 직감적으로 알 수 있다. 효율적인 인덴트 처리를 위해서는 일반적으로 공백을 4칸 삽입하는 것이 바람직하다. 대부분의 통합개발환경에서는 표준 4칸 공백을 한 탭으로 사용하도록 제시하고 있다.

[*] ex2_1.c Makefile.win

```
#include <stdio.h>
#include <stdlib.h>

/* run this program using the console pauser or add your own getch, system("pause") or input loop */

int main(int argc, char *argv[]) {
Printf("Hello World!");
return 0;
}
```

그림 2.8 인덴트 처리를 하지 않고 작성한 경우(역시 보기 좋지 않음)

2.2.7 반드시 주석문을 넣기

주석문(comment)은 프로그램 안에 삽입하는 일종의 설명문이다. 다음 예에서는 주석문을 생략하고 있으나, 주석문을 삽입하면 다음과 같이 할 수 있다. 빈 공백라인 및 공백의 삽입과 마찬가지로 컴파일은 주석문도 무시한다.

[*] ex2_1.c Makefile.win

```
/*
    Name:
    Copyright:
    Author:
    Date: 26-07-16 15:45
    Description:
*/
#include <stdio.h>
#include <stdlib.h>

/* run this program using the console pauser or add your own getch, system("pause") or input loop */

int main(int argc, char *argv[]) {
    // 화면에 지정된 문자열 출력
    printf("Hello World!");
    return 0;
}
```

그림 2.9 주석문을 삽입하는 예

주석문으로는 다음과 같은 정보를 삽입한다. 이를 통하여 나중에 프로그램을 다시 검토할 경우에 이해하기 쉬워지고 수정이나 개선의 경우에도 도움을 준다.

- 제작자 이름, 날자, 프로그램의 이름, 버전 등
- 사용되는 함수 및 변수에 대한 설명, 주의 사항 등
- 프로그래밍 중에 인식한 정보 등

C 언어 주석문의 작성방법은 두 종류가 있다. 하나는 /*로 시작해서 */로 닫는 방법이다. 이 사이에 있는 모든 것은 주석문으로 간주한다. 이 주석문은 여러 줄에 걸쳐 주석문 처리를 할 때 편리하다. 또한 적절한 위치에 //를 이용하여 주석문을 처리할 수 도 있다. 말하자면 // 이후에 시작되어 행의 마지막까지의 내용이 주석문임을 뜻하며, 한 줄의 내용을 주석 처리할 때 편리하다.

2.2.8 프로그램 확장자는 [.c]로 하기

이미 설명했지만 C 프로그램은 파일명의 확장자를 반드시 .c로 해야 된다. 텍스트 에디터를 이용해서 소스 파일을 저장하면 표준 저장모드에서 .txt로 저장되므로 강제로 저장하기 위해서는 "hello.c"와 같이 소스 파일명을 인용부호를 감싸서 저장하는 것도 한 가지 방법이 될 것이다.

【One Point Lesson】 **최소한의 Escape sequence 기억하기**

이제까지 소개한 예제를 살펴보면, printf() 함수에서 표시하고자 하는 메시지의 끝에 ₩n과 같은 기호를 붙여서 사용했다. 프로그램을 실행시켜도 이 기호는 화면에 표시되지 않는다. 왜 그럴까?

사실 ₩n이라는 기호는 메시지를 그 위치에서 개행시키기 위한 제어용 코드이다. 이와 같이 ₩로 시작하는 제어용 기호를 에스케이프 시퀀스라고 부른다. 예를 들어 프로그램 안에서 메시지가 두 줄에 걸쳐 있는 경우에도 실행하면 한 줄에만 나타나게 된다. 처음 행의 Hello의 마지막에 ₩n을 삽입하면 메시지는 두 줄에 걸쳐 표시 될 것이다.

```
printf("Hello World! ");
printf("C Programming");
```

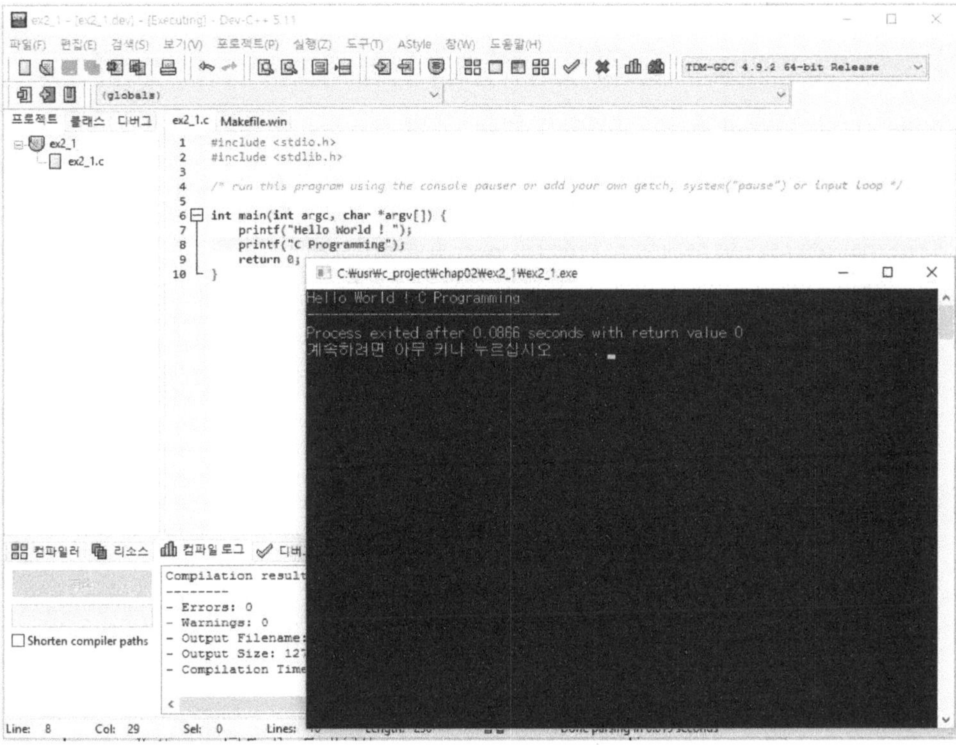

그림 2.10 화면 출력 예(₩n을 사용하지 않은 경우)

에스케이프 시퀀스는 여러 종류가 있다. C 프로그램에서는 다음 표에 나타낸 기호들이 자주 사용되므로 최소한 이 정도는 기억해두는 것이 좋다.

표 2.1 자주 사용되는 Escape sequence 문자들

에스케이프 시퀀스	기능
₩n	그 위치에서 개행한다.
₩a	알람을 울린다.
₩t	한 탭만큼 이동한다.
₩b	백 스페이스(커서의 문자를 1문자 앞으로 이동)
₩r	캐리지 리턴 커서의 위치를 현재 행의 선두 위치로 되돌림.
₩'	싱글 쿼트를 표시
₩"	더블 쿼트를 표시
₩₩	원(통화) 기호를 표시

핵심 다지기

【연습 2.1】 부록 A를 참고하여 C 언어 개발 환경을 본인 PC에 인스톨하고, 샘플 프로그램을 작성하여 동작을 확인하시오.

(a) Dev-C++의 통합개발환경에서 소스코드를 작성하고 컴파일을 수행하시오.

(b) 동일하게 메모장을 이용하여 소스코드를 작성하고 DOS창에서 컴파일을 수행하시오.

(c) 위의 두 결과를 비교하시오.

데이터와 변수의 이해

제3장 데이터와 변수의 이해

C 언어에 국한되지 않고, 프로그램은 변수(variable)를 사용한다. 변수는 데이터를 저장하는 보관소로 볼 수 있다. 시험점수, 선거의 개표 상황, 구매 금액의 총액, 실험 결과 등 변경하는 데이터를 처리하고자 할 때 변수가 유용하다고 볼 수 있다.

변수는 취급하고자 하는 데이터의 종류에 따라 특정 자료형(data type)으로 분류되고, 이 자료형의 규칙을 지키며 사용하여야 한다. 여기서는 C언어에서 사용되는 변수와 자료형에 대해서 설명한다.

3.1 변수는 데이터형(자료형)으로 분류

변수를 사용하기 전에 먼저 데이터와 변수의 차이를 알아두자.

3.1.1 변수와 자료형

프로그램 안에서 숫자 및 문자 등 여러 가지 데이터를 처리하게 된다. 이들 데이터를 일시적으로 저장해 주는 것이 바로 변수의 역할이다. 다음은 i라는 변수에 숫자 26을, a라는 변수에 문자 Z를 저장하는 예를 보이고 있다. 이와 같이 변수에 데이터를 저장하는 것을 대입(또는 배정)이라고 부른다.

```
...
i = 26;
a = 'Z';
...
```

실제로 변수에 대입된 데이터는 메모리 공간에 위치하게 된다. 이것은 다음에 설명하는 배열 및 포인터를 이해하는데 대단히 중요한 사항이다.

데이터는 여러 종류가 있다. 문자와 숫자, 정수와 부동소수점, 양수와 음수 등의 구별이 있는 것이다. 동일한 정수라 하더라도 0과 65535에서는 그 크기에 있어서 서로 다르다.

이들 데이터를 모두 동일하게 취급할 수는 없다. 따라서 C에서는 데이터를 자료형(단순히 형(type)이라고 부르는 경우도 있다)으로 분류하고 있다. 데이터뿐만 아니라 이를 저장하는 변수도 자료형을 가져야 한다. 변수에 데이터를 대입할 때는 변수와 데이터의 자료형은 서로 동일해야 된다는 원칙이 있으므로 잘 기억해 두자.

C에서 사용되는 자료형은 표 3.1과 같이 크게 정수형, 부동소수점형, 문자형으로 분류된다. 특히 자주 사용하는 자료형에는 볼드체로 표시해 두었으므로 참고하기 바란다.

표 3.1 데이터의 자료형 분류

분류	자료형	사이즈
정수형	short	16bits(-32768 ~ 32767)
	int	32bits(-2,147,483,648 ~ 2,147,483,647)
	long	32bits(-2,147,483,648 ~ 2,147,483,647)
	unsigned short	16bits(0 ~ 65535)
	unsigned int	32bits(0 ~ 4294967295)
	unsigned long	32bits(0 ~ 4294967295)
부동소수점형	float	32bits(약 10^{-38} ~ 10^{38})
	double	64bits(약 10^{-308} ~ 10^{308})
	long double	64bits(약 10^{-308} ~ 10^{308})
문자형	**char**	8bits(한 문자)

3.1.2 정수 데이터를 취급하는 정수형

문자 그대로 정수형은 정수 데이터를 취급할 수 있는 자료형이다. 정수라는 것은 45, 256, -72 등과 같이 소수점 이하를 포함하지 않는 자연수를 의미한다. 정수형의 변수에서는 실수나 문자 등의 데이터를 정확히 처리할 수 없다. 그리고 -72와 같은 정수는 부호가 있는 값이라는 점에 주목할 필요가 있다. 일반적인 정수는 모두 부호가 있으며 특별히 지정하지 않은 경우에는 모두 signed type으로 간주하게 되고, 특별히 부호가 없는 정수가 필요할 경우에는 unsigned라는 키워드를 자료형 선언부 앞에 기술해 주어야 한다.

```
unsigned int age;
```

정수형에는 short형(16비트), int형(32비트), long형(32비트) 등의 자료형으로 분류된다. 자주 사용되는 자료형은 int형으로 취급할 수 있는 수의 범위는 표 3.1을 참고하기 바란다. 일반적인 계산에서는 int형으로 충분하다고 볼 수 있다. 그리고 각 자료형의 변수의 크기(size)는 C 컴파일러에 따라 약간씩 차이가 날 수 있으므로 사용하고자 하는 컴파일러의 사양을 잘 확인해서 사용하길 바란다.

3.1.3 실수를 취급할 수 있는 부동소수점형

실수와 같은 데이터를 사용할 때는 부동소수점형을 사용하면 된다. 이 자료형에는 float형(32비트), double형(64비트), long double형(64비트) 등이 있다. 자주 사용하는 자료형은 double형이다.

3.1.4 문자를 취급할 수 있는 문자형

문자형은 한 문자를 표현하기 위한 자료형이다. 여기서 말하는 문자는 알파벳 기호 또는 숫자(정확한 의미는 아스키 코드)를 의미한다. 문자를 나타내기 위해서는 **'a'**와 같이 문자의 양쪽에 단일 인용부호를 붙이면 된다.

이러한 문자형을 다루기 위한 자료형은 char형으로서 문자형 변수에 대입할 수 있는 문자의 수는 하나만 허용된다. 또한 C에서는 문자열(2개 이상의 문자 집합)을 취급할 수 있는 자료형이 따로 존재하지 않는다. 문자열을 다루기 위해서는 뒤에 설명하는 배열(array)이나 포인터(pointer)를 사용하면 된다.

【One Point Lesson】 **부동소수점이란 무엇인가?**

태양계의 면적을 km^2로 표시한다든지 적혈구의 직경을 mm로 표시하면 숫자의 자리수가 대단히 많아져 표현하기에 불편해진다. 이럴 경우에 부동소수점수를 사용하면 편리하다.

부동소수점 수라는 것은 숫자를 $a \times 10^n$과 같은 형식으로 표현하는 방법이다. 10^n은 10의 n승을 나타내며 10을 n번 곱하는 것과 동일하다. 이렇게 자리수가 많은 수를 부동소수점수로 나타내면 다음과 같다.

980000000000 → 9.8×10^{11}
0.000000000123 → 0.123×10^{-9}

여기서 9.8 또는 0.123 부분을 가수부, 10의 승수를 나타내는 11 또는 -9를 지수부라고 따로 부르기도 한다. 이처럼 자리수가 큰 수들은 부동소수점 형태로 표시하면 알기 쉬운 장점이 있다.

3.2 변수 사용하기

기본적으로 변수에 대입 가능한 데이터는 문자 또는 숫자이다. 이러한 데이터를 저장할 수 있는 변수(variable)에 대해서 알아보자.

3.2.1 변수를 이용한 프로그램

실제로 변수를 다루는 프로그램을 작성하여 보자. 여기서는 이해를 돕기 위해 변수에 대입된 데이터를 printf() 함수를 이용해서 그대로 출력시키고 있다. 메모장을 열어 【예제 3-1】의 프로그램을 입력하고 컴파일해서 실행시켜 보라. 아직 컴파일과 실행에 익숙하지 않은 경우에는 2장의 내용을 다시 참고하기 바란다.

【예제 3-1】 데이터를 취급하는 예제 프로그램

```
#include <stdio.h>

int main(void)
{
    int i;
    char a;

    i = 26;
    a = 'Z';

    printf("%d ₩n", i);
    printf("%c ₩n", a);

    return 0;
}
```

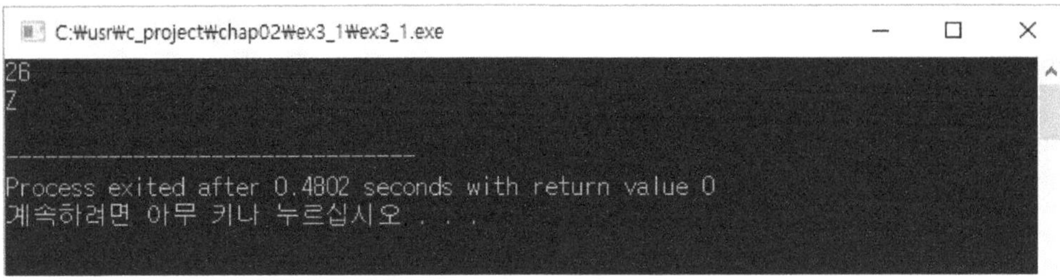

그림 3.1 【예제 3-1】의 실행 예

3.2.2 변수는 선언한 뒤에만 사용할 수 있다

C 언어에서는 변수는 반드시 선언한 뒤에 사용하여야 한다는 규칙을 가지고 있다. 간단히 말하면 미리 프로그램 안에서 이러한 변수를 사용한다고 신고하는 것이다. 이 절차를 생략하면 컴파일 단계에서 에러를 유발하게 될 것이다.

변수를 선언하기 위해서는 다음과 같이 자료형과 변수명을 연이어서 기술하면 된다.

자료형 변수명;

【예제 3-1】의 5행과 6행에서 int형의 i라는 변수와 char형의 변수 a를 선언하고 있다. 필요하다면 동일한 자료형을 가진 여러 개의 변수들은 쉼표(,) 단위로 구분해서 여러 개 나열하여 선언하는 방법도 가능하다.

```
05:    i = 26;
06:    a = 'Z';
```

3.2.3 변수의 이름 정하기

C에서는 변수명으로 사용하는 문자 또는 기호에 대해서 다음과 같은 규칙을 요구하고 있다.

- 알파벳 기호, 숫자, _를 사용한다.
- 첫 문자의 위치에는 숫자가 올 수 없다.
- _와 같은 기호는 단독으로 변수명으로 사용될 수 없다.
- 알파벳의 대문자와 소문자는 구별된다.
- 예약어를 그대로 변수명으로 사용하는 것은 금지되어 있다.

여기서 예약어(keyword)라는 것은 프로그램 안에서의 사용방법이 미리 약속되어 있어 마음대로 사용할 수 없는 단어를 의미한다. 예를 들어, 【예제 3-1】의 13행 부분에서 기술한 return도 예약어에 해당하므로 return이라는 변수명을 사용할 수 없다.

auto	break	caseext	char	const	continue	default	do
double	else	enum	extern	float	for	goto	if
int	long	register	return	short	signed	sizeof	static
struct	switch	typedef	union	unsigned	void	volatile	while

returnx 또는 re_turn과 같이 예약어에 다른 기호를 포함시켜 변수명으로 사용하는 것은 좋지만 혼동이 될 여지가 있으므로 가급적 피하는 것이 좋다.

하나의 문자만으로 변수명을 지정할 수도 있지만, 사용하는 변수의 기능을 나타내는 의미있는 단어를 선택하여 변수명으로 사용하는 것이 바람직하다. 【예제 3-1】에 대해서도 변수 i 대신에 num, 변수 a 대신에 munja 등으로 지정하면 변수명으로부터 그 기능을 파악할 수 있을 것이다.

3.2.4 변수에 데이터를 대입하기

선언만 한 변수는 비어있는 상태이므로 프로그램 안에서 데이터를 변수에 저장하는 과정이 필요하다. 이를 대입(또는 배정한다)이라고 부른다.

【예제 3-1】의 8행에서 i=26의 의미는 변수 i에 정수 데이터 26을 대입한다는 것을 의미한다. 말하자면 변수에 데이터를 대입하기 위해서는 배정 연산자 =를 이용해서 처리하면 된다. 주의할 것은 변수에 데이터를 대입하게

되면, 이전에 저장된 데이터는 사라지고 만다. 바꾸어 말하자면 변수에 대입 가능한 데이터는 한 번에 하나의 데이터만을 허용한다는 점이다.

3.2.5 서로 다른 데이터형을 대입할 때는 항상 주의

대입문의 좌변과 우변에서 자료형이 서로 다를 경우는 자동으로 좌변의 자료형으로 변환되고 만다. 예를 들어, double형의 변수 a에 int형의 데이터 2를 대입하면 double형의 2.000…과 같이 변환되고 만다.

```
...
double a;
a = 2;
...
```

이와는 반대로 int형의 변수 b에 double형의 데이터 2.5를 대입하면 소수점 이하 부분은 무시되어 2만 저장이 되므로 데이터 그 자체의 값이 중요할 경우는 조심하여야 할 것이다. 따라서 변수와 저장하려는 데이터의 자료형이 서로 일치하지 않으면 원하지 않는 결과를 초래할 수 있으므로 조심하도록 하자.

3.2.6 변환 사양으로 변수의 내용을 표시

여기서는 【예제 3-1】의 11행과 12행 부분을 참고하여 printf() 함수에 대해서 좀 더 알아보자.

```
11:     printf("%d ₩n", i);
12:     printf("%c ₩n", a);
```

좀 복잡한 기호들로 나열된 것으로 보이지만 정리하자면 다음과 같은 사용서식으로 이해하면 된다.

```
printf("표시하고자 하는 서식", 변수명);
```

11행의 경우는 표시하고자 하는 서식은 %d이다. 이것은 10진수로 표시하겠다는 의미를 가지고 있다. 이러한 %d를 변환 사양이라고 한다. printf() 함수 안에서 변환사양을 사용하면 보다 복잡한 메시지를 구성하여 화면에 출력하는 것이 가능해진다.

특히 변환사양에서 시작하는 기호 %는 변환 지정자라고 부르며, 변수의 값을 어떤 자료형으로 표시할지를 결정하는 수단이 된다. 마찬가지로 %c의 의미는 변수의 값을 문자로 표시한다는 것을 나타낸다.

앞에서 %d, %c, %f 등과 같은 변환사양을 사용하였다. 구체적인 변환사양의 서식은 다음과 같이 사용될 수 있다.

%①flags②width.③precision④type의 프리픽스⑤type

복잡해 보이지만, 꼭 필요한 부분은 선두의 %와 ⑤의 부분으로, ①~④ 부분은 생략할 수 있다. ⑤의 type 부분은 자주 사용되며 표 3.2의 내용을 참고하기 바란다.

표 3.2 printf 함수에서 이용되는 변환사양의 종류

type	의미
d	10진수의 정수(decimal)
x	16진수(hexadecimal)
f	실수/부동소수점수(float)
c	문자(char)
s	문자열(string)
p	주소(address)

3.2.7 변수의 초기화

【예제 3-1】에서 변수의 선언과 데이터 대입을 개별적으로 처리하였다. 그러나 변수의 선언과 데이터 대입을 동시에 처리할 수 있다. 이를 초기화라고 부른다. 다음 예제는 【예제 3-1】을 약간 수정한 프로그램으로 5-6행 부분을 주목하기 바란다. 실행 결과는 서로 동일하다.

【예제 3-2】 변수의 초기화 예

```
#include <stdio.h>

int main(void)
{
    int i = 26;
    char a = 'Z';

    printf("%d ₩n", i);
    printf("%c ₩n", a);

    return 0;
}
```

3.2.8 부동소수점수를 바르게 표시하기

【예제 3-3】은 실수 9.87을 int형과 double형의 변수에 대입해서 그 결과를 표시하는 프로그램이다. 특히 int형의 변수에 실수 값이 대입되면 소수점 이하 부분이 무시되어 값이 대입되므로 주의하도록 하자.

【예제 3-3】 int형과 doublo형의 변수로 부동소수점수의 취급

```
#include <stdio.h>

int main(void)
{
    int num = 9.87;
    double real_num = 9.87;

    printf("9.87을 int형 변수에 대입₩t %d ₩n", num);
    printf("9.87을 double형 변수에 대입₩t %f ₩n", real_num);

    return 0;
}
```

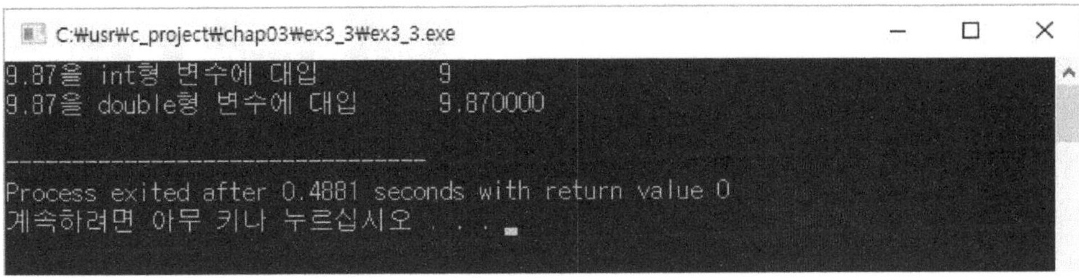

그림 3.2 【예제 3-3】의 실행 예

9행의 printf() 함수 안에서 %f 변환사양을 이용하고 있다. 이것은 부동소수점형으로 수치를 표시하기 위한 것이다. 재미있는 것은 6행에서 double형의 변수 real_num에 대입한 값은 9.87인데도 불구하고 표시되는 결과는 9.870000이다.

그렇다면 소수점 이하 3자리까지 표시하기 위해서는 어떻게 하면 될까? 이를 위해서는 변환사양 %f를 %.3f로 변경하면 된다. 여기서 물론 숫자 3은 소수점 부분을 나타내는 자리수를 의미한다. 자주 이용되는 형식이므로 기억해 두길 바란다. 이를 확인하기 위해 다음과 같이 【예제 3-3】의 9행과 10행 사이에 코드를 추가하여 보자. 실행시켜 보면 소수점 3자리까지 제대로 출력된 것을 확인할 수 있을 것이다.

```
printf("9.87을 double형 변수에 대입₩t %.3f ₩n", real_num);
```

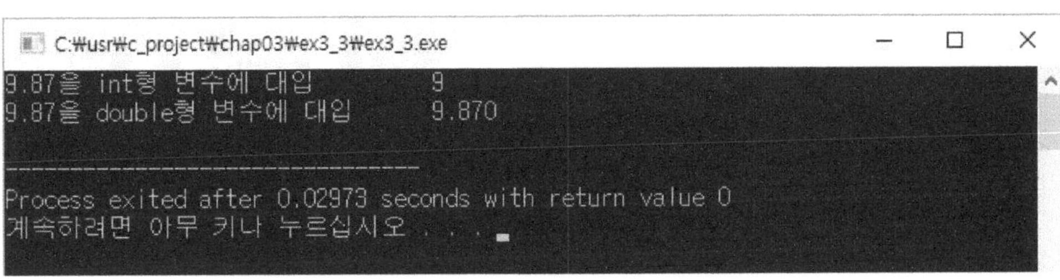

그림 3-3 【예제 3-3】을 변경하여 실행한 예

【One Point Lesson】 double과 float의 실행시간 차이

다음 예제는 double형과 float형의 데이터를 누적 연산시키는 단순한 예제이다. 그러나 많은 경우, 실수형의 데이터를 이용하여 수치연산을 할 때 연산에 이용되는 데이터의 자료형을 double형 또는 float형을 선택할지 고민하게 된다.

예전에는 컴퓨터를 도입하는 과정에서 수치연산 프로세서, 즉 CPU의 성능에 따라 가격이 천차만별이었고 이러한 성능의 차이에 따라 컴퓨터의 연산능력도 차이가 있었다.

다음 예를 살펴보자.

【Project】 부동소수점 자료형 연산에 따른 실행시간의 차이

```
#include <stdio.h>
#include <time.h> // for clock_t variables

void float_loop();
void double_loop();

int main(int argc, char *argv[])
{
    clock_t start, end;

    if(argc == 2)
    {
        switch( *argv[1] )
        {
            case 'f':
                start = clock();
                float_loop();
                end = clock();
                printf("> run time: %.3lf msec, %.3lf sec₩n",
```

```
                (double)end-start, (end-start)/(double)1000);
            break;
        case 'd':
            start = clock();
            double_loop();
            end = clock();
            printf("> run time: %.3lf msec, %.3lf sec₩n",
                (double)end-start, (end-start)/(double)1000);
            break;
        }
    }
}

void float_loop()
{
    int i;
    float r = 0.0f;

    for(i=0; i<10000000; i++) {
        r += 0.1f;
    }
    printf("r = %g₩n", r);
}

void double_loop()
{
    int i;
    double r = 0.0;

    for(i=0; i<10000000; i++) {
        r += 0.1;
    }
    printf("r = %g₩n", r);
```

```
}
```

위 프로젝트 예제 프로그램을 실행시키기 위해서는 Dev-c++ IDE 환경에서 예제를 실행하기 전에 다음과 같이 main() 함수에 전달할 값을 지정해 두면 된다. [실행]→[매개변수들(X)]→[매개변수들]로 이동하여 [프로그램에 전달할 매개변수들] 아래의 입력 창에 f 또는 d를 입력해두고 프로그램을 실행시키면 switch문에서 이 값을 최종적으로 전달받아 각 루틴을 실행시킨 결과를 확인할 수 있다.

연산결과를 비교하여 보면 float형으로 연산한 경우에는 72ms, double형으로 연산한 경우에는 69ms 정도의 시간이 연산에 소요되었다. 또한 누적 연산된 결과에도 차이를 보이는 것을 볼 수 있으며 float형으로 연산한 경우에는 결과 값이 정확하지 않다. 실제 연산 시간의 관점에서만 보면 float형으로 연산하거나 double형으로 연산하거나 계산결과에 큰 차이가 없어보일지 모르나 실제 대규모 연산과정에서는 큰 차이를 보이게 된다.

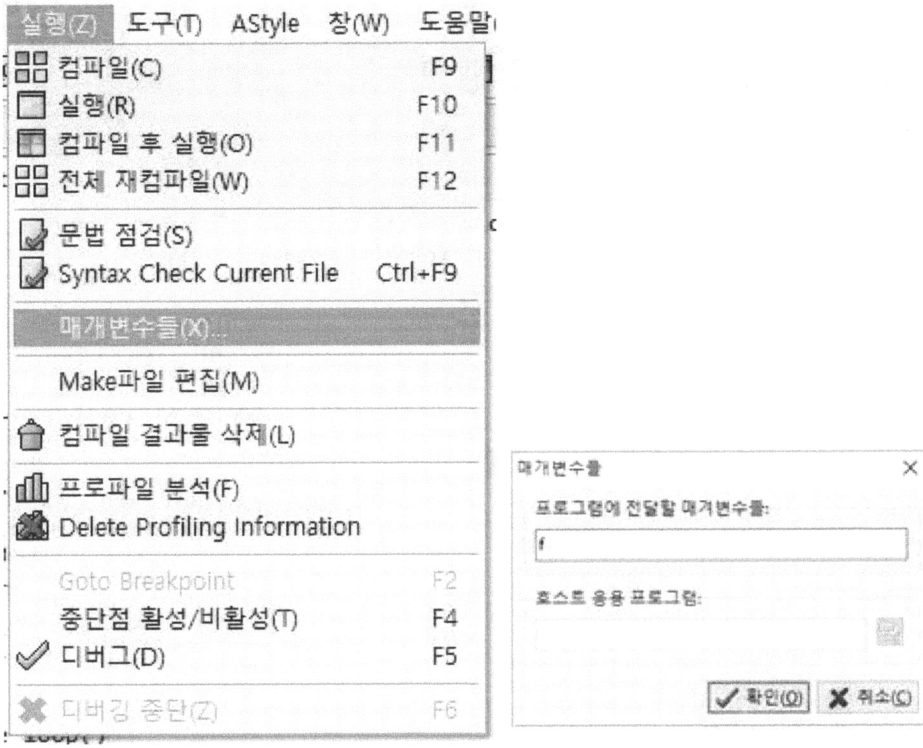

그림 3-4 main() 함수에 매개변수 값 전달해두기

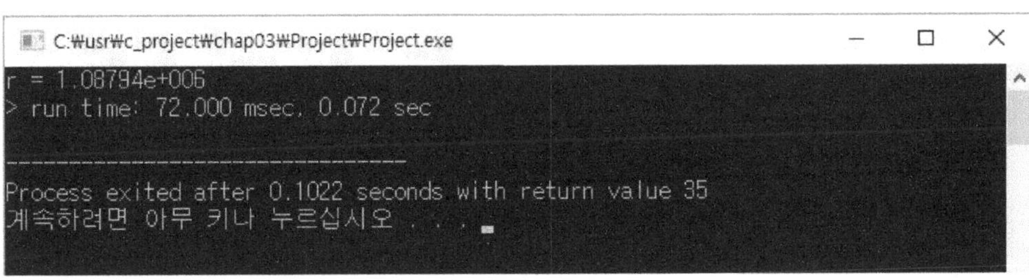

그림 3-5 main() 함수에 f 매개변수를 전달한 경우

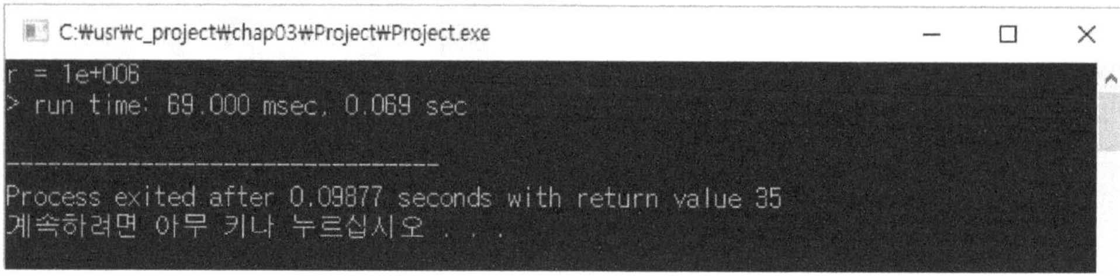

그림 3-6 main() 함수에 d 매개변수를 전달한 경우

핵심 다지기

【연습 3.1】 다음에 주어진 조건대로 적절한 자료형으로 변수 선언을 수행하시오.

(a) 정수형 변수 a, b

(b) 단정도 부동소수점형 변수 x, y

(c) 배정도 부동소수점형 변수 x, y

(d) 문자형 변수 c

(e) 부호 없는 정수형 변수 num

【연습 3.2】 좌측의 정수 표기와 우측의 설명을 적절히 연결하시오.

(a) 10	(ㄱ) 8진수 정수
(b) 074	(ㄴ) 10진수 정수
(c) "123"	(ㄷ) 문자열 정수
(d) 0.14	(ㄹ) long형 정수
(e) 12345L	(ㅁ) 16진수 정수
(f) 1.0e-4	(ㅂ) 지수형식의 부동소수점형 정수
(g) 'B'	(ㅅ) 문자 정수
(h) 0x35	(ㅇ) 부동소수점형 정수

제4장 간단한 연산을 통한 프로그래밍

프로그래밍에서는 수치 데이터에 대하여 더하기, 빼기, 곱하기, 나누기 등의 사칙연산이 가능하다. 프로그래밍의 분야에서는 계산이 아니라 동일한 의미의 연산(operation)이라는 용어가 자주 등장한다. 수학에서 사용되는 일반적인 사칙연산 이외에도 편리한 연산자가 준비되어 있다. 말하자면 프로그래밍의 세계에서는 연산을 수행한다는 것은 이들 연산자를 이용한다는 의미이다.

4.1 산술 연사자의 이용

수학에서의 계산과 마찬가지로 C언어의 경우도 계산(연산)이 가능하다. 단 사용되는 연산자가 수학의 경우와는 달리 약간 차이가 있으며 수학에서 사용되지 않는 연산자가 도입되기도 한다.

4.1.1 C 언어에서 사용되는 연산자

산술연산자는 계산식(연산식)을 기술할 때 사용되는 기호이다. 수학(산술)에서는 기호를 +, -, ×, ÷를 사용하지만, C언어에서 사용되는 산술연산자는 다음 표와 같다.

표 4.1 산술 연산자의 분류

산술연산자	의미	연산 예
+	더하기	4 +2
-	빼기	4 - 2
*	곱하기	4 * 2
/	나누기	4 / 2
%	나눗셈의 나머지	4 % 2
(단항의)+	양의 값	+3
(단항의)-	음의 값	-3

여기서 주의할 것은 곱셈과 나눗셈의 경우 기호를 *와 /를 사용한다는 점이다. 또한 %라는 익숙하지 않은 연산자를 사용할 수 있다. 이것은 나눗셈의 몫을 제외한 나머지를 계산하기 위한 연산자로 정수 값들 사이에서 사용된다. 예를 들면, 10÷3의 나머지를 구하기 위해서는 10%3이라고 기술하고 답은 1이 될 것이다.

4.1.2 연산자와 오퍼런드

C 언어에서는 연산자의 전후에 있는 데이터를 지칭하여 오퍼런드(operand)라고 부른다. 4+2의 오퍼런드는 4와 2가 되고, +3의 오퍼런드는 3이 된다. 또한 오펀런드의 수에 따라 연산자를 분류할 경우도 있다. 앞의 표에서 단항 형식의 +, -와 같이 오퍼런드를 하나만 가질 경우를 단항연산자라고 부른다. 마찬가지로 오펀런드의 수가 2개일 경우는 2항 연산자, 3개일 경우는 3항 연산자라고 한다.

4.1.3 실제로 계산해보기

실제로 연산을 해보자. 【예제 4-1】은 앞에서 소개한 5개의 연산자를 이용하여 간단한 연산을 수행하는 프로그램이다. 8행, 12행, 16행, 20행, 24행에서는 각 연산의 결과를 변수 a에 대입하고 printf() 함수로 결과를 표시하고 있다. 그리고 9행 및 13행에서는 printf() 함수에서 보통의 문자열 메시지 이외에도 변환사양을 이용하여 수치 데이터와 함께 표시하고 있다.

【예제 4-1】 기본 연산을 수행하는 프로그램

```
#include <stdio.h>

int main(void)
{
    int a;

    // 덧셈
    a = 4 + 2;
    printf("4 더하기 2는 %d이다. ₩n", a);

    // 뺄셈
    a = 4 - 2;
    printf("4 빼기 2는 %d이다. ₩n", a);

    // 곱셈
    a = 4 * 2;
    printf("4 곱하기 2는 %d이다. ₩n", a);

    // 나눗셈
    a = 4 / 2;
    printf("4 나누기 2는 %d이다. ₩n", a);

    // 나머지 구하기
    a = 4 % 2;
    printf("4를 2로 나눈 나머지는 %d이다. ₩n", a);

    return 0;
}
```

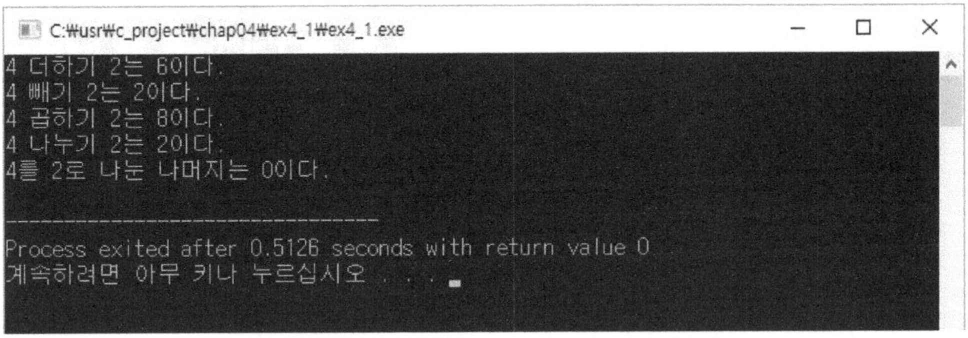

그림 4.1 【예제 4-1】의 실행 예

4.1.4 식은 평가된 뒤에 값을 가진다

C 언어에서는 식의 연산을 수행하는 것을 평가라고 부른다. 예를 들어, 【예제 4-1】에서 4+2 또는 4-2 등의 식은 평가되어서 값 6 또는 2를 가지게 되고, 그 결과가 변수 a에 대입된다.

여기서 또 하나 중요한 사실이 있다. C 언어에서는 4+2라는 식에서 숫자에 해당하는 4와 2도 하나의 식으로서 평가된다는 점이다. 말하자면 4+2라는 식이 평가 될 때, 그 전에 4와 2라는 2개의 식이 평가된다는 것을 의미한다. 그리고 4와 2를 일차식이라고 하고 4+2의 전체는 2차식이 되는 것이다. 단순히 숫자에 지나지 않지만 식으로 평가된다는 것은 불가사의할지도 모른다.

4.1.5 산술 연산자의 우선순위

연산자에는 우선순위가 있어, 이에 따라 연산을 수행하게 된다. 다음과 같은 연산의 경우는 결과는 어떻게 될까?

문제 ① $10\times2 + 3\times4$
문제 ② $10\div2 + 4\div4$
문제 ③ $10\times(2+4)$

정답은 ①의 경우는 32, ②의 경우는 6, ③의 경우는 60이다. 연산자는 항상 좌측에서부터 처리하면 좋을 것 같지만 다음과 같은 우선순위에 따라 연산이 수행된다는 점을 기억해 두자.

- ()의 안은 제일 먼저 계산된다.
- 덧셈과 뺄셈 보다는 곱셈과 나눗셈이 우선한다.
- 덧셈과 뺄셈의 우선순위가 같고, 곱셈과 나눗셈도 동일한 우선순위를 가진다.
- 같은 우선순위를 가진 연산자가 계속될 경우는 좌측에서부터 우측의 순서대로 계산된다.

위의 세 문제의 해답을 확인하기 위하여 다음 예제를 작성하여 확인하여 보기 바란다.

【예제 4-2】 산술연산자의 우선순위를 확인하기 위한 프로그램

```
#include <stdio.h>

int main(void)
{
    int i;

    // 문제 (1)의 연산
    i = 10*2 + 3*4;
    printf("10×2 + 3×4 = %d ₩n", i);

    // 문제 (2)의 연산
    i = 10/2 + 4/4;
    printf("10÷2 + 4÷4 = %d ₩n", i);

    // 문제 (3)의 연산
    i = 10*(2 + 4);
    printf("10×(2 + 4) = %d ₩n", i);

    return 0;
```

```
}
```

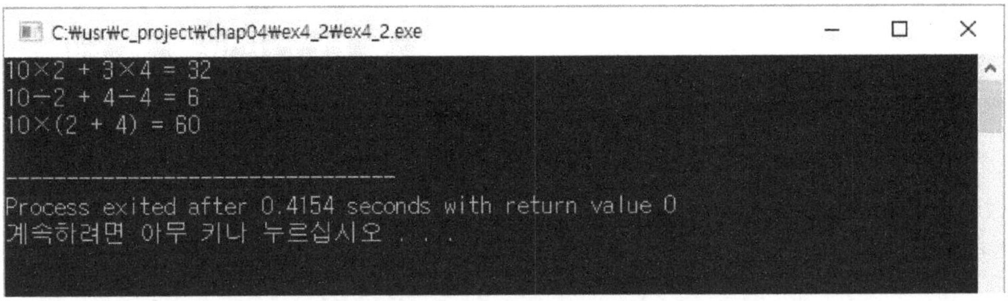

그림 4.2 【예제 4-2】의 실행 예

4.1.6 변수들간의 연산

【예제 4-1, 4-2】에서는 숫자 데이터만을 이용해서 연산을 하였다. 여기서는 변수와 숫자, 변수와 변수 사이에서 연산을 하는 방법을 살펴보도록 하자. 변수를 연산에 사용하면, 실제로 변수에 대입된 값으로 연산이 수행된다. 다음 예제를 살펴보도록 하자.

【예제 4-3】 변수와 숫자 또는 변수들간의 연산 예제

```
#include <stdio.h>

int main(void)
{
    int a = 10, b = 5, i; //변수의 초기화 및 선언

    // 변수와 숫자로 연산
    i = a * 2;
    printf("a는 %d이고, a×2 = %d ₩n", a, i);

    // 변수끼리 연산
    i = a / b;
    printf("a는 %d이고 b는 %d, a÷b = %d ₩n", a, b, i);
```

```
    return 0;
}
```

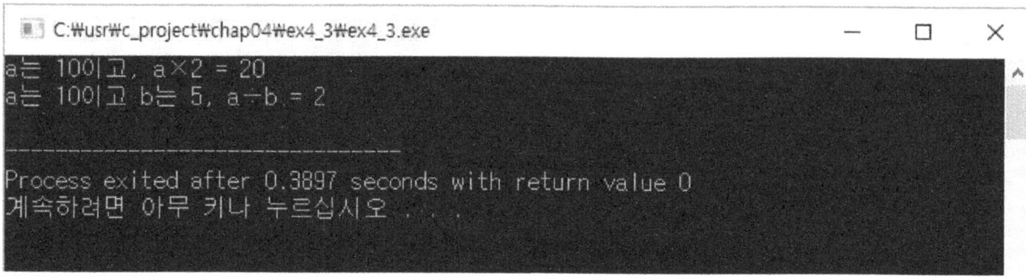

그림 4.3 【예제 4-3】의 실행 예

【예제 4-3】의 9행과 13행에서는 printf() 함수의 메시지 안에 다양한 변환 사양을 이용하고 있다.

【One Point Lesson】 **왜 i=i+1과 같이 기술할 수 있을까?**

수학의 = 기호는 「좌변과 우변이 같다」라는 동등의 의미를 가지지만 C에서는 배정(대입) 연산자로 사용하고 있다. 배정 연산자의 의미는 좌변의 변수에 우변의 데이터를 대입한다는 것을 뜻한다. 다음 예를 살펴보자.

```
    i = i + 1;
```

수학의 관점에서 본다면 이와 같은 계산식은 잘못된 것이다. 그러나 C 언어에서는 변수 i의 값에 1을 더하여 그 결과를 다시 변수 i에 대입한다는 것을 나타내고 있다. 이러한 누적연산 과정을 축약하여 다음과 같은 기술방식을 자주 이용하기도 한다. 기능적인 측면에서 동일하게 동작하며 목적에 따라 *, /, %, >>, << 등의 연산자들과 조합하여 사용하는 것도 가능하다.

```
    i += 1;
```

C 언어의 입장에서는 잘못된 것이 아닌 것이다. 이와 같이 변수의 값으로 연산을 수행하고 그 결과를 다시 원래의 변수에 대입하는 처리는 자주 사용되므로 잘 기억해 두자.

4.2 특수한 연산자의 이용

C 언어의 경우는 수학에서 사용하지 않는 특수한 연산자가 사용되기도 한다. 그 중에서 증감 연산자와 캐스팅 연산자 등을 소개한다.

4.2.1 증가 연산자와 감소 연산자

어떤 값을 1만큼 증가시키거나 감소시키는 처리를 위해서 C에서는 다음과 같은 증감연산자가 준비되어 있다.

표 4.2 증감 연산자의 종류

연산의 종류	예	변수 i의 값이 2일 경우
전치연산(prefix)	++i	3
후치연산(postfix)	i++	3
전치연산(prefix)	--i	1
후치연산(postfix)	i--	1

여기서 증감연산자가 변수의 앞에 놓이는지 또는 뒤에 위치하게 되는지에 따라서 전치연산 또는 후치연산으로 분류할 수 있다. 이것은 다음과 같은 차이점을 가지고 있다.

- 전치연산(prefix) 식이 평가되기 전에 증가 또는 감소된다.
- 후치연산(postfix) 식이 평가된 후에 증가 또는 감소된다.

처음에 어렵다고 생각할 수 있지만, 예제를 통하여 쉽게 확인할 수 있을 것이다. 【예제 4-4】는 int형의 변수 i에 2를 대입하고 8행과 11행에서 그 결과를 표시하고 있다. 특히 이러한 증감 연산자를 연산식의 일부로서 사용할 경우는 이러한 차이점이 확연하게 나타나므로 반드시 확인하길 바란다.

【예제 4-4】 postfix 형태의 증감 연산자 사용 예

```
#include <stdio.h>

int main(void)
{
    int i = 2; //변수의 초기화 및 선언

    // 후위연산(postfix)에 대한 변수 i의 값을 표시
    printf("변수 i의 값 = %d ₩n", i++);

    // 변수 i의 값을 그대로 표시
    printf("변수 i의 값 = %d ₩n", i);

    return 0;
}
```

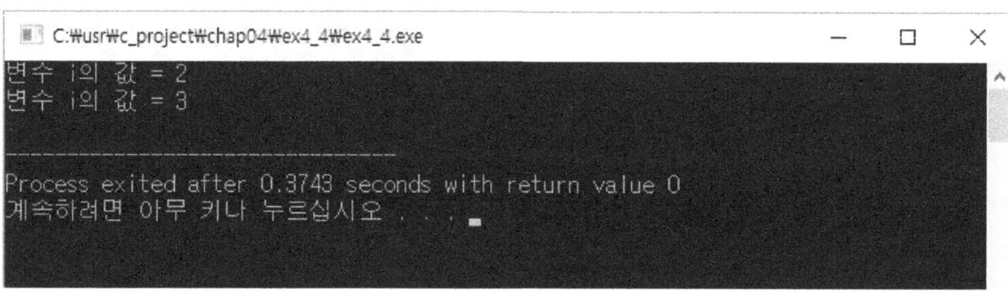

그림 4.4 【예제 4-4】의 실행 예

8행에서는 변수의 값이 2로 표시되지만, 11행의 출력결과는 3이다. 그 이유는 오퍼런드 i는 하나의 식으로 먼저 평가되고 그 이후에 1이 증가되기 때문에 8행에서의 변수 i는 현재의 값을 출력하여 2가 된 것이다.

그러면 다음과 같이 전치연산 형태로 8행의 부분을 약간 변경하여 보자.

```
8:    printf("변수 i의 값 = %d ₩n", ++i);
```

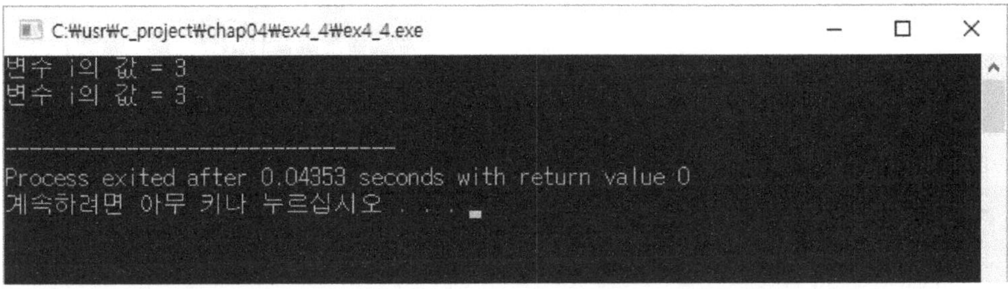

그림 4.5 【예제 4-4】에서 postfix 증산을 시킨 경우

이번에는 어느 쪽도 표시되는 결과는 3이 된다. 즉 오퍼런드 i를 평가하기 전에 먼저 1을 증가시키고 나중에 연산식이 평가된 것을 의미한다.

4.2.2 캐스트(cast) 연산자

C 언어에서는 동일한 자료형을 가진 데이터 사이에서 계산을 하면 그 결과도 동일한 자료형을 가진다. 덧셈, 뺄셈, 곱셈의 경우는 문제가 없지만, 나눗셈의 경우는 문제가 될 수 있다.

다음 예제는 int형의 변수 a, b를 이용해서 나눗셈을 하고 그 결과를 double형의 변수 c에 저장하고 있다. 실제로 a/b의 결과는 2.5가 되지 않고 2가 된다(0.5 부분은 자동으로 떨어진다). 이것이 c에 대입될 때, double형으로 변환되어서 2.00이 된 것이다.

【예제 4-5】 5/2의 연산 결과가 2.00으로 표시되어 버린 예

```
#include <stdio.h>

int main(void)
{
    int a = 5, b = 2; //변수의 초기화 및 선언
    double c = a / b;

    printf("a ÷ b = %.2f ₩n", c);
```

```
    return 0;
}
```

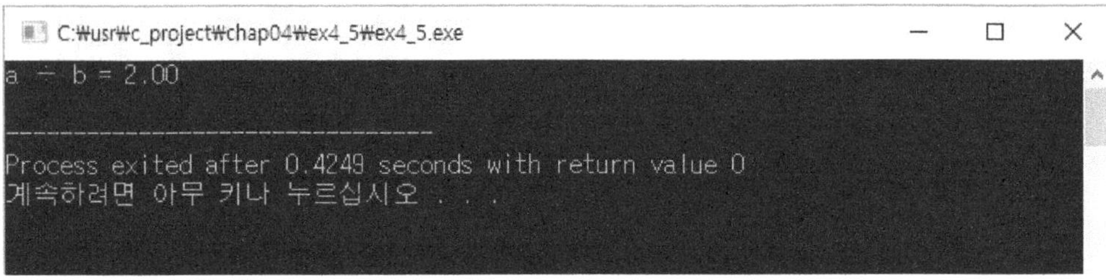

그림 4.6 【예제 4-5】의 실행 예

이와 같은 경우, 기대한대로 수치를 표시하기 위해서는 캐스트(cast) 연산자를 사용할 필요가 있다. 캐스트 연산자는 지정한 자료형으로 강제로 원하는 자료형으로 변환시켜주는 연산자이다.

캐스트 연산자의 서식은 변환시키고자 하는 자료형을 ()로 묶어주면 된다. 앞의 예에 대해서 다음과 같이 a/b의 결과가 double형의 2.50이 되도록 형변환을 해주면 된다.

```
6:     double c = (double)a / b;
```

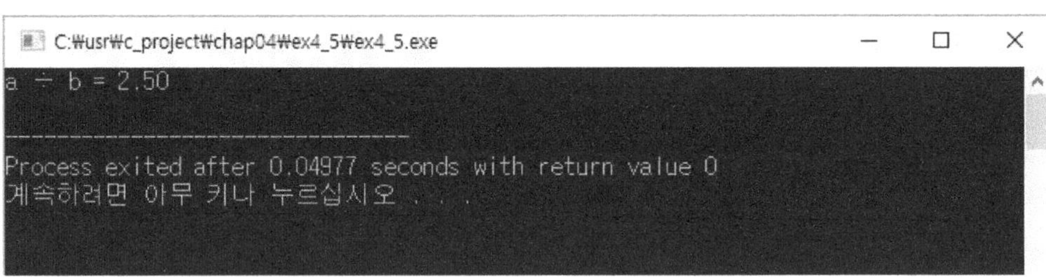

그림 4.7 【예제 4-5】에서 double형으로 캐스팅한 예

캐스트 연산자는 편리한 점도 있지만, 그 사용을 잘못하게 되면 프로그램이 정상적으로 동작하지 않게 하는 원인제공을 할 수도 있다. 캐스트 연산자는 꼭 필요한 경우에만 사용하고, 사용할 때도 명확한 목적을 가지고 사용하기를 바란다.

4.2.3 sizeof 연산자

C 언어에서 데이터형의 사이즈를 프로그램 안에서 구하여 사용해야 하는 경우가 종종 있다. 말하자면 sizeof 연산자는 데이터형의 크기를 구하는 연산자이다. 사용하기 위한 서식은 다음과 같다.

표 4.3 sizeof 연산자 서식

사용 서식	설명
sizeof(자료형)	자료형 이름 int, double 등의 자료형 사이즈를 구한다.
sizeof 단항식	단항식의 사이즈(바이트 수)

단항식의 경우에는 변수, 배열, 구조체, 공용체 등의 오브젝트(이름)를 기술하면 된다. 연산자의 사용방법은 다음 예제들을 참고하라. 다음 두 예제의 수행결과는 동일하다는 것을 확인할 수 있을 것이다. 계산 결과에서 표시되는 숫자의 단위는 바이트(byte)가 된다.

【예제 4-6】 자료형의 크기를 구하는 예

```
#include <stdio.h>

int main(void)
{
    printf("char   ₩t = %d₩n", sizeof(char));
    printf("int    ₩t = %d₩n", sizeof(int));
    printf("short  ₩t = %d₩n", sizeof(short));
    printf("float  ₩t = %d₩n", sizeof(float));
    printf("double ₩t = %d₩n", sizeof(double));

    return 0;
}
```

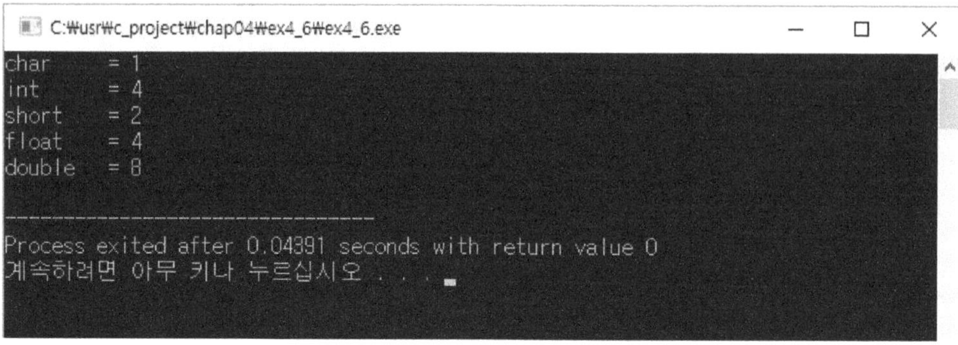

그림 4.8 각 자료형의 크기를 sizeof 함수로 구하는 예

【예제 4-7】 sizeof 오브젝트 형식으로 구하는 예

```
#include <stdio.h>

int main(void)
{
    char a;
    int c;
    short b;
    float d;
    double x;
    printf("char      = %d₩n", sizeof a);
    printf("int       = %d₩n", sizeof b);
    printf("short     = %d₩n", sizeof c);
    printf("float     = %d₩n", sizeof d);
    printf("double    = %d₩n", sizeof x);

    return 0;
}
```

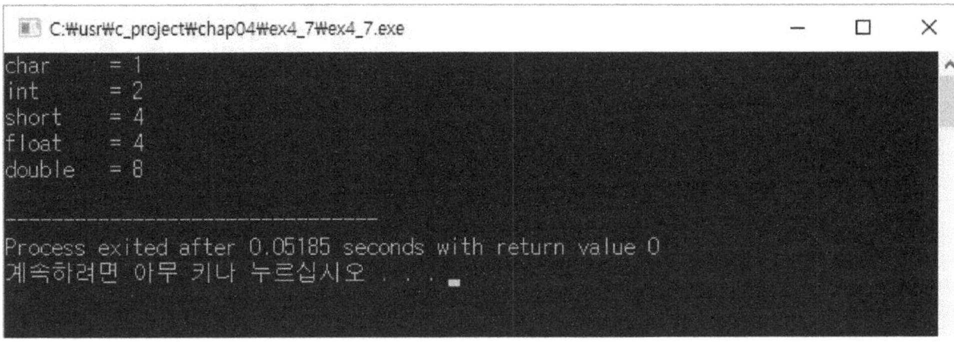

그림 4.9 각 자료형의 크기를 sizeof 오브젝트 형태로 구하는 예

일반적으로 sizeof 연산자는 기억영역의 동적인 확보 등에 이용될 수 있다. 예를 들어, 100개의 요소를 가지는 정수형 영역을 동적으로 확보하는 것을 예로 들 수 있다. 프로그램 안에서 동적으로 영역을 확보하기 위해서는 calloc(), malloc() 등의 준비된 함수를 이용할 수 있다.

calloc() 함수는 괄호 안에서 지정된 크기의 영역을 확보하고, 그 선두 위치(선두 어드레스)를 반환한다. 아직 함수 및 포인터에 대해 이해하지 못한 상태이지만, sizeof 연산자의 역할만이라도 잘 알아두도록 하자.

【예제 4-8】 sizeof 오브젝트 형식으로 구하는 예

```
int *p;
p = calloc(100, sizeof(int));
```

4.2.4 단항 연산자

단항 마이너스(-)는 부호의 반전을 수행하는 연산자이다. 단항 플러스(+) 연산자의 경우는 어떠한 연산도 수행하지 않는다. 단지 단항 마이너스 연산자와의 관계를 위해 필요로 한다고 이해해도 좋다.

【예제 4-9】 단항 마이너스 연산자 사용 예

```
int a, b, c;
a = 100;
```

```
b = -a; /* 부호가 반전된다 */
c = +a; /* 아무런 변화도 없다 */
```

4.2.5 주소 연산자 (&)

이 연산자는 주소(address)를 추출하기 위해 사용되는 연산자이다. 주로 scanf() 함수를 이용하여 데이터를 입력받을 경우 자주 사용되는 연산자이다. 또한 포인터 개념을 이해하는데 있어 중용한 역할을 하는 연산자이므로 잘 기억해 두자.

【예제 4-10】 주고 연산자 사용 예

```
int a = 5;

printf("변수 a의 주소는 %p\n", &a);
```

4.2.6 간접 참조 연산자 (*)

포인터(pointer)에 적용되는 연산자이다. 주소를 격납하고 있는 변수에 대해서 사용되면, 그 주소가 지칭하는 내용을 참조하고자 할 때 사용된다.

4.2.7 직접 멤버 (.)와 간접 멤버 (->) 연산자

구조체 또는 공용체의 멤버를 직접 또는 간접적으로 참조하기 위해 사용되는 연산자이다. 상세한 내용은 12장에서 설명한다.

4.3 비트 조작하기

정수의 이진 표현(binary expression)에 따른 각 비트의 연산을 수행하는 비트 논리 연산자, 이동 연산자 및 비트 마스크 등에 대해서 알아보도록 하자.

4.3.1 비트 논리 연산자

비트 논리 연산자는 피연산자의 정수 값을 비트 단위로 논리 연산을 수행하는 연산자이다. 비트 논리 연산자는 다음과 같이 4개의 연산자로 구성된다.

표 4.4 비트 논리 연산자

연산자	기호	의미(연산자 기준)
AND	x & y	왼쪽과 오른쪽 오퍼런드의 비트 단위 AND 연산
OR	x | y	왼쪽과 오른쪽 오퍼런드의 비트 단위 OR 연산
XOR	x^y	왼쪽과 오른쪽 오퍼런드의 비트 단위 XOR 연산
NOT	~x	오른쪽 오퍼런드의 부정

이러한 비트 논리 연산자를 이용하여 피연산자의 비트 단위로 각각 0과 1로 구성되는 값의 비트 연산 결과는 다음과 같다.

표 4.5 비트 논리 연산자를 이용하여 논리 값 구하기

x	y	x & y	x | y	x ^ y	~x
0	0	0	0	0	1
0	0	0	1	1	1
1	0	0	1	1	0
1	1	1	1	0	0

다음은 (3 & 5)를 구하는 예를 보이고 있다. 이 연산의 결과는 피연산자인 3과 5를 각각 이진수로 표현한 비트들을 AND 연산으로 평가한 것이다.

```
3       00000000 00000000 00000000 00000011
5       00000000 00000000 00000000 00000101
3 & 5   00000000 00000000 00000000 00000001
```

결과적으로 다음이 성립된다는 것을 알 수 있다.

$$(3 \ \& \ 5) == 1$$

비트 논리 연산자를 이해를 돕기 위해서 사용자의 입력 정수 x와 y를 이용해서 각 논리 연산자의 평가 결과를 출력시키는 프로그램을 작성하여 보자.

【예제 4-11】 비트 논리 연산자를 이용한 논리 연산

```
#include <stdio.h>

int main(void)
{
    int x, y;

    printf("비트 논리 연산을 위한 정수를 입력: ");
    scanf("%d", &x);

    printf("비트 논리 연산을 위한 또 다른 정수를 입력: ");
    scanf("%d", &y);

    printf("%d & %d == %d ₩n", x, y, x & y);
    printf("%d | %d == %d ₩n", x, y, x | y);
    printf("%d ^ %d == %d ₩n", x, y, x ^ y);
    printf("~%d == %d ₩n", x, ~x);
    printf("~%d == %d ₩n", y, ~y);

    return 0;
}
```

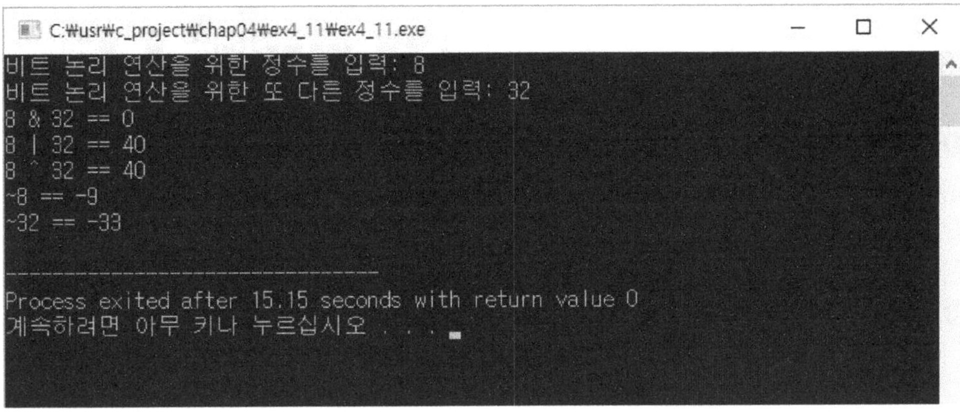

그림 4.10 【예제 4-11】의 실행 결과

4.3.2 이동 연산자

이동 연산자(shift operator)는 비트 단위로 왼쪽 또는 오른쪽으로 이동시키는 연산자이다. C 언어에서는 다음의 두 가지의 이동 연산자를 제공하고 있다. 이들 연산자는 정수 값의 내부 표현방식인 2진수의 자릿수를 오른쪽이나 왼쪽으로 지정된 숫자만큼 옮기는 기능을 수행한다.

표 4.6 이동(shift) 연산자

연산자	기호	의미
shift left	<<	비트를 왼쪽으로 이동
shift right	>>	비트를 오른쪽으로 이동

먼저 다음과 같은 연산을 생각해보자.

```
7 << 2
```

위 연산은 좌변의 피연산자인 7의 2진수 값을 우변의 지정된 숫자 2만큼 이동시키라는 것을 나타내고 있다.

❶ 단계: 좌측의 오퍼런드의 값을 2진수로 변환한다.

7 00000000 00000000 00000000 00000111

❷ 단계: 우측 오퍼런드의 값만큼 ❶단계의 비트를 좌측으로 이동시킨다.

7 00000000 00000000 00000000 00000111
<<2 0000000000 00000000 00000000 000111

❸ 단계: 왼쪽 경계를 벗어난 비트는 무시하고 우측의 빈자리는 0으로 채운다.

7 00000000 00000000 00000000 00000111
<<2 00000000 00000000 00000000 00011100

❹ 단계: ❸ 단계의 평가 값을 정수로 환원한다.

7 << 2 00000000 00000000 00000000 00011100
28

마찬가지로 정수 7을 우측으로 2만큼 이동시킨 결과는 어떻게 될까? 비트를 좌측으로 이동시킨 방법을 참고하여 비트를 이동시켜 보도록 하자.

❶ 단계: 좌측의 오퍼런드의 값을 2진수로 변환한다.

7 00000000 00000000 00000000 00000111

❷ 단계: 우측 오퍼런드의 값만큼 ❶단계의 비트를 우측으로 이동시킨다.

7 00000000 00000000 00000000 00000111
>>2 000000 0000 00000000 00000000 000111

❸ 단계: 우측 경계를 벗어난 비트는 무시하고 좌측의 빈자리는 0으로 채운다.

```
    7       00000000 00000000 00000000 00000111
    >>2     00000000 00000000 00000000 00000001
```

❹ 단계: ❸ 단계의 평가 값을 정수로 환원한다.

```
  7 >> 2    00000000 00000000 00000000 00000001
    1
```

임의의 정수 값을 입력받아서 원하는 만큼의 비트 이동을 시키는 프로그램은 다음과 같다.

【예제 4-12】 이동 연산자를 이용한 비트의 이동

```
#include <stdio.h>

int main(void)
{
    int x, y;

    printf("비트 이동을 위한 정수를 입력: ");
    scanf("%d", &x);

    printf("비트 이동 횟수를 정수로 입력: ");
    scanf("%d", &y);

    printf("좌측이동: %d << %d == %d ₩n", x, y, x << y);
    printf("우측이동: %d >> %d == %d ₩n", x, y, x >> y);

    return 0;
}
```

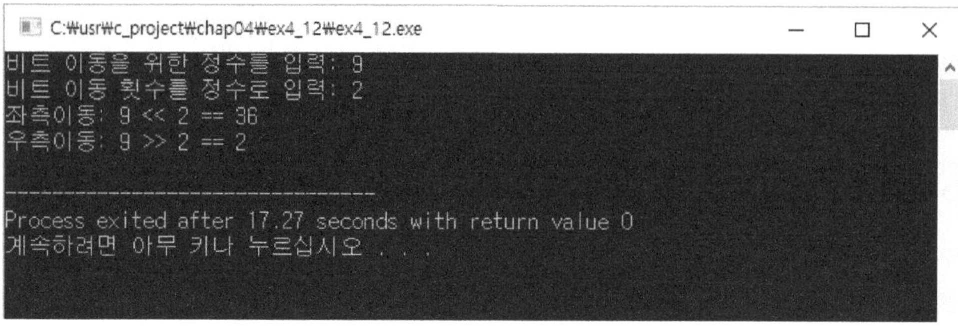

그림 4.11 【예제 4-12】의 실행 결과

이러한 비트 이동을 이용하면, 우측 이동 연산의 결과는 첫 번째 피연산자가 양수일 경우는 비트 이동 한 번 할 때마다 첫 번째 피연산자를 2로 나누는 것과 동일하다. 마찬가지로 좌측으로 비트 이동시키면 한 번 비트이동으로 첫 번째 피연산자를 2배로 곱하는 것과 같은 효과를 가지게 된다.

4.3.3 비트 마스크

임의의 정수 값의 비트에서 특정한 비트 값을 알아내는 방법으로서 논리연산 AND를 이용할 수 있다. 예를 들면 int형 변수에 저장된 값을 대상으로 다음과 같이 가장 오른쪽 최하위 비트가 무엇인지 알아낼 수 있다.

```
int a;
int mask = 1;
printf("%d", (a & mask) ? 1 : 0);
```

이 경우에 변수 mask를 이용하여 비트 논리 AND 연산을 수행하면 다음과 같다.

2(a)	00000000 00000000 00000000 00000010
1(mask)	00000000 00000000 00000000 00000001
a & mask	00000000 00000000 00000000 00000000

위 과정을 통하여 피연산자 (a & mask)의 결과는 변수 a에 저장된 값의

최하위 비트의 값에 따라서 0 아니면 1의 결과를 갖게 된다. 따라서 printf 함수문 안의 조건 연산자 **(a & mask) ? 1 : 0**의 결과는 변수 a에 저장된 값에 따라 0 아니면 1이 될 것이다.

이와 같이 원하는 특정 비트의 값을 알아내기 위해서는 다음과 같은 조건식으로 기술하면 된다.

```
(a & mask) ? 1 : 0
```

이와 같이 변수 mask와 같이 변수나 수식에서 원하는 비트만을 선택하거나 변경하기 위한 변수를 비트 마스크(bit mask)라 한다. 임의의 값에서 특정 비트를 알아내기 위해서는 해당하는 비트만 1로, 그 외 모든 비트는 0을 갖는 마스크를 이용하여 AND 연산을 취하면 된다.

예를 들어, 정수 값 10의 최하위부터 4번째 자리의 비트 값은 4번째 자리의 비트만이 1인 비트 마스크를 이용하면 되므로 다음과 같이 기술할 수 있다.

```
int a = 10;
int mask = 8;   // mask = 1 << 3;
printf("%d", (a & mask) ? 1 : 0);
```

위의 코드 블록에 대한 연산 과정을 살펴보면 다음과 같다.

```
10(a)         00000000 00000000 00000000 00001010
8(mask)       00000000 00000000 00000000 00001000
a & mask      00000000 00000000 00000000 00001000
```

위 결과로부터 변수 a에 저장된 값의 최하위 비트부터 n번째 자리의 비트 값은 다음과 같은 일반화된 조건식으로 구할 수 있다.

```
(a & (1 << (n-1))) ? 1 : 0
```

동일한 방법으로 원하는 특정 비트를 1로 지정하기 위해서는 비트 마스크를 이용해서 OR 연산을 취하면 된다. 이와는 반대로 특정 비트를 0으로 지정하려면 해당 비트만을 1로 하는 마스크를 비트 부정하여 AND 논리를 취하면 원하는 결과를 얻을 수 있다. 비트 마스크를 이용하여 특정 비트를 알아내거나 변경하는 방법을 다음 표에 정리하였다.

표 4.7 특정 비트 값을 검사 또는 변경하는 방법

연산식	의미
(a & (1<<(n-1))? 1 : 0	원하는 특정 비트 값 알아내기
(a | (1<<(n-1)) a |= (1<<n-1)	원하는 특정 비트를 1로 지정(변경)
(a & ~(1<<(n-1)) a &= ~(1<<n-1)	원하는 특정 비트를 1로 지정(변경)
(a ^ (1<<(n-1)) a ^= (1<<n-1)	원하는 특정 비트를 반대로 변경

이와 같은 원리로 정수의 최상위 비트에 대해서도 동일한 방법을 적용할 수 있다. 다음 예제는 입력받은 양과 음의 정수를 입력 받아서 최상위 비트의 값을 알아내는 프로그램이다. 주의할 것은 컴파일러에 따라서 int형의 자료형의 크기가 32비트 또는 16비트일 경우가 있으므로 비트 마스크를 지정할 때는 다음과 같이 조건에 따라 지정하도록 하자.

```
mask = 1 << 31; // 1 << 15;
```

【예제 4-13】 최상위 비트 알아내기

```
#include <stdio.h>

int main(void)
{
    int a, mask, bit;

    printf("양의 정수 하나를 입력: ");
```

```
    scanf("%d", &a);

    mask = 1 << 31; // int형 자료형의 사이즈가 32비트인 경우
    bit = (a & mask) ? 1 : 0;
    printf("입력한 양수 %d의 최상위 비트는 %d. ₩n", a, bit);

    printf("음의 정수 하나를 입력: ");
    scanf("%d", &a);
    bit = (a & mask) ? 1 : 0;
    printf("입력한 음수 %d의 최상위 비트는 %d. ₩n", a, bit);

    return 0;
}
```

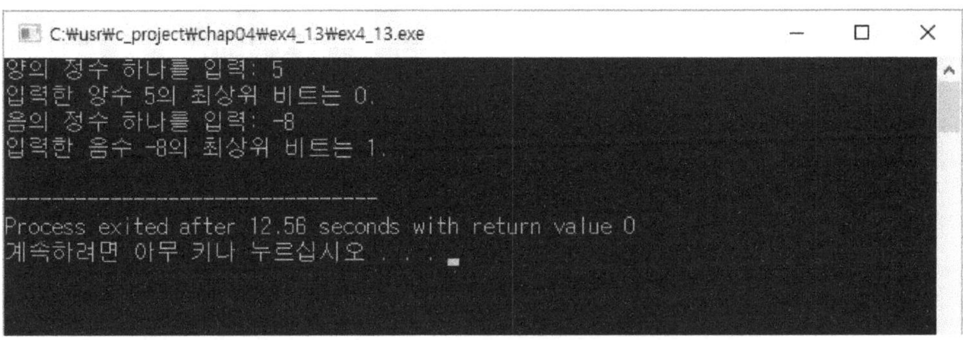

그림 4.12 【예제 4-13】의 실행 결과

4.4 수함 함수 이용하기

여기서는 수학연산에서 자주 등장하는 표준 라이브러리 함수에 대하여 살펴보자. 수학연산에 필요한 유용한 함수들은 <math.h>라는 헤더 파일에 정의되어 있으며, 이들 함수들은 기본적으로 double형의 매개변수와 반환 값을 가진다.

4.4.1 수학함수의 종류

<math.h> 헤더 파일 내에 정의된 수학 함수들을 정리하면 다음과 같다.

표 4.8 수학함수의 종류

종류	함수	설명
삼각함수	double sin(double x)	$\sin(x)$
	double cos(double x)	$\cos(x)$
	double tan(double x)	$\tan(x)$
역삼각함수	double asin(double x)	$\sin^{-1}(x)$
	double acos(double x)	$\cos^{-1}(x)$
	double atan(double x)	$\tan^{-1}(x)$
쌍곡선함수	double sinh(double x)	$\sinh(x)$
	double cosh(double x)	$\cosh(x)$
	double tanh(double x)	$\tanh(x)$
지수함수	double exp(double x)	e^x
	double log(double x)	$\log_e(x)$
	double log10(double x)	$\log_{10}(x)$
기타	double ceil(double x)	x보다 작지 않은 가장 작은 정수
	double floor(double x)	x보다 크지 않은 가장 작은 정수
	double fabs(double x)	$\|x\|$
	double pow(double x, double y)	x^y
	double sqrt(double x)	$\sqrt{(x)}$

4.4.2 수학연산

<math.h> 헤더 파일 내에 정의된 삼각함수들을 이용하는 간단한 예를 살펴보자. 주의할 것은 각도의 값은 라디안(radian)으로 지정해야 하며, 1 라디안은 $180/\pi$에 해당한다.

【예제 4-14】 삼각함수를 이용한 계산

```
#include <stdio.h>
#include <math.h>

int main(void)
{
    double pi = 4.0*tan(1.0); // 3.141592654...
    double x = pi/2, y;

    y = sinh(x);
    printf("> sinh(%f) = %f₩n", x, y);
    y = sin(x);
    printf("> sin(%f) = %f₩n", x, y);
    x = asin(y);
    printf("> asin(%f) = %f [deg]₩n", y, 180.0*x/pi);

    return 0;
}
```

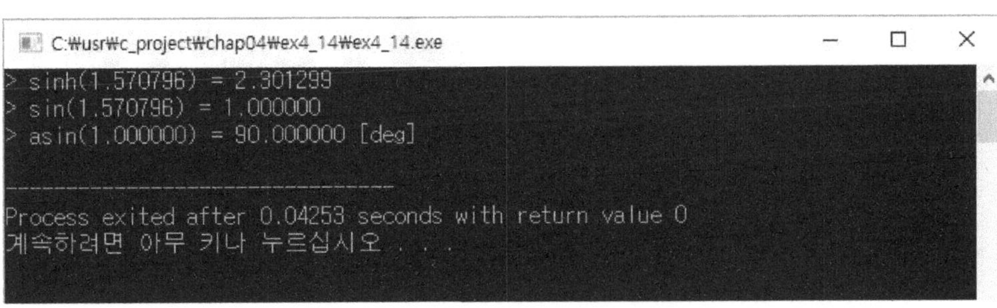

그림 4.13 【예제 4-14】의 실행 결과

4.4.3 난수함수 이용하기

수학함수를 이용하면 다양한 수학적 연산을 수행할 수 있다. 그러나 주사위나 기타 게임 프로그래밍을 하다보면 꼭 필요한 기능 중의 하나가 난수 발생이다.

<stdlib.h> 헤더 파일 내에는 rand()라는 함수를 제공하고 있으며 이 함수를 이용하여 의사 난수(pseudo random number)를 발생시킬 수 있다. 여기서 의사 난수의 의미는 초기 값에 따라 나오는 숫자의 순서가 어느 정도 결정되어 있는 난수를 뜻하며, 다음에 뭐가 나올지 모르는 일반적인 난수를 대신하여 사용할 수 있다.

발생되는 숫자의 범위는 0에서 RAND_MAX(<stdlib.h> 파일 안에 정의된 상수)까지의 정수이다. 그리고 rand() 함수를 이용할 때는 다음 예제와 같이 srand(unsigned int seed) 함수와 함께 이용하는 것이 일반적이다. 이 함수의 매개변수 값은 난수 발생기에서 다음 난수를 계산하기 위해 사용되는 초기 값(seed value)이며 예제에서는 프로그램을 매번 실행할 때마다 다른 값으로 설정이 되도록 시간 값을 부여하고 있다.

【예제 4-15】 6개의 로또번호 생성

```
#include <stdio.h>
#include <stdlib.h>
#include <time.h>

void get_random() {
        int i;

        for(i=0; i<6; i++) {
            printf("  %d  ", (int)(35.0*rand()/RAND_MAX)+ 1);
        }

        printf("₩n");
}
```

```
int main(int argc, char *argv[]) {
        // 난수 발생기의 seed를 현재 시간으로 설정
        srand((unsigned)time(NULL));
        get_random();

        return 0;
}
```

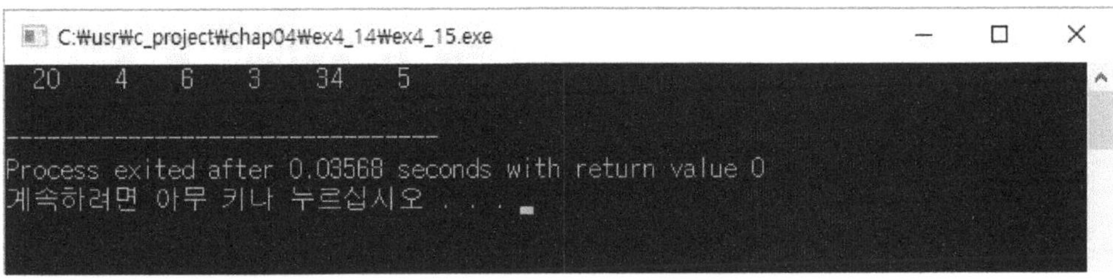

그림 4.14 【예제 4-15】의 실행 결과

핵심 다지기

【연습 4.1】 다음 코드 블록의 계산식의 평가결과는 어떻게 되는가?

```
int a = 200;
int b = a/5;
```

【연습 4.2】 부록 C의 연산 우선순위와 결합규칙을 참고하여 다음 연산식은 어떤 순서에 따라 계산되는지 보이시오.

(a)
```
int a = (b + c)*d - e/(f - g);
```

(b)
```
int a = 100;
int b = a++;
int c = b *(++a);
```

【연습 4.3】 다음에 주어진 각각의 코드 블록을 단축 연산의 형태로 다시 기술하여 보시오.

(a)
```
a = a + b; // a += b;
```

(b)
```
a = a - b; // a -= b;
```

(c)
```
a = a * b; // a *= b;
```

(d)
```
a = a / b; // a /= b;
```

(e)
```
a = a % b; // a %= b;
```

(f)
```
a = a + 1; // a += 1;
```

【연습 4.4】 정수 a를 입력 받은 뒤, a*4를 계산하는 프로그램을 작성하여 보자. 여기서는 곱셈을 위한 연산자 *를 사용하지 않고서도 이

를 수행할 수 있다.

```
#include <stdio.h>

int main(void)
{
    int a, b;

    printf("정수 값을 입력하시오: ");
    scanf("%d", &a);
    b = a << 2; /* 4는 2^2이므로 좌측으로 2번 이동 */
    printf("%d * 4 = %d₩n", a, b);

    return 0;
}
```

【연습 4.5】 정수 a를 입력 받은 뒤, a/8을 계산하는 프로그램을 작성하여 보자. 단, 나누기 연산자 /를 사용하는 대신에 비트이동을 응용하면 간단히 계산할 수 있다.

```
#include <stdio.h>

int main(void)
{
    int a, b;

    printf("정수 값을 입력하시오: ");
    scanf("%d", &a);
    b = a >> 3; /* 4는 2^3이므로 우측으로 3번 이동 */
    printf("%d / 8 = %d₩n", a, b);

    return 0;
}
```

프로그램 제어하기 - 분기처리

제5장 프로그램 제어하기 - 분기처리

프로그램은 항상 위에서 아래로 처리하지 않는다. 조건에 따라서는 복수의 처리 중에서 어느 부분을 실행할지를 선택하는 것도 가능하다. 원하는 곳으로 처리의 제어를 옮기는 분기처리 방법에 대해서 알아보자.

5.1 분기처리는 무엇인가?

프로그램의 세계에서는 처리의 순서를 변경하는 것도 가능하다. 이와 같은 처리를 수행하는 것을 제어문이라고 한다. 제어문은 분기와 반복의 처리로 다시 분류할 수 있다. 이와 같은 분기 처리를 수행하는 프로그램 작성에 대해서 알아보자.

5.1.1 분기는 갈림길을 의미

이제까지 등장한 프로그램은 위에서 아래라는 일방적인 처리를 수행하는 것이 일반적이었다. 만약 모든 프로그램을 이와 같이 작성한다면 항상 같은 처리를 수행할 수밖에 없다. 이런 문제를 해결하기 위해서 등장하는 것이 분기라고 불리는 처리방법이다.

간단히 말하면 분기라는 의미는 갈림길을 의미한다. 두 가지 처리 중에서 이 조건의 경우에는 이러한 처리, 그렇지 않은 경우에는 또 다른 처리로 조건에 따라서 처리를 선택하게 하는 것이다.

실제 우리 주위에는 다음과 같은 상황은 언제든지 일어난다.

- 기온이 20℃ 상회하면 반팔, 그렇지 않은 경우에는 긴소매의 옷을 걸친다.
- 가격이 10000원 이상이면 책을 사고, 그렇지 않으면 그만둔다.
- 날씨가 좋으면 소풍을 가고, 아니면 집에서 쉰다.

경우에 따라서는 분기를 반복시켜서 처리를 원하는 만큼 분기시키는 것도 가능하다.

5.2 if문을 이용하여 두 개로 분기

분기의 한 예로서 if문을 사용할 수 있다. 만약 이 조건을 만족하면 A 부분을 처리하고, 그렇지 않을 경우에는 B의 처리를 하게 만들 수 있다. 단순해 보이지만 else if문과 조합하여 사용하면 보다 복잡한 분기처리도 가능해진다.

5.2.1 if문의 서식

if문에서는 조건식의 성립 유무에 따라서 제어의 위치를 옮길지 결정하게 된다. 여기서 조건식이라는 것은 if문 등에서 사용되는 조건을 판단하기 위한 제어식을 의미한다. if문 처리의 흐름을 그림으로 나타내면 다음과 같다.

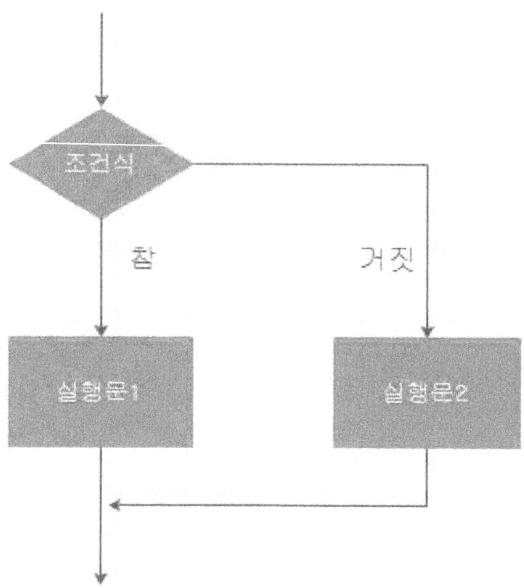

그림 5.1 if문의 제어의 흐름

실제 프로그램에서는 if문은 다음과 같은 형식으로 작성한다. if문 뒤에 있는 조건식은 참, 거짓 형식으로 평가되고 이 평가결과에 따라 실행문1과 실행문2로 선택되어 분기가 일어나게 된다.

...

```
if (조건식) {
    실행문1;  ← 조건식이 참일 경우에만 처리된다.
} else {
    실행문2;  ← 조건식이 거짓일 경우에만 처리된다.
}
…              ← if문의 바깥에서의 처리는 조건식에 관계없이 처리된다.
```

조건식이 성립하는 것을 참 또는 true라고 한다. 마찬가지로 성립하지 않을 경우는 거짓 또는 false라고 한다. 여기서 주의할 것은 조건식이 참일 경우에 실행하는 문은 실행문1에 국한되며, 거짓일 경우에는 실행문2를 처리한다는 점이다. 만약 거짓일 경우에 처리하고자 하는 부분이 필요 없다면 else 이하는 생략할 수 있다.

if문의 서식에서는 처리하고자 하는 처리문들을 반드시 중괄호로 묶어 주어야 한다. 단 처리문이 하나만 존재할 경우는 중괄호를 생략할 수도 있다. 이와 같이 프로그램 안에서 중괄호로 둘러싸인 처리문들을 복문 또는 코드 블록이라고 부르기도 한다.

블록의 개시를 나타내는 기호 {의 위치: main() 함수에서는 선언문의 다음 줄에서 나타나지만 if문에서는 조건식 및 else의 바로 오른 편에 두는 것이 일반적이다.

5.2.2 변수의 값으로 분기하는 프로그램

【예제 5-1】은 int형의 변수 a와 b의 값을 더해서 그 결과에 따라 다른 메시지를 출력하는 프로그램이다. 8행의 () 안에 기술된 **c >= 10**이 조건식이 된다. 이 경우, 변수 c의 값이 10 이상이면 참, 10보다 작으면 거짓이 되는 경우이다. 여기서는 참, 거짓에 따른 처리문은 각각 하나씩이므로 중괄호의 사용을 생략하였다.

【예제 5-1】 if문을 이용한 분기처리의 예

```
#include <stdio.h>
```

```
int main(void)
{
    int a = 5, b = 8;
    int c = a + b;

    if( c >= 10 )
        printf("변수 c의 값은 10 이상이다. ₩n"); // 처리문 1
    else
        printf("변수 c의 값은 10 미만이다. ₩n"); // 처리문 2

    return 0;
}
```

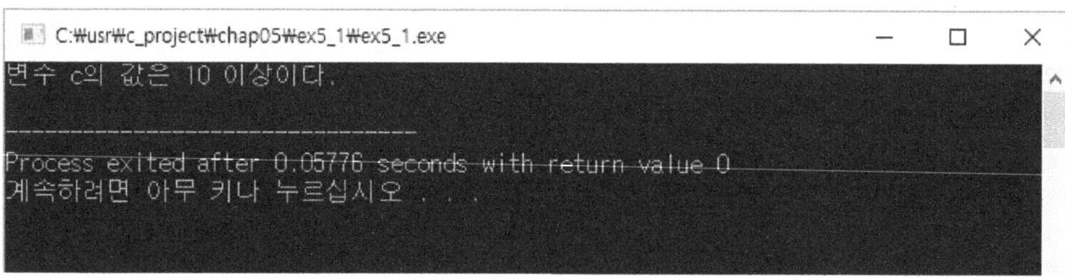

그림 5.2 【예제 5-1】의 실행 결과

예제에서 5행의 변수 a와 b에 대입되는 수치에 따라서 처리문1과 처리문2 어느 쪽을 실행할지를 결정하게 된다. 만약 a에 5를, b에 4를 대입한다면 조건식의 평가 결과는 거짓이 되어 처리문2를 수행하게 될 것이다.

5.2.3 제어식에서 이용되는 연산자 1 -관계 연산자

앞에서 언급한 바와 같이, if문에서는 조건식에 따라서 어느 처리로 제어의 위치를 옮길지 결정할 수 있다. 【예제 6-1】에서는 8행 부분의 **c >= 10**이 조건식이 된다. 여기서 사용된 **>=** 기호는 관계연산자의 한 예로서 좌변의 값이 우변의 값 이상인가 라고 판단하는 경우이다. 수학에서 사용하는 기호 ≥와 같은 의미이지만, 이와 같은 특수 기호는 프로그래밍에서는 사용할 수 없음에 주의하자.

관계연산자의 커다란 목적은 두 개의 값에 대해서 크고 작음을 판단하기 위해서이다. 다음 표는 C언어에서 사용되는 관계연산자를 정리한 것이다. 좌변과 우변의 값이 서로 같음을 나타내는 등호 연산자(==)도 수학에서의 =와 구분하여 사용하여야 한다는 점에 조심하도록 하자. 말하자면, a = 10이라고 기술한 것은 단순히 우변의 값을 좌변의 변수에 대입하기 위한 배정문에 지나지 않는다.

표 5.1 관계 연산자

연산자	읽는 방법	조건식 예	의미(참일 경우)
<	~보다 작다	a < 10	a의 값이 10보다 작다
>	~보다 크다	a > 10	a의 값이 10보다 크다
<=	~보다 작거나 같다	a <= 10	a의 값이 10보다 작거나 같다
>=	~보다 크거나 같다	a >= 10	a의 값이 10보다 크거나 같다
==	서로 같다	a == 10	a의 값이 10과 같다
!=	서로 같지 않다	a != 10	a의 값이 10과 같지 않다

5.2.4 두 개의 조건으로 분기

앞에서 설명한 예에서 분기의 조건이 하나인 경우에 대해서 알아보았다. 그러나 주머니 안에 있는 돈이 4000원 이상이거나 지갑 안에 있는 돈이 5000원 이상이면 라면을 먹을 수 있다는 두 개의 조건을 사용하여 판단하는 경우도 있다. 이와 같은 경우는 먼저 최초로 두 개의 조건으로 분류한다. 그 다음에 각각의 조건을 논리연산자를 사용하여 판정을 수행한다.

【예제 5-2】에서는 변수 gold의 값이 8이상 또는 변수 dia의 값이 5이상이면 처리문 1의 메시지를 출력하고, 어는 쪽도 아니면 처리문 2의 메시지를 출력하고 있다. 7행의 조건식 안에서 사용되고 있는 기호 ||가 바로 이 논리연산자로서 A 또는 B가 참이라는 의미를 나타내고 있다. ()안의 수식이 복잡해진 듯이 보이지만 기본적인 구조는 【예제 5-1】과 동일하다는 것을 알 수 있다.

【예제 5-2】에서, 변수 gold와 dia에 대입되는 수치를 여러 가지로 변경해 가면서 조건식의 평가 결과에 따라 어느 메시지를 출력하는지 반드시 확인하자.

【예제 5-2】if문으로 2개의 조건으로 분기처리 한 예

```
#include <stdio.h>

int main(void)
{
    int gold = 10, dia = 3;

    if( gold >= 8 || dia >= 5)
        printf("제품을 구매할 수 있다. ₩n"); // 처리문 1
    else
        printf("제품을 구매할 수 없다. ₩n"); // 처리문 2

    return 0;
}
```

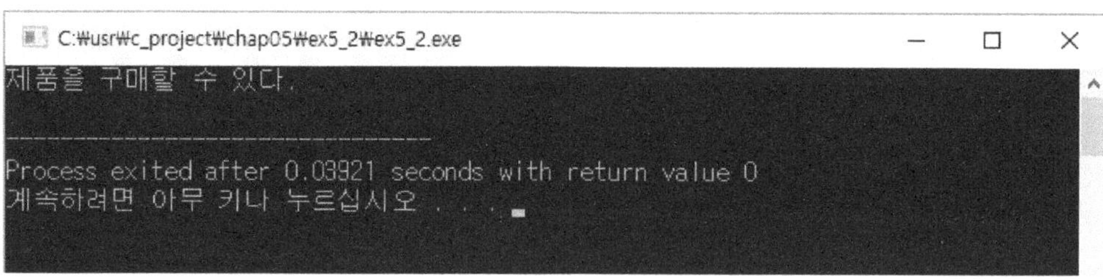

그림 5.3 【예제 5-2】의 실행 결과

5.2.5 제어식에서 이용되는 연산자 2 -논리 연산자

【예제 5-2】의 || 기호는 「A 또는 B」라는 의미를 가진 논리연산자라고 하였다. 논리연산자에는 이외에도 「A이고 B」, 「A가 아니다」는 의미를 다음과 같이 나타낼 수도 있다.

표 5.2 논리 연산자

연산자	읽는 방법	조건식 예	의미(참일 경우)
&&	논리적 (AND)	a == 8 && b == 8	a의 값이 8이고, b의 값도 8이다
||	논리합 (OR)	a == 8 || b == 8	a의 값이 8이거나 b의 값이 8이다
!	논리 부정 (NOT)	!(a == 8 && b == 8)	a의 값도 b의 값도 8이 아니다

또 다른 예를 살펴보자. 【예제 5-2】에서는 gold, dia라는 두 개의 변수 값을 다루었지만, 변수 gold의 값이 8이상이고 18이하와 같이 하나의 변수의 값만을 이용해서 조건식을 구성할 수도 있다. 이를 나타낸 것이 【예제 5-3】이다.

7행의 조건식에서 변수 gold의 값이 8이상이고 18이하인지를 판정하고 있다. 5행에서 변수 gold에 대입되는 값을 바꾸어가면서 실행결과의 변화를 확인해주길 바란다.

【예제 5-3】if문에 복수의 조건문 활용 예

```
#include <stdio.h>

int main(void)
{
    int gold = 10;

    if( gold >= 8 && gold <= 18)
        printf("gold의 값은 8과 18 사이의 범위에 있다. ₩n");
    else
        printf("gold의 값은 8과 18 사이의 범위에 없다. ₩n");

    return 0;
}
```

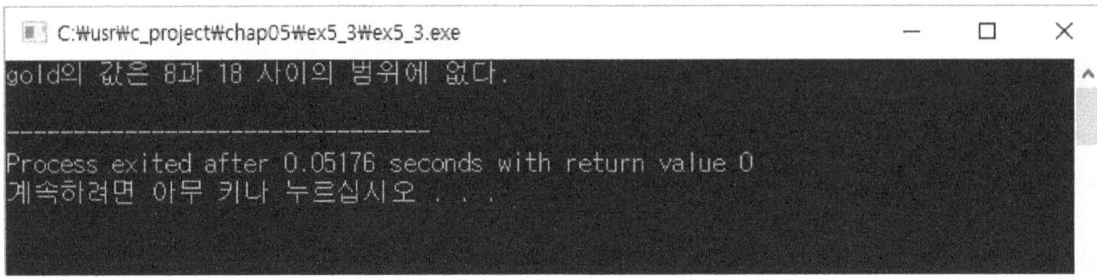

그림 5.4 【예제 5-3】의 실행 결과

7행에서 && 대신에 ||로 바꾸어 사용하면, gold의 값이 8 이상이거나 18 이하라는 의미가 된다. 만약 gold의 값이 8보다 작아져도 조건식의 평가결과는 참이 되므로 프로그램은 뜻하는 대로 동작하지 않을 수 있다.

5.3 if - else if로 복수의 분기처리

이제까지는 if문으로 두 가지로 분기하는 방법을 살펴보았다. 일방적인 단순처리 프로그램과 비교하여 보다 복잡한 분기처리를 수행하는 것도 가능하다. 여기서는 if문을 확장하여 다양한 분기처리를 할 수 있는 방법에 대해 알아보자.

5.3.1 if문에서 else if를 이용하기 위한 서식

단순한 if문의 경우는 조건식의 평가결과가 참/거짓에 따라 두 가지 상태로 분기처리를 하는 것이었다. if문의 평가결과가 거짓인 경우에는 else if문을 추가하여 보다 복잡한 분기처리를 위한 조건 설정이 가능해진다. 이러한 처리의 흐름을 다음 그림에 나타내었다.

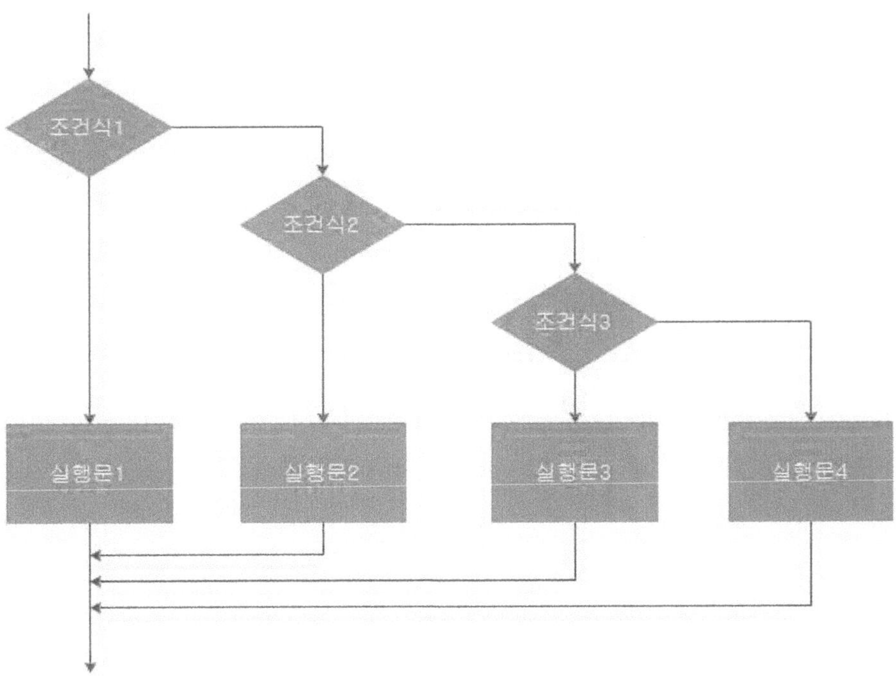

그림 5.5 if-else if문의 제어흐름

프로그램을 작성할 때는 다음과 같은 서식으로 복잡한 분기처리를 수행시킬 수 있다.

```
if( 조건식 1 ) {
    실행문 1;
} else if( 조건식 2 ) {
    실행문 2;
} else if( 조건식 3 ) {
    실행문 3;
} else {
    실행문 4;
}
```

이와 같은 경우에는 조건식 1이 참이면, 실행문 1을 수행하고, 거짓이면 다시 조건식 2를 평가하여 그 결과가 참이면 실행문 2를, 그렇지 않으면 다시 조건식 3을 평가하고 참일 경우에는 실행문 3을 수행하지만 거짓일 경우는 마지막 실행문 4를 수행하게 된다.

여기서도 마찬가지로 else if문 등의 양쪽에 중괄호를 사용하여 실행문을 둘러싸고 있지만 단문의 경우에는 중괄호를 생략해도 무방하다.

5.3.2 4개로 분기하는 프로그램

다음 예제에서는 변수 a의 값 1, 2, 3에 대해서 서로 다른 메시지를 출력하는 프로그램이다. a의 값이 이 중 어는 것도 아닌 경우에는 14행의 메시지를 출력하게 된다.

【예제 5-4】 변수 a의 값에 따라 여러 조건으로 분기하는 예

```
#include <stdio.h>

int main(void)
{
    int a = 2;
```

```
    if( a == 1 ) {
        printf("변수 a의 값은 1이다. ₩n");
    } else if( a == 2) {
        printf("변수 a의 값은 2이다. ₩n");
    } else if( a == 3) {
        printf("변수 a의 값은 3이다. ₩n");
    } else {
        printf("변수 a의 값은 1-3 사이의 값이 아니다. ₩n");
    }

    return 0;
}
```

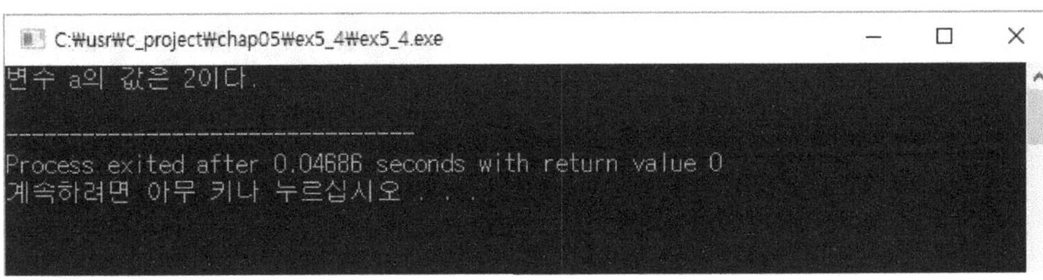

그림 5.6 【예제 5-4】의 실행 결과

5행에서 변수 a에 2를 대입하였으므로 9행에 있는 조건식이 참이 되어 10행에 기술된 출력문의 메시지가 화면에 나타나게 된다. if-else if문을 이용한 분기처리에서는 최초에 주어진 조건 또는 내용에 따라 복수의 조건식이 성립하는 경우도 있다. 이 경우에는 최초에 참인 조건식에 연속하는 구문만 실행하고 코드블록 안에 다시 if문을 삽입하여 처리에서 빠져나올 수도 있다.

【One Point Lesson】 **조건식은 값을 가질 수도 있다**

분기처리의 조건판단으로서 여러 가지 조건식을 사용하였다. 만약 다음과 같은 프로그램에서 변수 b에는 어떤 값이 대입될까 생각해보자.

```
int a = 8, b;
b = ( a <= 8 );
```

이와 같이 기술하면 변수 b에는 조건식이 참일 경우에는 1, 거짓일 경우에는 0이 대입된다. 이 예에서 변수 a의 값은 8이므로 조건식의 평가는 참이 되어 변수 b에는 1이 대입되게 된다. 조건식을 평가한 결과를 변수에 대입하는 수법은 C 프로그램에서 자주 사용되므로 기억해 두는 것이 좋다.

5.4 switch문

조건에 따라 처리를 여러 가지로 분기시키고자 하는 경우, 앞에서 논의된 if - else if문을 사용하는 것 이외에도 switch문을 사용하는 것도 가능하다. switch문을 이용한 프로그램은 보기 편할 수 있지만, 조건의 판정에 정수형 값만을 이용할 수 있어 불편한 점도 가지고 있다.

5.4.1 switch문의 서식

다음은 switch문을 이용해서 처리를 4가지로 분기시키는 경우에 대한 서식이다.

```
switch( 조건식 )
{
    case 정수식 1:
        처리문 1;
        break;
    case 정수식 2:
        처리문 2;
        break;
    case 정수식 3:
        처리문 3;
        break;
    default:
        처리문 4;
        break;
}
```

switch문에서는 먼저 조건식을 평가하고 그 결과가 어느 case 라벨의 정수식과 일치하는지 검사하게 된다. 만약 일치하는 case 라벨이 존재하면 그 이하의 문을 처리하게 된다. 예를 들어, 조건식을 평가한 결과가 2라고 한다면 case 2:라는 case 라벨 이하의 문들을 실행하게 되는 것이다.

여기서 정수식이란, 실행하기 전에 평가되는 식을 의미한다. 여기서는 0, 1 등의 숫자이거나 A, B, e, p, q 등의 문자들이 이에 해당한다고 볼 수 있다.

case 라벨 이하의 문을 실행하고 break문까지 진행하면 이곳에서 switch 문의 처리에서 빠져나오게 된다. 주의할 것은 break문은 하나의 실행문이므로 세미콜론을 뒤에 붙여야만 하지만, case 라벨의 끝에서는 콜론으로 끝나고 있는 점에 주의를 하여야 한다. break문은 처리를 강제 종료시키는 역할을 한다. switch문 이외에도 다음 장에서 소개하는 while문 및 for문에서도 어느 특정 조건이 성립한 경우에 처리로부터 빠져 나오도록 제어를 할 목적으로 자주 사용되기도 한다.

최후의 default 라벨 이하에서는 정수식 1-3 어느 것에도 해당하지 않은 경우에 대한 처리문들을 기술하면 된다. 불필요한 경우에는 생략할 수도 있다.

5.4.2 4개로 분기하는 프로그램을 switch문으로 바꾸기

【예제 5-5】는 【예제 5-4】를 토대로 switch문을 사용해서 동일한 역할을 하도록 코드를 변경한 것이다. 변수 a의 값에 따라 서로 다른 메시지를 출력하는 기능은 【예제 5-4】와 동일하다.

예제에서 case 라벨문의 마지막에서 break문을 생략하게 되면 그 다음의 case 라벨문 이하의 처리문들도 실행하고 만다. 【예제 5-5】의 경우에는 의도한 대로 처리가 되지 않아 곤란을 겪을 수 있지만, 의도적으로 break문을 생략하여 조건식의 값이 A 또는 B의 경우는 동일한 처리를 하도록 프로그램 제어를 하는 경우도 있으므로 기억해 두자.

【예제 5-5】 예제 5-4를 switch문으로 변경한 예

```
#include <stdio.h>

int main(void)
{
    int a = 2;
```

```
    switch( a )
    {
        case 1:
            printf("변수 a의 값은 1이다. ₩n");
            break;
        case 2:
            printf("변수 a의 값은 2이다. ₩n");
            break;
        case 3:
            printf("변수 a의 값은 3이다. ₩n");
            break;
        default:
            printf("변수 a의 값은 1과 3사이의 값이 아니다. ₩n");
            break;
    }

    return 0;
}
```

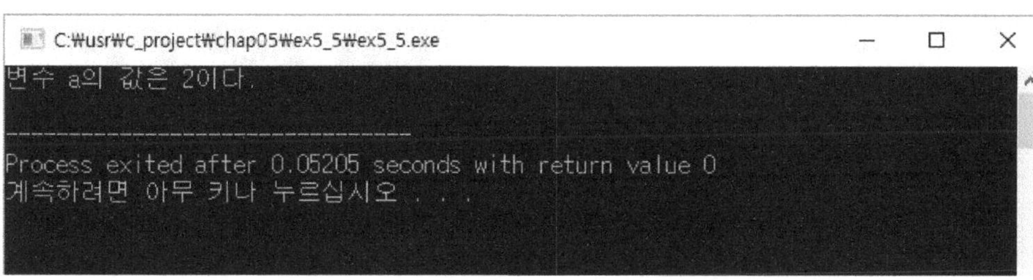

그림 5.7 【예제 5-5】의 실행 결과

5.4.3 switch문의 응용 - 키보드의 입력을 처리하기

이제까지 소개한 분기처리 프로그램은 사전에 변수의 값을 설정해 두고 이에 대응하는 처리를 하였다. 조금 나아가서 키보드로부터 특정 값을 입력 받은 후, 여기에 대응하는 처리를 하도록 앞의 예제를 약간 수정하여 보자.

키보드로부터 값을 입력받기 위해서는 scanf() 함수를 이용하면 된다. scanf() 함수는 키보드로부터의 문자 입력을 처리하는 함수로서, 헤더파일 <stdio.h>안에 이미 정의된 시스템 함수이다. 만약 부호가 있는 10진수의 숫자 입력을 처리한다고 가정하면 다음과 같은 서식으로 기술할 수 있다.

```
scanf("%d", &변수명);
```

여기서 기호 & 뒤에 기술된 변수에 키보드의 입력 값이 대입된다. 기호 &는 주소 연산자로 불리며 뒤에서 소개할 포인터 설명에서 등장할 것이다.

【예제 5-6】은 키보드 입력에 대응해서 서로 다른 메시지를 출력하도록 약간 수정된 것이다. scanf() 함수의 사용방법을 숙지해 두도록 하자.

【예제 5-6】 키보드로부터 입력받은 값에 따라 조건 분기하는 예

```
#include <stdio.h>

int main(void)
{
    int a;
    printf("0 - 3 사이의 숫자를 입력하세요: ");
    scanf("%d", &a);

    switch( a )
    {
        case 0:
        case 1:
        case 2:
            printf("변수 a의 값은 2 이하이다. ₩n");
            printf("그 값은 %d 이다. ₩n", a);
            break;
        case 3:
            printf("변수 a의 값은 3이다. ₩n");
```

```
            break;
        default:
            printf("변수 a의 값은 1과 3사이의 값이 아니다. ₩n");
            printf("그 값은 %d 이다! ₩n", a);
            break;
    }

    return 0;
}
```

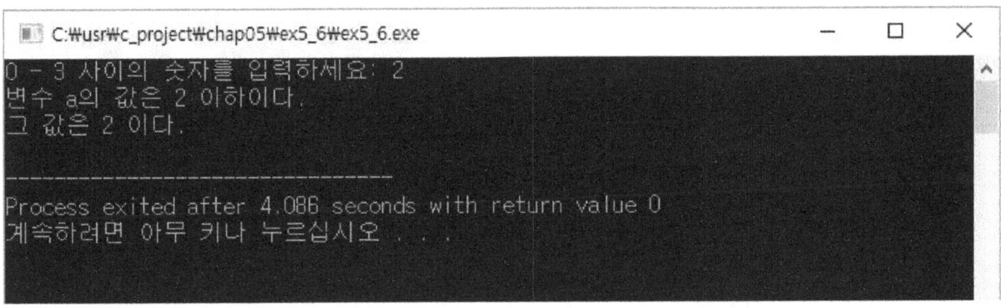

그림 5.8 【예제 5-6】의 실행 결과

【예제 5-6】을 실행시키면 6행의 메시지가 출력되고, 그 뒤에서 커서가 깜박거리게 된다. 적당한 숫자를 입력하고 Enter 키를 누르면 9행 이하의 분기처리에 의해서 입력한 숫자에 대응한 메시지가 화면에 출력될 것이다.

핵심 다지기

【연습 5.1】 두 개의 정수 값을 입력받아, 이 중에서 큰 값을 표시하는 프로그램을 작성하시오.

```
#include <stdio.h>

int main(void)
{
    int a, b, max;

    printf("두개의 정수를 입력: ₩n");
    scanf("%d %d", &a, &b);
    max = a;

    if(max < b) {
        max = b;
    }
    printf("최대 값은 %d₩n", max);

    return 0;
}
```

【연습 5.2】 이번에는 【연습 5.1】을 참고하여 세 개의 정수 값을 입력받아 가장 큰 수를 표시하는 프로그램을 작성하시오.

【연습 5.3】 세 정수를 입력받고, 이중에서 제일 작은 값을 출력하는 프로그램을 작성하시오.

【연습 5.4】 다음 프로그램은 번호에 대응하는 메시지를 출력하는 예제이다. 수행결과는 어떻게 되는가?

```
#include <stdio.h>

int main(void)
{
    int menu;

    printf("메뉴 번호를 입력: ");
    scanf("%d", &menu);

    switch(menu) {
        case 1: printf("샌드위치₩n"); break;
        case 2: printf("핫도그₩n"); break;
        case 3: printf("햄버그₩n"); break;
        case 4: printf("아이스크림₩n"); break;
        case 5: printf("빅버거₩n"); break;
        default: printf("unknown menu ..₩n"); break;
    }

    return 0;
}
```

반복 처리
6.1 반복은 어떠한 처리를 하는가?
6.2 while문
6.3 do-while문
6.4 for문
6.5 반복 처리중에 빠져나가기

제6장 프로그램 제어하기 - 반복처리

C 언어의 제어문 중에서 이미 분기처리 방법을 설명하였다. 여기서는 공통적인 작업 내용을 반복 수행하는 반복처리에 대해서 알아보자.

6.1 반복은 어떤 처리를 하는가?

6.1.1 반복은 동일한 작업을 여러 번에 걸쳐 처리

반복 처리라는 것은 "동일한 작업 내용을 반복한다"는 것을 의미한다. 다시 말하면 특정 조건을 만족하는 동안에는 처리를 반복 수행하는 것으로 언제 까지 반복 수행할지를 판정하는 것은 중요한 사항이라고 볼 수 있다.

일상생활을 예로 들면, 반복 처리에는 다음과 같은 일들이 빈번하게 일어나고 있다.

- 어지럽게 널려있는 책들을 한 권씩 책장에 꽂고, 책들이 없을 때까지 반복한다.
- 운동 후에 체중을 계량해서 체중이 50Kg 이하가 될 때까지 반복한다.
- 퀴즈 시험 점수가 70점 이상이 될 때까지 재시험에 응시한다.

반복처리에서는 특정조건이 성립한 시점에서 처리를 종료하는 break, 특정처리를 건너뛰고 반복을 계속하는 continue의 사용도 가능하다.

6.2 while문

6.2.1 while문의 서식

while문은 정해진 조건이 성립하는 동안에는 처리를 반복 수행한다. 그림으로 나타내면 다음과 같다.

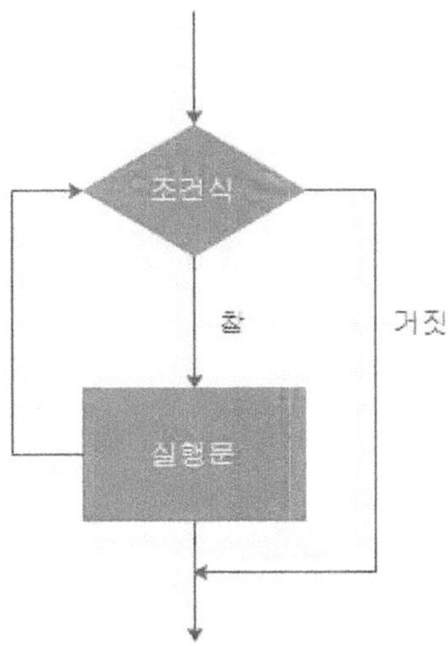

그림 6.1 While문의 제어흐름

while문의 서식은 다음과 같으며, if문의 else 이하를 생략한 경우와 유사하다.

```
while( 반복 조건식 )
{
    반복 수행하고자 하는 처리 문(들);
}
```

이 경우에는 반복 조건식이 반복 수행 여부를 결정하는 제어문이 되며, 조건식을 평가한 결과가 참이면 실행 블록 안의 처리문들을 수행하게 되고, 거짓이 되면 반복 처리에서 빠져 나오게 된다. 예를 들면, 다음과 같은 코드 블록을 고려하자.

```
while( a <= 10 ) {
    처리문;
    a++;
}
```

이 경우에는 다음과 같은 순서대로 처리가 수행된다.

❶ 반복 조건식 a<=10을 평가한다.
❷ 참인 경우에는 실행블록 안의 내용을 처리한다.
❸ a++에 의해서 변수 a의 값을 1 증가시킨다.
❹ 다시 ❶로 되돌아가 ❶에서 ❸까지의 처리를 반복한다.
❺ 도중 ❶에서 반복 조건식의 평가 결과가 거짓이면 반복 처리를 종료.

변수 a에 1이 대입되어 있는 경우에는, ❶~❸의 처리를 일회 반복할 때마다 a의 값을 1씩 증가시킨다. 따라서 반복 조건식 a<=10이 거짓이 될 때까지 실행 블록 안의 처리문들을 10회 실행하게 된다.

6.2.2 1에서 10까지의 수를 더하는 프로그램

while문의 간단한 예로서, 숫자를 카운트업 시키는 프로그램을 작성하여 보자. 다음 예제는 숫자 1에서 10까지 세는 프로그램이다.

【예제 6-1】 1에서 10까지 카운트하는 예

```
#include <stdio.h>

int main(void) {
    int a = 1;

    while( a <= 10 ) {
        printf("변수 a의 값은 %d이다. ₩n", a);
        a++;
```

```
    }
    return 0;
}
```

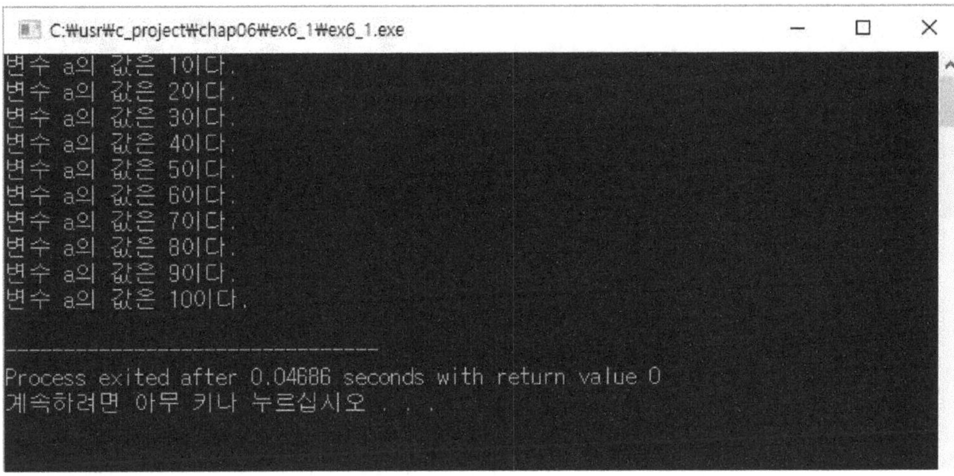

그림 6.2 【예제 6-1】의 실행 결과

위 예제에서 반복 조건식을 a<10으로 변경하면, 9까지 반복하게 될 것이다. 9행의 부분을 a+=2로 바꾸게 되면, 변수 a의 값은 2씩 증가하게 되므로 1→3→5→7→9로 카운트를 수행하게 된다(다음 예제 참조).

【예제 6-2】 증분 2로 카운트하는 예

```
#include <stdio.h>

int main(void) {
    int a = 1;

    while( a <= 10 ) {
        printf("변수 a의 값은 %d이다. ₩n", a);
        a += 2; // a의 값을 2씩 증가
    }
    return 0;
}
```

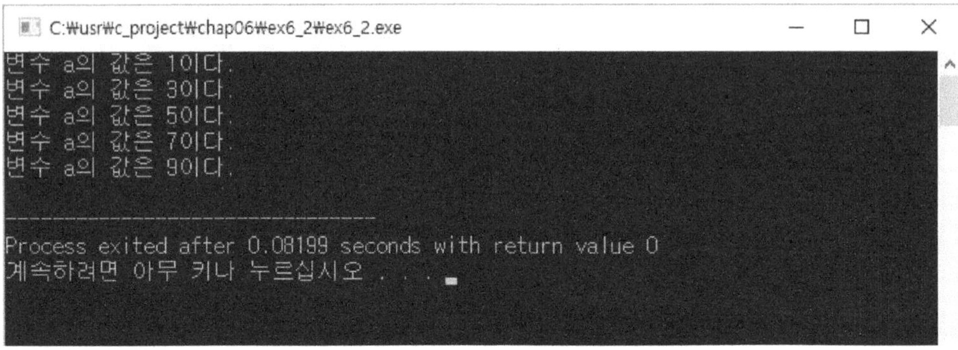

그림 6.3 【예제 6-2】의 실행 결과

주의 할 것은 연산자의 순서를 a=+2와 같이 기술하면 단순한 대입문이 되어버린다.

주의: 만약 9행 부분을 a=+2로 한다면, 반복 조건이 성립하므로 프로그램은 영원히 종료되지 않을 것이다. 이 상태를 무한 루프라고 한다. 강제로 종료시키기 위해서는 Crtl+C를 누르면 된다.

6.2.3 최대값과 최소값 구하기

while문과 if문을 조합하여 정수 데이터를 입력받고 입력 받은 데이터 중에서 최대값과 최소값을 구하는 프로그램을 작성하여 보자. 정수 데이터를 계속하여 입력하는 과정에서 입력을 종료할 때는 [Crtl+Z] 키를 누르면 된다.

아래와 같이 반복조건을 검사하는 경우, **EOF**를 사용하였다. EOF(End Of File)는 파일의 끝을 나타내는 기호 정수로서 <stdio.h> 헤더 파일 내에 「-1」이라는 값으로 정의되어 있다.

```
while( scanf("%d", &data) != EOF ) {
```

기호 정수로서 **NULL**이라는 값도 있는데 배열 및 포인터 사용에서 자주 나타나는 기호 정수이다. 마찬가지로 <stdio.h> 헤더 파일 내에 「0」이라는 값으로 정의되어 있으며 보통 문자열의 마지막을 나타내는 의미로 사용된다.

【예제 6-3】 정수 데이터를 입력받아 최대값과 최소값 구하기

```
#include <stdio.h>

int main(void) {
    int data, max, min;

    printf("> 정수 데이터를 입력하세요.₩n");
    scanf("%d", &data);
    max = min =data;

    while( scanf("%d", &data) != EOF ) {
        if(data > max) max = data;
        if(data < min) min = data;
    }
    printf("max = %d ", max);
    printf("min = %d₩n", min);

    return 0;
}
```

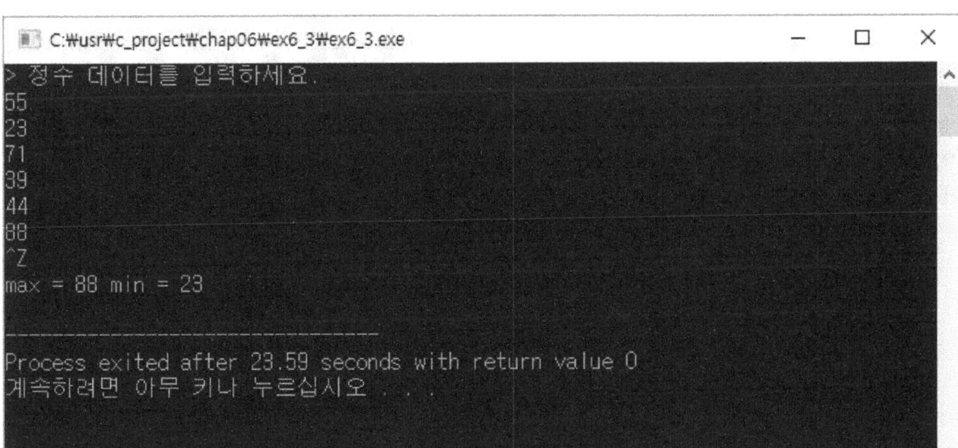

그림 6.4 【예제 6-3】의 실행 결과

【One Point Lesson】 **1만 기술해도 식이 되는가?**

【예제 6-2】에서 **a <= 10**이라는 반복 조건식을 사용했다. 이것을 다음과 같이 바꾸면 어떻게 될까?

```
7: while( 1 ) {
```

이와 같이 변경해서 컴파일하면, 컴파일러에 따라서 실행되지 않는 경우도 있다. 무시해서 실행하면 무한 루프가 걸리므로 강제 종료가 필요하게 된다.

무한 루프가 되는 이유는 C 언어에서는 1을 평가하면 참이 되므로 while문의 처리는 끝나지 않게 된다. 이 프로그램으로 원래 의도대로 10까지 카운트하기 위해서는 if문과 break문을 사용하면 된다. while문의 내용을 다음과 같이 변수 a의 값이 10이 되면 반복 루프에서 벗어나도록 처리를 추가하면 된다.

```
while( 1 ) {
    printf("변수 a의 값은 %d이다. ₩n", a);
    if( a == 10 ) break;
    a++;
}
```

1이 제어식으로서 평가하면 참이 된다는 것은 이상할 수 있지만, C언어에서는 0을 제외한 다른 값들은 결국은 참으로 평가된다. 자주 사용하는 방법이므로 잘 기억해 두자.

6.3 do-while문

앞에서 설명한 while문에서는 반복처리의 선두에 반복 조건식을 두었다. 이와는 반대로 do-while문의 경우는 반복처리의 마지막에 조건식이 위치한다. 결론부터 말하자면, “일은 먼저 벌려놓고, 이에 대한 평가는 나중에”라는 사후 평가 시스템을 가지고 있다.

6.3.1 사용서식

반복의 조건식을 평가하기 전에 실행블록 안의 반복문을 먼저 실행시키고, 나중에 조건식을 평가하는 처리를 수행한다. 이러한 처리의 흐름을 나타내면 다음과 같다.

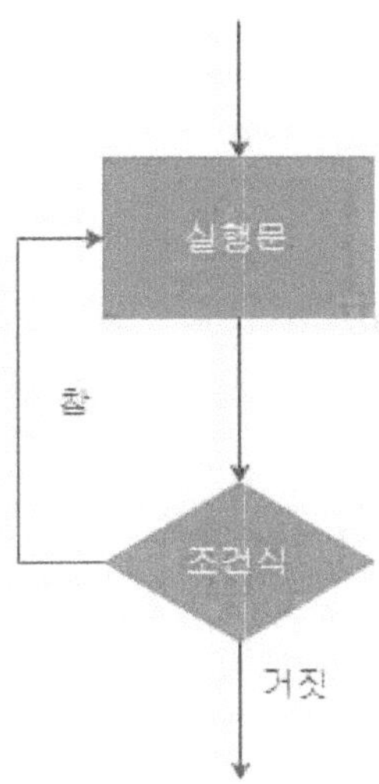

그림 6.5 do-while문

do-while문의 구문은 다음과 같다. while문과는 달리, 반복을 평가하는 조건식의 마지막에서는 반드시 세미콜론(;)이 필요하다는 점을 명심하자.

```
do {
    (실행)문;
} while( 반복 조건식 );
```

여기서 특이한 점은 반복 조건식의 평가 결과가 참/거짓에 상관없이 최초 첫 회에서는 실행블록 안의 실행문들이 반드시 실행된다는 점이다. 예를 들어, 다음과 같은 코드 블록을 살펴보자.

```
do {
    (실행)문;
    a++;
} while( a <= 10 );
```

위의 경우는 다음과 같은 처리를 하게 될 것이다.

① (처리)문이 실행된다.
② 변수 a의 값이 1 증가한다.
③ 반복 조건식 a <= 10을 평가한다.
④ 참인 경우에는 ①-③의 처리를 반복 수행한다.
↓
⑤ 도중, ③에서 평가 결과가 거짓인 경우에는 반복처리를 종료한다.

이러한 반복 프로세스는, while문의 경우에는 식사하기 전에 미리 요금을 지불(식권을 구매하는 것은 요즘 자주 보게 된다)하고 식사하는 프리 페이드 시스템(prepaid system)이라고 볼 수 있는 반면에 do-while문은 식사를 마치고 난 뒤에 요금을 치루는 후불 시스템과 비교된다고 볼 수 있다.

6.3.2 100까지의 수를 곱하는 프로그램

다음 예제는 입력받은 숫자를 ×1, ×2, ×3…과 같은 순으로 곱셈을 하고, 그 결과가 100에 도달하게 되면 종료시키는 프로그램이다. 10행에서 변수 c에 결과를 대입하고, 이 값이 100을 넘어섰는지 아닌지를 13행에서 판정을 하고 있다.

【예제 6-4】 100까지의 수를 계속 곱하는 예

```
#include <stdio.h>

int main(void)
{
    int a, b = 1, c;

    printf("숫자를 입력하세요₩n");
    scanf("%d", &a);

    do {
        c = a * b;
        printf("%d배 하면 %d이다. ₩n", b, c);
        b++;
    } while( c < 100 ); // c의 값이 100 넘어서는지 판정
    printf("결과가 100에 도달하여 종료합니다. ₩n");
    return 0;
}
```

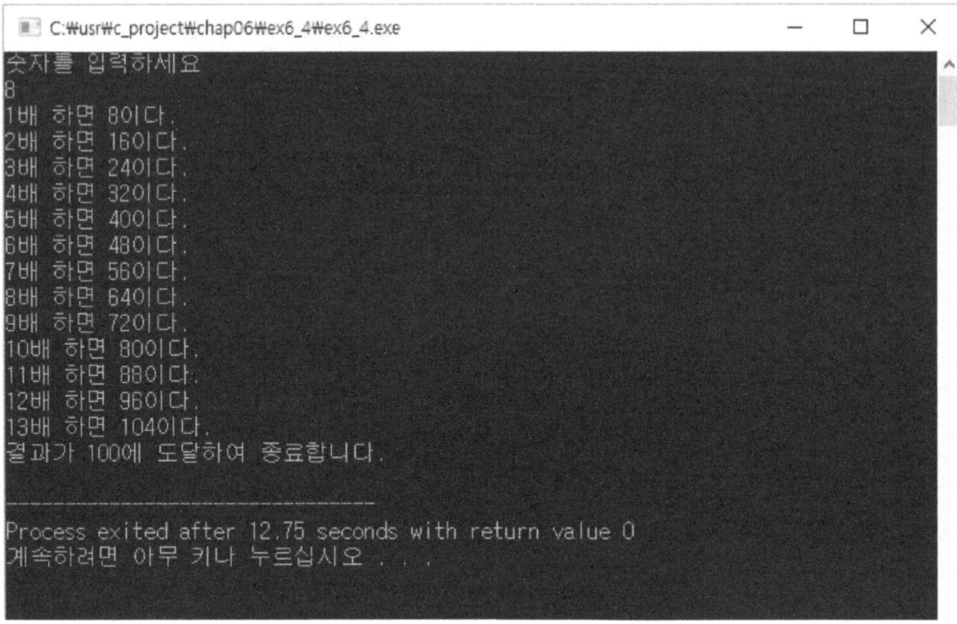

그림 6.6 【예제 6-4】의 실행 결과

예제를 실행시킬 때 갑자기 100을 넘어서는 값을 입력하더라도 최초의 반복 수행(×1에 대한 곱셈결과)이 화면에 나타나는 것을 확인하라.

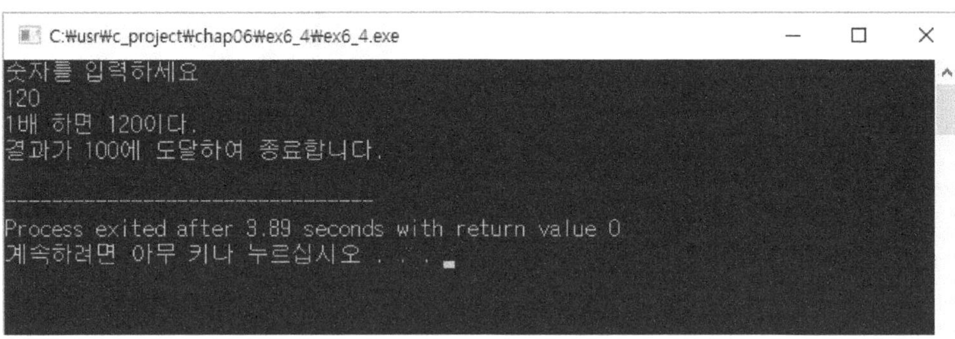

그림 6.7 【예제 6-4】에서 100을 초과하는 값을 입력한 경우

6.4 for문

앞에서 소개한 while문과 do-while문의 경우는 조건식을 살펴보는 것만으로는 실제로 몇 번을 반복 수행하는지 알 수 없다. 이와는 달리, for문에서는 반복의 횟수를 최초에 지정할 수 있다는 특징이 있다.

6.4.1 사용서식

for문에서는 최초에 3개의 조건식 (초기 연산식, 반복 조건식, 카운터)을 지정해야만 한다. for문의 처리의 흐름을 나타내면 다음과 같다.

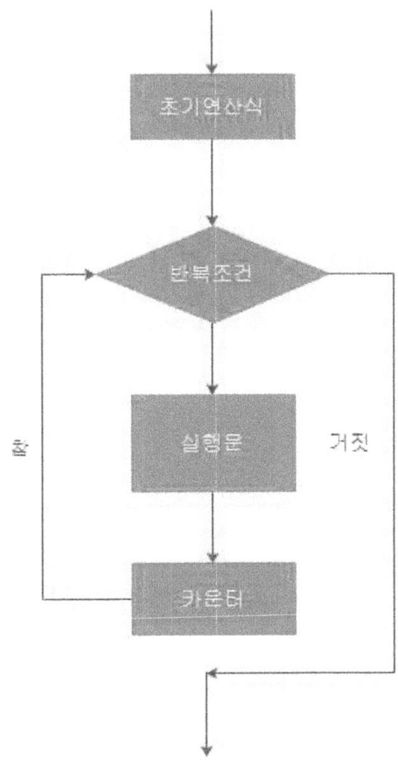

그림 6.8 for문의 제어흐름

for문을 사용하기 위해서는 다음과 같이 기술하며, 3번째 설정식의 마지막에서는 세미콜론을 붙이지 않는다는 점에 유의하자.

```
for(초기 설정; 반복 조건식; 카운터) {
    (처리)문;
}
```

for문에서는 3개의 조건식을 이용하여 어떤 조건으로 반복처리를 수행할지 결정할 수 있다. 따라서 조건식을 살펴보면 몇 회의 반복을 수행하는지 예측할 수 있다. 예를 들어, 다음과 같이 for문을 기술했다고 가정하자.

```
for( b=1; b <=9; b++ ) {
    (처리)문;
}
```

이 경우에는 다음과 같은 순서대로 처리를 수행하게 될 것이다.

① 초기 설정식 b=1에 의해서 변수 b에 1이 대입된다.
② 반복 조건식 b <= 9를 평가한다.
③ 참인 경우에는 실행블록안의 문을 실행한다.
④ 증감 설정식 b++에 의해 b의 값을 1 증가시킨다.
⑤ ②-④의 처리를 반복 수행한다.
↓
⑥ 도중, ②에서 평가 결과가 거짓인 경우에는 반복처리를 종료한다.

처리를 반복하는 횟수가 명확한 경우에는 for문을, 그렇지 않은 경우에는 while문이나 do-while문을 선택하는 것이 효율적일 것이다.

6.4.2 1배에서 9배까지 계산하는 프로그램

이번 예제에서는 입력받은 숫자를 1배에서 9배까지 곱하는 프로그램이다. 변수 b를 조건식과 곱셈을 하는 연산식에서 동시에 사용하고 있다.

【예제 6-5】 1배에서 9배까지 계산하는 예

```
#include <stdio.h>

int main(void)
{
    int a, b, c;
    printf("숫자를 입력하세요. ₩n");
    scanf("%d", &a);

    for(b=1; b <=9; b++) {
        c = a * b;
        printf("%d X %d = %d₩n", a, b, c);
    }
    return 0;
}
```

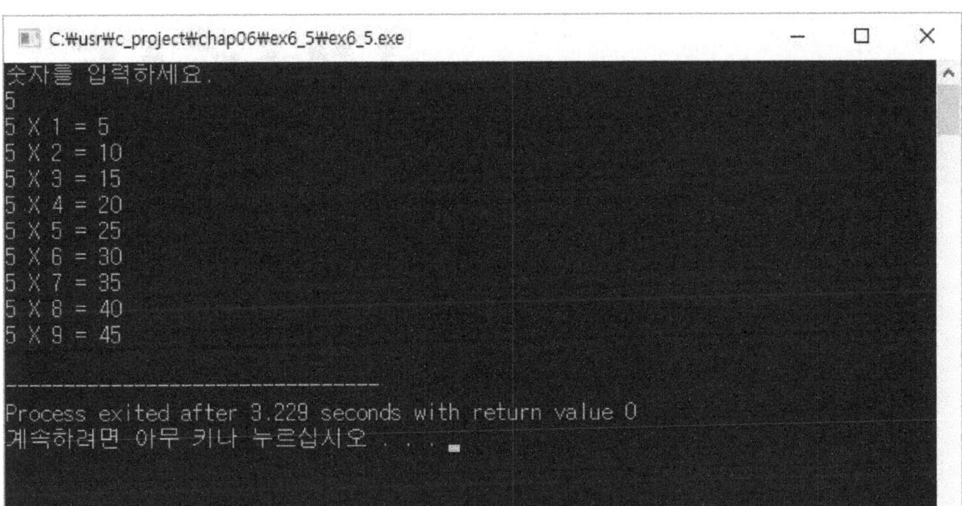

그림 6.9 【예제 6-5】의 실행 결과

여기서 for문의 반복 루프 외곽 13행에서 다음의 처리문을 삽입하고, 변수 b의 값을 표시하여 보자. 이를 통하여 for문의 처리를 끝낸 시점에서의 변수 b의 값이 화면에 출력될 것이다.

```
13: printf("현재의 b의 값은 %d₩n", b);
```

결과를 보면 변수 b의 값이 9일 때는 반복조건을 만족하지만, 연이어 for 문의 실행블록을 처리하고 난 뒤에 카운터로 넘어가면서 변수 b의 값이 10이 되고, 이 값은 반복조건에서 벗어나면서 전체 for 루프를 벗어났기 때문이다.

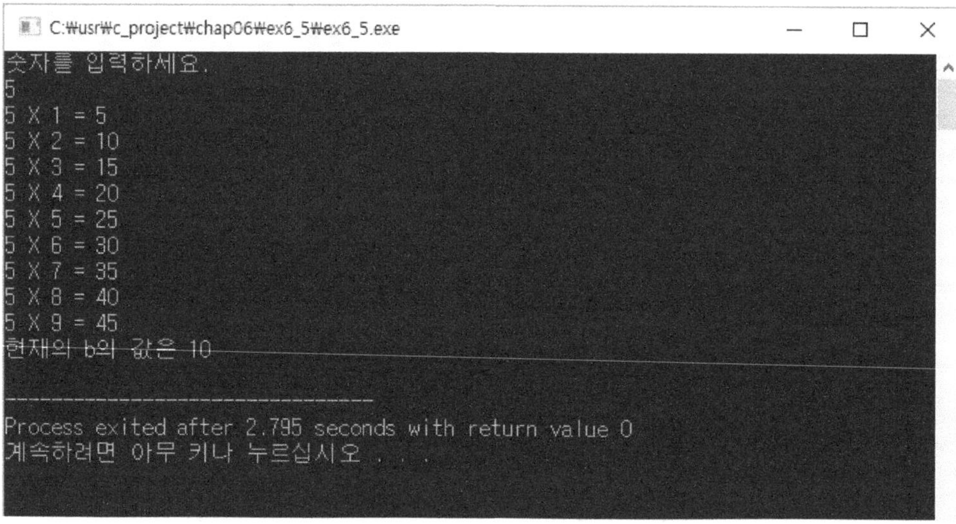

그림 6.10 【예제 6-5】에 코드를 추가시켜 실행시킨 결과

9×9=81이 표시된 뒤에 카운터(증감 설정식) b++에 의해서 변수 b의 값은 10이 된다. 이로써 반복 조건식 b<=9의 평가 결과가 거짓이 되어 for문의 처리를 종료하고 13행의 문이 수행되는 것을 확인할 수 있을 것이다.

6.4.3 데이터 집계 프로그램

이번에는 for문과 if문을 적절히 이용하여 데이터를 집계하는 프로그램을 작성하여 보자. 숫자를 계속 입력 받으면서 0이 입력된 시점에 맞춰 데이터 입력을 종료하고 입력된 숫자들의 합과 평균값을 구하는 프로그램이다.

【예제 6-6】 데이터 집계 프로그램

```
#include <stdio.h>

int main(void)
{
    int data;
    int iteration;
    int sum = 0;
    double average = 0.0;

    for(iteration=0; ; iteration++) { // 데이터 입력받기
        printf("> data = ");
        scanf("%d", &data);
        if(data == 0) break;
        sum += data;
    }

    if(iteration > 0) { // 합계와 평균을 표시
        average = (double)sum/iteration;
        printf("> sum = %d average = %5.2f₩n", sum, average);
    }

    return 0;
}
```

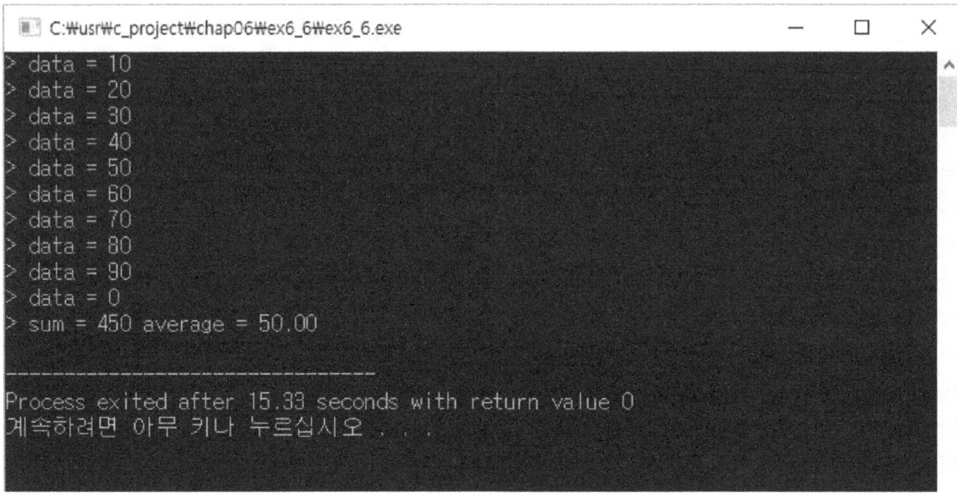

그림 6.11 【예제 6-6】의 실행 결과

for문의 반복 범위를 결정하는 부분은 생략되어 있음에 주목하라. 그리고 반복 루프의 종료조건으로서 숫자 0이 입력된 경우를 판단하여 break문을 이용하여 반복 루프에서 탈출하고 있다.

이와 같이 for 루프를 사용할 때 반복조건을 생략하여 사용하는 경우가 많으며 입력되는 데이터의 수가 정해지지 않은 경우에 유용하게 사용할 수 있다.

6.4.4 for문은 중첩되어 사용될 수 있다

for문 안에 별도의 for문을 삽입하여 for문의 처리를 이중 루프로 사용하는 것도 가능하다. 말하자면 2개의 변화하는 숫자를 처리하는 것이 가능해지는 것이다.

```
for(초기 설정식①; 반복 조건식①; 증감 설정식①)
{
    (처리)문①;
    for(초기 설정식②; 반복 조건식②; 증감 설정식②)
    {
```

```
        (처리)문②;
    }
}
```

다음 예에서는 for문의 중첩 루프를 이용해서 구구단 계산을 하는 프로그램을 보이고 있다. 곱셈을 3개의 변수를 이용해서 z = x × y를 표현하고, 이 중에서 x를 외곽 루프에, y를 안쪽 루프에 두고 for문을 처리하고 있다.

【예제 6-7】 중첩된 for문의 사용 예

```
#include <stdio.h>

int main(void)
{
    int x, y, z;

    for(x=1; x <=9; x++) {
        printf("# 제 %d 단 --------₩n", x);
        for(y=1; y <= 9; y++) {
            z = x * y;
            printf("%d x %d = %d₩n", x, y, z);
        }
    }
    return 0;
}
```

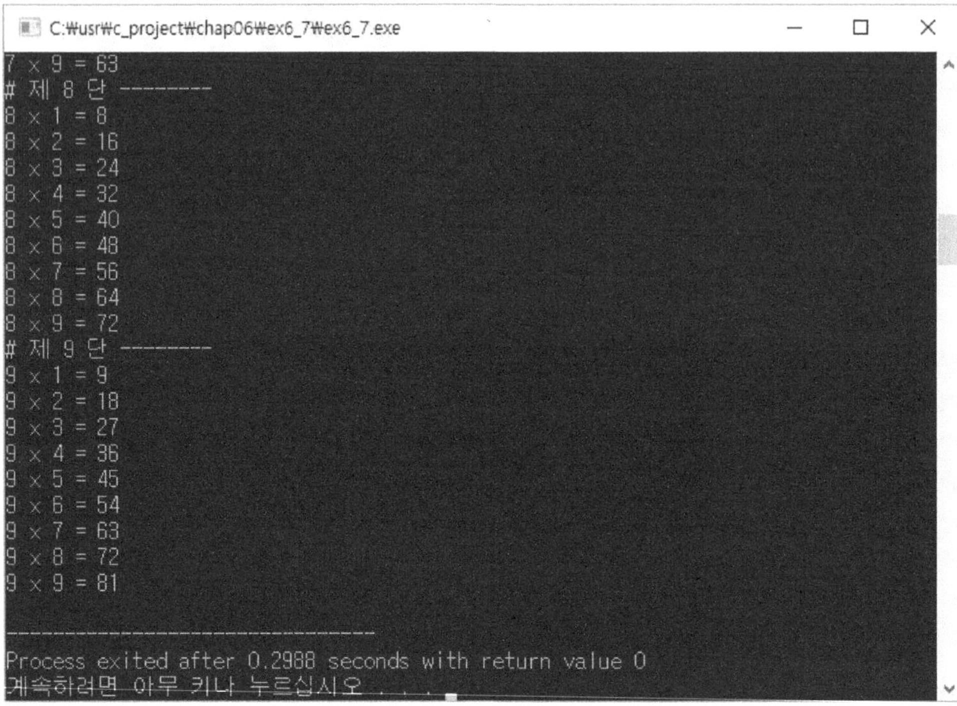

그림 6.12 【예제 6-7】을 실행시킨 결과

위 결과에서는 구구단의 계산을 모두 수행하였다. 7행 및 11행의 조건식을 변경하면 계산 도중에 종료한다든지 역으로 계산하는 것도 가능할 것이다. 한 번 시도해 보기 바란다.

6.5 반복 처리 중에 빠져 나가기

반복처리 도중에 특정 조건을 만족한 경우에는 그 시점에서 처리를 종료하거나 건너뛰고 처리를 속행하게 하는 것도 가능하다.

6.5.1 break문과 continue문

반복처리의 흐름을 강제적으로 변경하기 위해서 사용한다. break문은 switch문에서 사용했던 것과 같이 특정 조건의 경우에 반복처리를 종료하고 다음 처리로 이동한다. continue문의 경우는 조건을 만족하는 경우에 해당하는 처리를 건너뛰고 반복처리를 속행하게 만든다.

다음 예는 키보드에서 입력된 숫자로 곱셈을 하는 프로그램이다. 보통은 1배에서 9배까지의 계산을 수행하지만, 13-15행 사이의 처리에 따라서 곱셈의 결과가 100 이상이 되면 강제 종료하게 된다.

【예제 6-8】 for 루프 안에서 break문의 사용 예

```
#include <stdio.h>

int main(void)
{
    int x, y, z;

    printf("숫자를 입력하세요.₩n");
    scanf("%d", &x);

    for(y=1; y <=9; y++) {
        z = x * y;
        printf("%d x %d = %d₩n", x, y, z);
        if(z >= 100) {
            printf("100 이상의 값을 가지므로 종료합니다! ₩n");
            break;
        }
```

```
    }
    return 0;
}
```

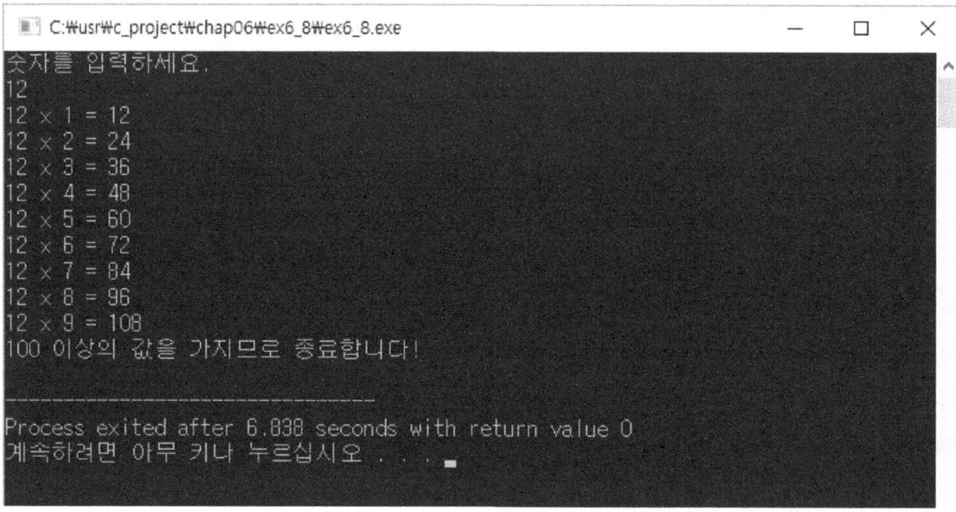

그림 6.13 【예제 6-8】을 실행시킨 결과

동일하게 제어문의 흐름을 강제적으로 변경하는 continue문을 사용해 보자. 반복처리 도중에 continue문을 이용해서 조건식이 참이 되는 경우에 해당하는 처리를 건너뛰고, 그 후에 반복처리를 속행해야 된다고 가정하자. 다음 예제는 위의 예제와 동일하지만 6배와 7배의 계산은 무시하고 별도의 메시지를 출력하고 8배의 계산부터 처리를 재개시키는 프로그램이다.

【예제 6-9】 for 루프 안에서 continue문의 사용 예

```
#include <stdio.h>

int main(void)
{
    int x, y, z;

    printf("숫자를 입력하세요.₩n");
    scanf("%d", &x);
```

```
    for(y=1; y <=9; y++) {
        z = x * y;
        if(y == 6 || y == 7) {
            printf("%d 배의 계산은 사정상 계산 불가! ₩n", y);
            continue;
        }
        printf("%d x %d = %d₩n", x, y, z);
    }
    return 0;
}
```

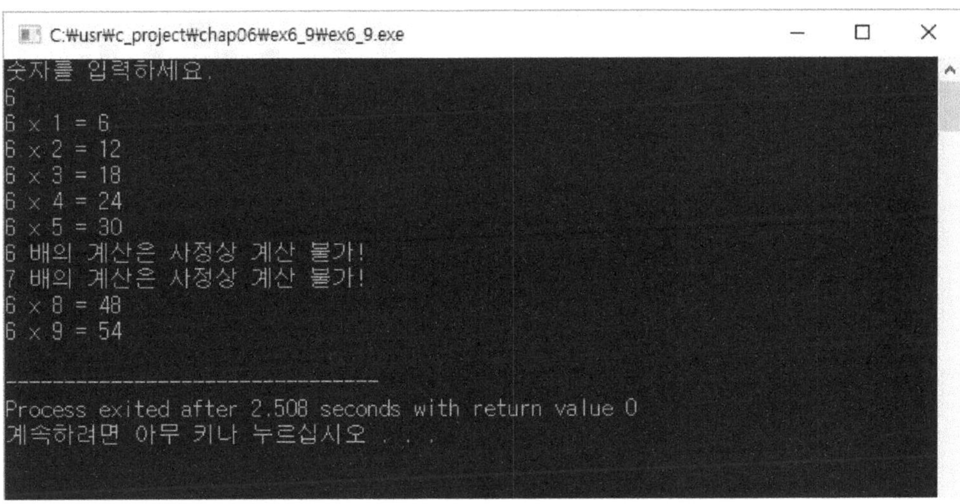

그림 6.14 【예제 6-9】을 실행시킨 결과

위 예제의 경우는 12행에서 변수 y가 6 또는 7일 경우, 13행의 메시지를 출력한다. 그리고 14행의 continue문에 의해서 해당하는 처리를 패스하고 변수 y의 값이 8 이상이 되면 다시 보통의 계산을 수행하고 있다.

6.5.2 goto문은 언제 사용하는가?

제어문 중에서 break 및 continue문을 사용하면, 강제적으로 처리에서 탈출하거나 도중에 처리를 그만 두고 선두로 되돌아가는 것이 가능하다. 이와 마찬가지로 처리의 흐름을 변경할 수 있는 goto문도 사용할 수 있다.

다음 예제는 변수 x의 값이 10 이상이 되면 강제적으로 goto문에 의해 라벨 exception:으로 처리를 이동시켜 버린다. 이 사이에 있는 for문은 무시되고 마는 것이다.

【예제 6-10】goto문의 사용 예

```
#include <stdio.h>

int main(void)
{
    int x, y, z;

    printf("숫자를 입력하세요.₩n");
    scanf("%d", &x);

    if(x >= 10)
        goto exception; //예외 상황 발생으로 라벨문의 위치로 이동

    for(y=1; y <=9; y++) {
        z = x * y;
        printf("%d x %d = %d₩n", x, y, z);
    }

    exception:
        printf("계산을 종료합니다. ₩n");

    return 0;
}
```

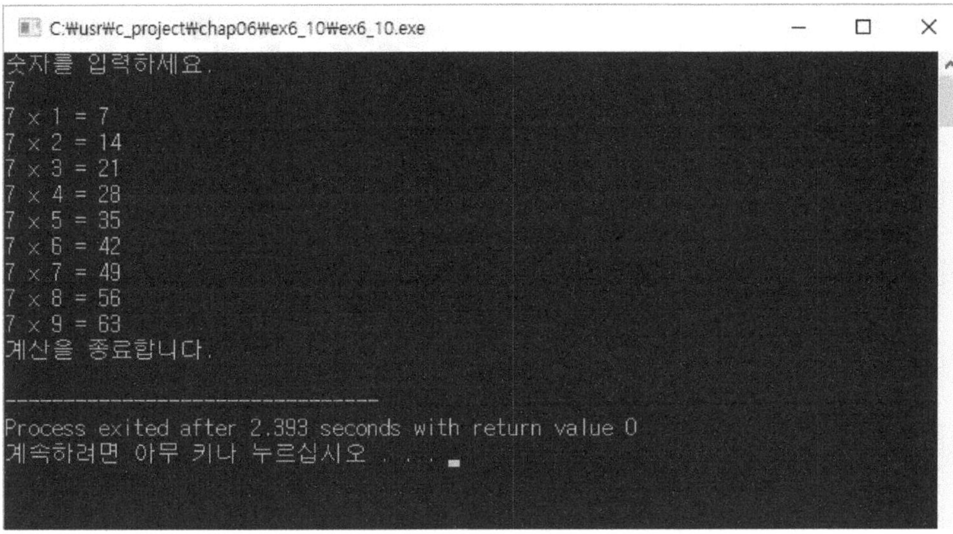

그림 6.15 【예제 6-10】의 실행 결과

예제에서 알 수 있듯이, 제어문의 계층구조가 복잡해지면, 특정 조건하에서 처리의 흐름을 이동시켜 탈출하더라도 break문 및 continue문의 경우에는 자신을 포함하고 있는 제일 가까운 실행블록에서만 탈출할 수 있다.

그러나 goto문을 사용하면 이러한 문제를 해결할 수 있다. goto문은 이와 같이 편리하게 사용할 수 있지만, 자주 사용하면 프로그램의 판독성이 떨어지고 복잡해지므로 가능하면 사용하지 않는 것이 좋을 것이다. 대부분의 경우는 goto문의 처리를 break문이나 continue문으로 대신할 수 있다. goto문의 사용은 어쩔 수 없는 경우에만 사용하자.

핵심 다지기

【연습 6.1】 입력받은 문자에 대해서 영어 소문자로 입력받았으면, 영어 대문자로, 영어 대문자로 입력받았으면 영어 소문자로 변환하는 프로그램을 작성하시오. 힌트는 교재 1장 말미의 아스키 코드표를 참조하시오.

```
#include <stdio.h>

int main(void)
{
    int c;

    printf("임의의 문자 하나를 입력: ");
    c = getchar(); // 부록 참조
    if(c >= 'a' && c <= 'Z') {
        c = c - ('a' - 'A');
    }
    putchar(c);
    // printf("%c₩n", c);

    return 0;
}
```

【연습 6.2】 다음 프로그램의 실행결과는 어떻게 되는지 예측하시오.

```
#include <stdio.h>

int main(void)
{
    int i, j;

    for(i = 1; i <= 5; i++) {
```

```
        for(j = 0; j < i; j++) {
            putchar('*');
        }
        putchar('₩n');
    }
}
```

【연습 6.3】 입력된 정수 값들의 합계와 평균을 구하시오.

```
#include <stdio.h>

int main(void)
{
    int count, num, sum;
    double avg;

    count = num = 0;
    while(1) {
        scanf("%d", num);
        if(num = -999) {
            break;
        }
        sum += num;
        count++;
    }
    avg = (double)sum/count;
    printf("합계 %d₩t평균 %5.1f₩n", sum, avg);
    return 0;
}
```

【연습 6.4】 배열 str1에 문자열을 입력하고, 배열 str2로 복사하여 출력하는 프로그램을 작성하시오.

```
#include <stdio.h>

int main(void)
{
    char str1[20], str2[20];
    int k;

    printf("문자열의 입력: ");
    gets(str1);
    k = 0;
    do {
        str2[k] = str1[k]; // 배열은 7장에서 다시 설명
        k++;
    } while(str[k-1] != '₩0');
    printf("str1 = %s₩n", str1);
    printf("str2 = %s₩n", str2);
    return 0;
}
```

【연습 6.5】 두 개의 정수를 이용하여 나눗셈을 수행하고, 소수점 이하 50자리까지 구하는 프로그램을 작성하시오. 단, 계산 도중에 더 이상 나눌 수 없는 경우에는 이후의 소수점 자리수를 계산할 필요가 없다.

```
#include <stdio.h>
#define MAX 51

int main(void)
{
    int a, b, j, k, ans[MAX];

    while(1) {
        printf("₩n정수 a와 b를 입력: ₩n");
```

```
        scanf("%d %d", &a, &b);
        if(a == 0 && b == 0) {
            break;
        }
        else if(b == 0) {
            printf("분모가 0이다!₩n");
            continue; /* while문의 선두로 되돌아 감 */
        }
        printf("%4d / %4d = ", a, b);
        ans[0] = a/b;
        for(j = 1; j < MAX; j++) { /* 소수점 부분의 계산 */
            if(a%b == 0) break; /* 나누어 떨어지면 for루프 탈출 */
            a = (a%b)*10;
            ans[j] = a/b;
        }
        printf("%d.", ans[0]);
        for(k = 1; k < j; k++) { /* 소수점 첫째자리부터 출력 */
            printf("%d", ans[k]);
        }
        printf(₩n");
    }
    return 0;
}
```

배열 이용하기

제7장 배열 이용하기

만약 많은 데이터를 처리하기 위해서 필요한 수만큼의 변수 선언을 하게 된다면 매우 불편할 것이다. 이럴 경우에 배열을 사용하면 보다 편리하게 많은 데이터를 처리할 수 있다.

7.1 배열은 무엇인가?

배열(array)은 복수의 데이터를 하나로 묶어서 취급하는 방법을 제공한다. 배열을 사용하면, 동일한 자료형의 변수들을 하나의 변수인 것처럼 처리할 수 있게 되는 것이다. 프로그램 안에서 배열을 사용하기 전에 먼저 배열이 어떤 개념으로 사용되는지 알아보자.

7.1.1 배열은 데이터를 꾸러미 단위로 취급

변수로 데이터를 처리하기 위해서는 다루는 데이터의 수와 동일하게 변수들을 선언하여야 한다. 데이터 수가 적으면 그만이겠지만, 데이터 수가 늘어나면 효율성은 급격히 떨어진다. 이와 같은 경우에 배열을 사용하면 편리하다. 배열에서는 하나의 묶음 단위 안에서 몇 번째 데이터인지와 같은 형식으로 데이터를 개별적으로 처리할 수 있다.

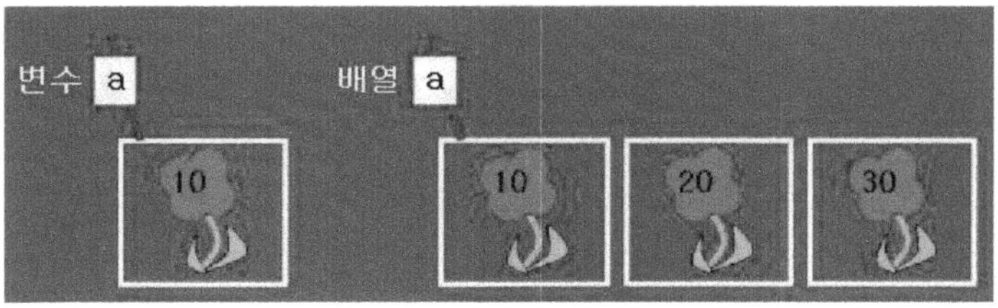

그림 7.1 일반 변수와 1차원 배열의 차이

가장 간단한 배열은 1차원 배열이다. 1차원 배열은 여러 개의 화분이 일렬로 늘어선 화단과 같은 구조를 하고 있다고 볼 수 있다. 화분이 가로와 세로로 평면적으로 늘어선 경우는 2차원 배열로 볼 수가 있다.

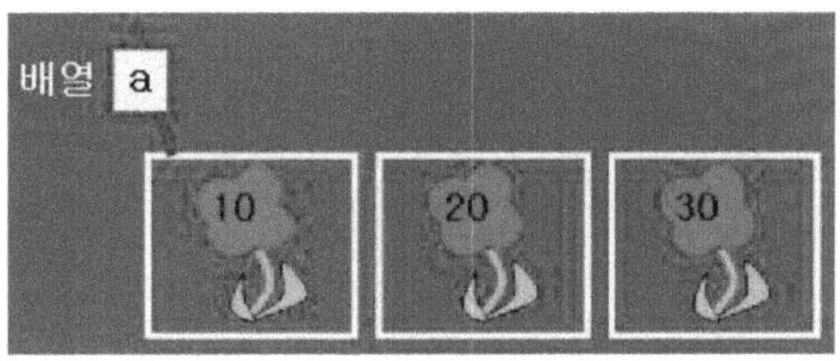

(a) 1차원 배열의 경우

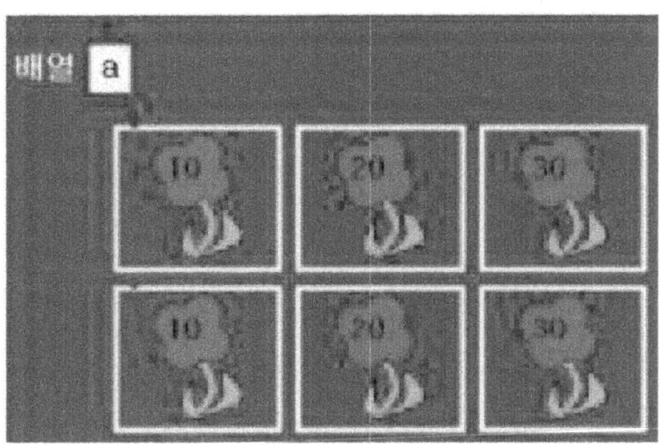

(b) 2차원 배열의 경우

그림 7.2 1차원 배열과 2차원 배열

2차원 이상의 배열을 다차원 배열로 부르기도 한다. 3차원 이상의 다차원 배열은 그 구조가 복잡하지만 기본적인 배열의 사용방법에 대한 이해만 있다면 그다지 사용하는데 있어 어려움은 없을 것이다.

배열은 변수와 마찬가지로 데이터를 대입하는 것이 가능하다. 배열에도 자료형이 있지만, 서로 다른 자료형을 가진 데이터를 일괄적으로 처리하는 것은 불가능하므로 주의하자. 배열에 대입된 데이터는 메모리에 격납된다.

7.2 배열을 이용하기

배열의 개념을 어는 정도 이해했다면, 실제로 배열을 이용한 프로그램을 작성하여 보자. 배열을 선언하는 방법과 서식만 이해한다면, 변수의 경우와 마찬가지로 배열을 사용할 수 있다.

7.2.1 배열은 선언한 뒤에 사용할 수 있다

변수와 동일하게 배열도 선언한 뒤에 사용 가능해진다. 배열을 선언하는 방법은 다음과 같다.

①자료형 ②배열명 [③요소 수];

①자료형 배열에서 다루고자 하는 데이터의 자료형
②배열명 배열의 이름
③요소 수 배열의 요소들의 수

여기서 요소 수는 배열의 크기를 나타내며, 몇 개의 데이터를 취급할지를 나타내는 수치이다. 만약 5개의 데이터를 취급한다고 가정하면 요소 수는 5가 되는 것이다. 예를 들어, 정수형의 데이터를 5개 취급하는 array라는 배열을 선언하기 위해서는 다음과 같이 하면 된다.

```
int array[5];
↓
사용 가능한 요소 = array[0], array[1], array[2], array[3], array[4]
```

배열의 요소는 배정문을 이용해서 각각의 데이터를 대입 받을 수 있다. 이것은 변수에 데이터를 대입하는 과정과 동일하다.

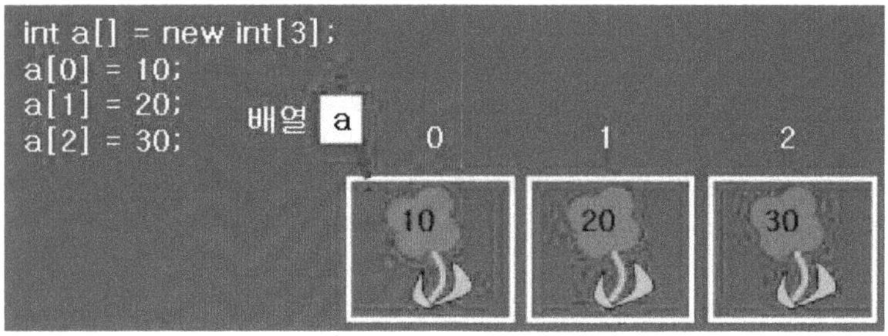

그림 7.3 배열의 선언

위 그림에서, array[0], array[1], …의 [] 안의 숫자를 배열의 첨자(index)라고 부른다. 배열의 첨자는 반드시 0부터 시작하여 1씩 증가한다. 따라서 배열의 요소 수를 5(배열의 크기가 5이다)로 선언한 경우는 지정할 수 있는 첨자 번호는 0에서 4까지 사용할 수 있으므로 조심하도록 하자.

7.2.2 배열을 이용한 계산 - 성적의 총점을 구하는 프로그램

그럼 실제로 배열을 이용하여 프로그램을 작성하여 보자. 여기서 국어는 80점, 수학은 75점, 영어는 85점으로 가정하고, 3과목의 합계를 구하여 보자.

데이터의 자료형은 정수형으로 가정하고, 배열명은 course으로 지정하는 것으로 가정하자. 또한 3과목의 점수를 취급하려고 하고 있으므로 배열의 요소수는 3이 된다.

【예제 7-1】 국어, 수학, 영어의 점수를 출력하는 예

```
#include <stdio.h>

int main(void)
{
    int course[3];
    int sum;

    course[0] = 80;
```

```
    course[1] = 75;
    course[2] = 85;

    sum = course[0] + course[1] + course[2];

    printf("국어 점수는 %d: ₩n", course[0]);
    printf("수학 점수는 %d: ₩n", course[1]);
    printf("영어 점수는 %d: ₩n", course[2]);
    printf("세 과목의 합계 점수는 %d: ₩n", sum);

    return 0;
}
```

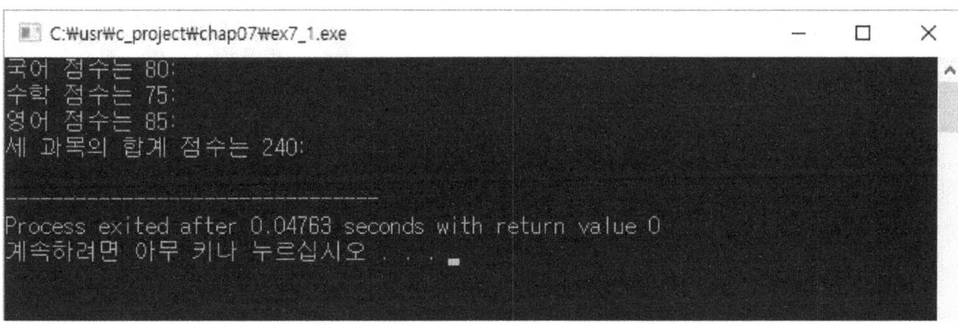

그림 7.4 【예제 7-1】의 실행 예

5행에서 배열의 요소 크기를 3으로 두었으므로 course[0], course[1], course[2]의 3개의 요소가 사용 가능하다. 8-10행에서는 각각의 요소에 데이터를 직접 대입하고 있다.

이 예제에서 배열을 사용하지 않으면 3개의 변수(예를 들어, course1, dourse2 등)를 선언할 필요가 있다. 이 정도라면 큰 문제는 없지만, 10개 또는 20개 정도의 변수가 필요하다고 가정하면 결국 배열을 사용하는 것이 처리를 위해서는 편리하다는 것을 알 수 있다.

그런데 예제에서 각 배열의 요소 값을 모두 더하기 위해서 다음과 같은 코드로 처리하였다. 실제 배열의 크기가 3이 아닌 500 정도라면 이러한 구문형식은 매우 불편할 것이다. 합산 처리 과정이 단순 반복과정에 해당하므로 이를 6장에서 소개한 반복문을 이용하여 자동화시키는 것이 가능할 것이다.

```
sum = course[0] + course[1] + course[2];
```

위 구문을 for 루프를 이용하여 코드를 개선하면 다음과 같이 바꾸어 쓸 수 있을 것이다. while문 또는 do-while문 등으로도 시도하여 보기 바란다.

```
sum = 0;
for(i=0; i<3; i++) {
    sum += course[i];
}
```

7.2.3 배열의 초기화

변수와 마찬가지로 배열도 선언과 동시에 초기화를 동시에 수행할 수 있다. 【예제 7-2】는 【예제 7-1】의 프로그램에서 배열을 초기화할 수 있도록 변경한 것이다.

【예제 7-2】 예제 7-1의 배열을 초기화 시킨 예

```
#include <stdio.h>

int main(void)
{
    int course[] = {80, 75, 85};
    int sum = course[0] + course[1] + course[2];

    printf("국어 점수는 %d: ₩n", course[0]);
    printf("수학 점수는 %d: ₩n", course[1]);
    printf("영어 점수는 %d: ₩n", course[2]);

    printf("세 과목의 합계 점수는 %d: ₩n", sum);
```

```
    return 0;
}
```

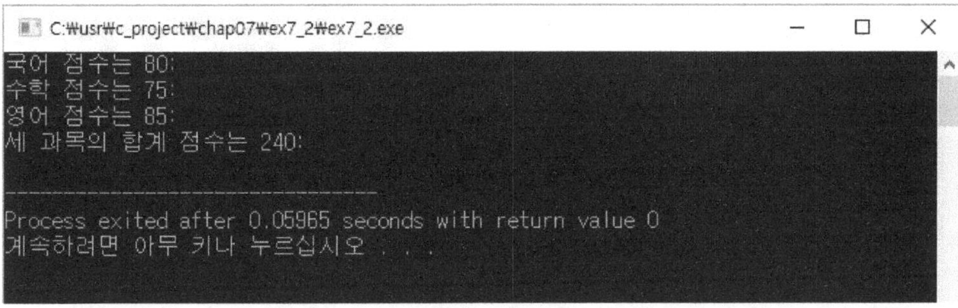

그림 7.5 【예제 7-2】의 실행 예

실행결과는 【예제 7-1】과 동일하다. 【예제 7-1】의 8-10행 부분이 정리되고 프로그램이 깔끔해진 것을 알 수 있다. 예제에서는 5행에서 배열을 초기화 하고 있다. 변수의 초기화와 유사하지만 우변의 데이터를 중괄호로 묶고, 쉼표로 데이터를 구분하고 있다.

좌변의 배열의 요소 크기를 지정하는 부분에서는 요소의 수 지정을 생략하고 있지만, 자동으로 course[0], course[1], course[2]와 같이 초기 값으로서 요소가 할당된다는 점에 주목하자.

7.2.4 배열의 요소는 변수와 같이 이용할 수 있다

앞에서 배열의 요소는 변수와 같이 취급할 수 있다고 설명하였다. 변수는 데이터를 대입하고 난 뒤에 새로운 데이터를 다시 대입하는 것이 가능하다. 배열도 마찬가지로 가능하므로 확인해 보자.

【예제 7-2】의 12행 이하를 다음과 변경하여 보자. 12행에서 합계 점수를 표시한 뒤, 국어의 점수(course[0])를 수정해서 표시할 수 있도록 하고 있다.

```
...
```

```
    course[0] = 90;
    printf("국어 점수는 %d: ₩n", course[0]);

    return 0;
}
```

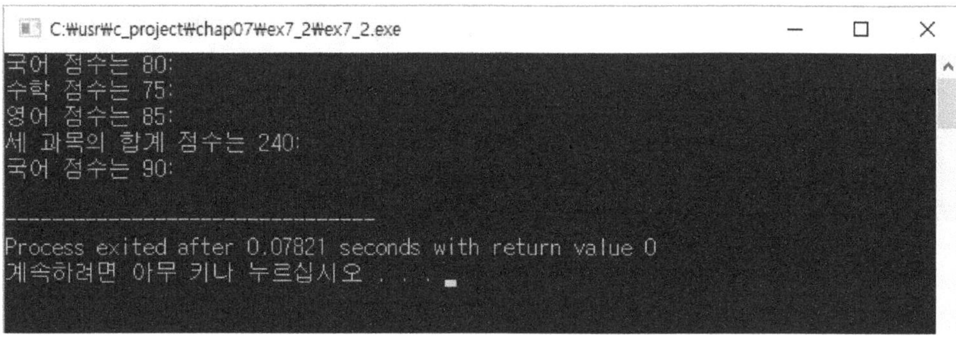

그림 7.6 【예제 7-2】에서 국어점수를 수정하여 실행

결과 화면에서 알 수 있듯이, 14행에서 course[0]에 90점을 대입하면 15행에서 변경된 결과가 출력되고 있다. 다른 과목에 대해서도 변경을 시도하고 이를 확인하기 바란다.

7.3 배열로 문자열을 취급하기 위해서는?

이제까지는 정수형 데이터를 대상으로 하였지만, 배열로서 문자 데이터를 다루어 보자.

7.3.1 배열로 문자열을 취급할 수 있다

3장에서 설명한 char형 변수에서는 하나의 변수에 하나의 문자만 할당할 수 있었다. 그러나 문자보다는 단어 또는 문장 단위로 데이터를 취급하는 것이 일반적이므로, 2개 이상의 문자 그룹을 문자열로 표현하여 보자. 문자열을 취급하기 위해서는 char형의 배열을 이용하면 된다. char형의 배열의 선언 방법은 앞에서의 방법과 유사하다.

①char ②배열명 [③요소 수] = "④문자열";

①char	**배열의 자료형을 char형으로 선언**
②배열명	**배열의 이름**
③문자수	**배열의 요소(문자)들의 수**
④문자열	**배열에 대입되는 문자열 정보**

변수와 동일하게 문자 데이터를 다룰 목적이므로 char를 앞에 붙여 선언한다. 문자열 데이터 ④는 중괄호를 사용하지 않고 “”를 사용한다는 점에 조심하자. ③의 문자수는 문자열의 문자수보다 하나 큰 수로 지정한다.

예를 들어, Hello라고 가정하면 6이 될 것이다. 그 이유는 메모리에 문자열 데이터를 저장할 때, 데이터의 끝을 의미하는 **₩0**의 특수 기호가 붙도록 설계되어 있기 때문이다. 또한 공백이 있는 경우에도 하나의 문자로 취급된다는 점에 주의하자.

【예제 7-3】은 Hello World를 배열로 처리할 수 있도록 개량한 것이다. 5행에서 배열을 초기화 하고 7행의 printf() 함수로 메시지를 출력하고 있다.

【예제 7-3】 문자열을 배열을 이용하여 저장한 경우

```
#include <stdio.h>

int main(void)
{
    char str[] = "Hello World";

    printf("문자열 표시: %s ₩n", str);

    return 0;
}
```

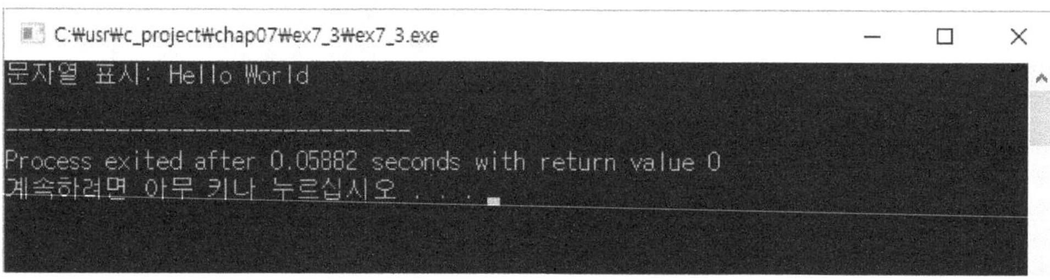

그림 7.7 【예제 7-3】의 실행 예

char형의 배열 선언에서 문자수를 생략하더라도 자동으로 적절히 처리가 된다. 일반적으로 문자수를 생략해도 좋지만 배열의 구조적인 원리를 이해하기 위해서 대입되는 문자열의 문자수에 1을 더한 요소수로 지정하고 있다는 것을 기억해 두자. 또한 문자열 내에 공백도 하나의 문자로 취급된다는 점을 다시 강조해 둔다.

배열을 사용하지 않고 printf() 함수의 쌍따옴표 기호 "" 안의 문자열을 직접 기술해도 좋지만, 동일한 메시지 정보를 출력할 경우, 메시지를 키보드로부터 입력받는 프로그램을 원한다면 배열을 사용하는 것이 편리할 것이다.

7.4 2차원 배열을 이용하기

이제까지는 일렬로 늘어선 화단과 같은 구조를 한 일차원 배열의 사용방법을 살펴보았다. 이번에는 가로 및 세로로 늘어선 화단과 같은 2차원 배열의 사용법에 대해서 알아보도록 하자.

7.4.1 2차원 배열을 선언하기 위해서는

【예제 7-2】에서는 일차원 배열을 사용해서 국어, 수학, 영어의 합계점수를 계산하였다. 이 예제의 경우는 한 사람의 성적밖에 계산할 수 없는 단점이 있다. 만약 여러 사람의 성적을 집계할 필요가 있다면 이대로는 불편할 것이다.

이와 같은 경우에 2차원 배열이 대단히 편리하다. 2차원 배열을 사용하기 위해서는 다음과 같은 서식으로 선언하면 된다. 이것은 일차원 배열의 서식에 행의 요소수가 추가된 모양을 하고 있다.

<u>자료형</u> <u>배열명</u> <u>[행의 요소의 크기][열의 요소의 크기]</u>;

2차원 배열의 선언에서는 [행의 요소의 크기]를 생략할 수도 있지만, [열의 요소의 크기]는 생략이 불가능하다. 예를 들어, int형의 데이터를 다루는 4행(수직 방향)×3열(수평 방향)의 배열 array를 선언하기 위해서는 다음과 같이 하면 된다.

```
int array[4][3];
```

말하자면 array[0][0]에서 array[3][2]까지의 4행×3열의 화단이 작성되는 것이다. 각각의 화분(요소)에 꽃을 심을 수 있게(데이터의 대입) 되는 것이다.

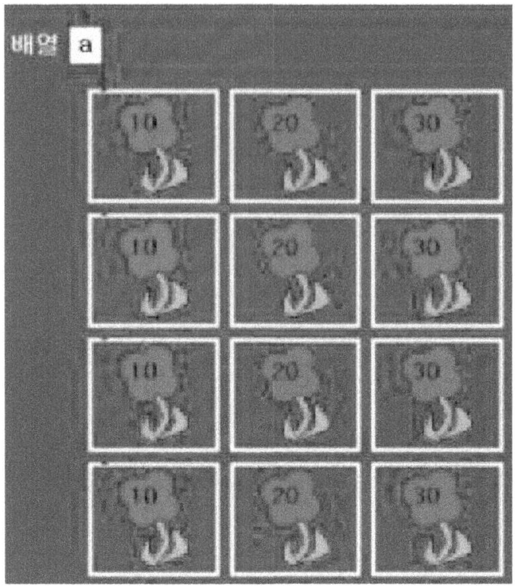

그림 7.8 2차원 배열의 개념

7.4.2 2차원 배열에 데이터 대입하기

그럼 실제로 2차원 배열을 사용하여 보자. 【예제 7-4】는 4행×3열의 int 형의 배열 array를 만들고, 이 중에서 3개의 요소에 수치 데이터를 대입하는 프로그램이다. 7-9행 사이의 배열의 요소에 데이터를 대입하고, 11-13행 사이에서 그 값을 표시하고 있다.

여기서도 주의할 것은 2차원 배열 array를 선언할 때 지정한 4와 3은 행과 열의 요소수라는 점이다. 당연히 배열의 첨자 번호는 행의 경우 0-3, 열의 경우는 0-2 사이에서 변하게 된다.

【예제 7-4】 2차원 배열의 사용 예

```
#include <stdio.h>

int main(void)
{
    int array[4][3];
```

```
    array[0][0] = 80;
    array[2][1] = 85;
    array[3][2] = 90;

    printf("배열 위치 0-0에 대입한 값은 %d이다. ₩n", array[0][0]);
    printf("배열 위치 2-1에 대입한 값은 %d이다. ₩n", array[2][1]);
    printf("배열 위치 3-2에 대입한 값은 %d이다. ₩n", array[3][2]);

    return 0;
}
```

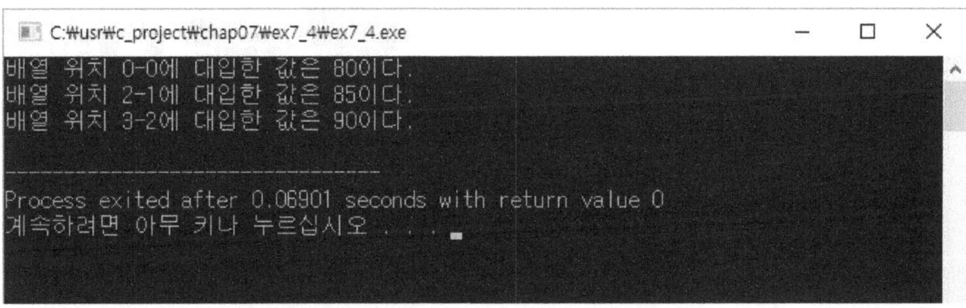

그림 7.9 【예제 7-4】를 실행시킨 예

7.4.3 2차원 배열을 초기화

일차원 배열과 마찬가지로 2차원 배열도 초기화 시키는 것이 가능하다. 【예제 7-5】는 배열 array를 선언할 때 모든 요소에 데이터를 대입하고 초기화시키고 있다.

2차원 배열을 초기화시킬 때는 이와 같이 행 단위로 중괄호를 사용하여 묶어주고, 나중에 데이터 전체를 중괄호로 묶어주면 된다. 예제에서는 이해를 돕기 위해 배열 array의 구조를 알기 쉽도록 4행에 걸쳐 초기화를 수행하고 있다. 이와 같이 기술하더라도 C에서는 5행에서 8행까지의 말미에 있는 세미콜론까지를 하나의 단문으로 인식한다.

【예제 7-5】 2차원 배열의 초기화 방법

```
#include <stdio.h>

int main(void)
{
    int array[4][3] = { {80, 11, 91},
                        {20, 30, 50},
                        {10, 84, 97},
                        {48, 62, 90} };

    printf("배열 위치 0-0에 대입한 값은 %d이다. ₩n", array[0][0]);
    printf("배열 위치 2-1에 대입한 값은 %d이다. ₩n", array[2][1]);
    printf("배열 위치 3-2에 대입한 값은 %d이다. ₩n", array[3][2]);

    return 0;
}
```

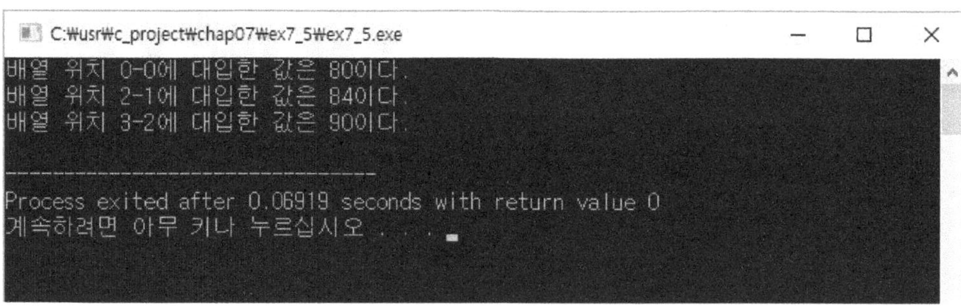

그림 7.10 【예제 7-5】를 실행시킨 예

【One Point Lesson】 어떤 값도 대입되지 않은 요소는 어떻게 되는 걸까?

【예제 7-4】에서는 3개의 요소에만 데이터를 대입하고 있다. 그럼 나머지 요소는 어떻게 되는 걸까? 13행 이하를 다음과 같이 변경하여 데이터를 대입하지 않은 array[3][1]의 값을 표시하여 보자.

```
#include <stdio.h>
```

```
int main(void)
{
    int array[4][3];

    array[0][0] = 80;
    array[2][1] = 85;
    array[3][2] = 90;

    printf("배열 위치 0-0에 대입한 값은 %d이다. ₩n", array[0][0]);
    printf("배열 위치 2-1에 대입한 값은 %d이다. ₩n", array[2][1]);
    printf("배열 위치 3-2에 대입한 값은 %d이다. ₩n", array[3][2]);
    printf("------------------------₩n");
    printf("3-1은 어떤 데이터도 대입(초기화)되지 않았다! ₩n");
    printf("%d가 자동으로 대입되었다. ₩n", array[3][1]);

    return 0;
}
```

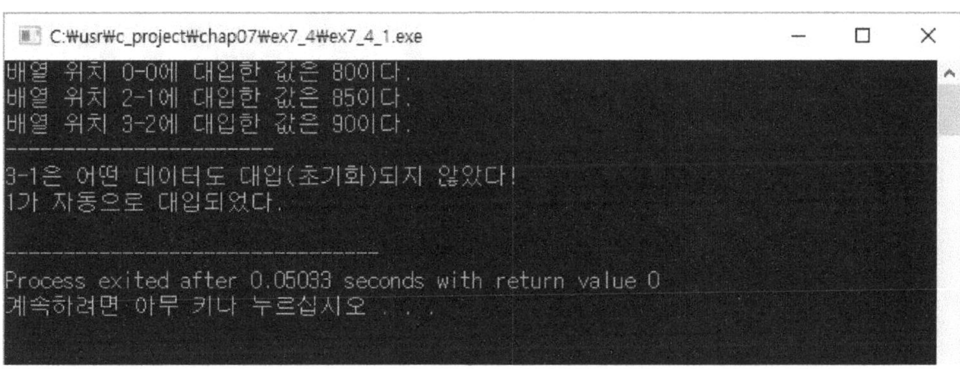

그림 7.11 【예제 7-4】에서 배열을 초기화하지 않고 참조

array[3][1]에는 초기화시키지도 않은 상태이지만, 이 요소에 대한 데이터 값을 읽어보면 영문을 알 수 없는 1(이 값은 실행할 때마다 다른 값으로 나타날 것이다)이라는 값이 표시될 것이다. 일반적으로 배열을 선언하면, 초기

화되지 않은 요소에는 자동으로 적당한 값이 대입되게 된다. 따라서 배열을 선언한 경우에는 반드시 초기화 작업이 필요하다는 점을 기억하자.

그 외에도 【예제 7-5】에서 array[4][2] = 10;과 같이 존재하지 않는 요소에 데이터를 대입하거나 읽어내려고 시도하는 것은 위험하다. 컴파일 및 실행 단계에서 중대한 장해를 일으킬 가능성도 있으므로 조심하도록 하자.

【One Point Lesson】 **표를 이용한 성적표 만들기**

두 명의 학생에 대하여 「A 학생의 점수는 90점, B 학생의 점수는 95점이다」와 같은 상황을 고려한다. 표 형식으로 학생별 점수를 표시하고 2차원 배열을 이용하여 프로그램을 작성하여 보자.

우선 A 학생의 점수를 score[0], B 학생의 점수를 score[1]이라고 본다면 이를 배열로 표기하면 다음과 같을 것이다.

```
int score[2];
score[0] = 90;
score[1] = 95;
```

그러나 다음과 같은 표와 같이 「A 학생의 국어 점수는 90점, B 학생의 수학 점수는 95점이다」와 같은 상황이라면 어떻게 해야 할까?

	국어[K]	수학[M]	영어[E]
A 학생	90	75	88
B 학생	80	95	73

가로 방향으로 각 학생별 점수를 과목 단위로 구성하여 표현하기 위해서는 다음과 같이 2차원 배열 형식으로 기술하는 것이 좋을 것이다.

```
int score[2][3]; // 2행 3열로 배열을 구성
```

위와 같이 행과 열 단위로 구성된 데이터 구조에서 2차원 배열로 설명하자면 다음과 같을 것이다.

	K	M	E			
A 학생	90	75	88	score[0][0]	score[0][1]	score[0][2]
B 학생	80	95	73	score[1][0]	score[1][1]	score[1][2]

앞에서 학습한 2차원 배열의 초기화 방법을 응용하여 프로그램을 작성하면 다음과 같다.

【Project】 2차원 배열을 이용한 간단한 표 만들기

```
#include <stdio.h>

void main()
{
    int score[2][3] = {{90, 75, 88}, {80, 95, 73}};
    printf("%d %d %d₩n", score[0][0], socre[0][1], score[0][2]);
    printf("%d %d %d₩n", score[1][0], socre[1][1], score[1][2]);
}
```

물론 이 예제의 경우 2개의 for문을 중첩시켜 코드를 변경하는 것도 가능하다. 여기서는 보다 실용적인 프로그램으로 변경하는데 초점을 두고 다음과 같은 절차로 프로그램을 변경시켜 보도록 한다.

- 배열 선언을 자료형 단위로 수행한다. 예를 들어 과목의 수가 3개이고 자료형은 한 문자 단위로 가정하면 char형으로 선언하여야 한다.
- 과목명을 표시한다.
- 점수는 배열의 요소별로 입력받는다.
- 성적표를 표시한다.

【Project】 개선된 표 만들기 프로그램

```
#include <stdio.h>
```

```
void main()
{
    char subject[3];
    int score[4][3];
    int row, column;

    subject[0] = 'K';
    subject[1] = 'M';
    subject[2] = 'E';

    for(row=0; row<3; row++)
    {
        printf("%c 과목의 점수를 입력하세요.₩n", subject[row]);
        for(column=0; column<3; column++)
        {
            printf("₩t번호 %d는? ", column);
            scanf("%d", &score[row][column]);
        }
    }
    printf("₩n          국어   수학   영어₩n");
    for(column=0; column<3; column++)
    {
        printf("번호 %d", column+1);
        for(row=0; row<3; row++)
        {
            printf("%7d", score[row][column]);
        }
        printf("₩n");
    }
}
```

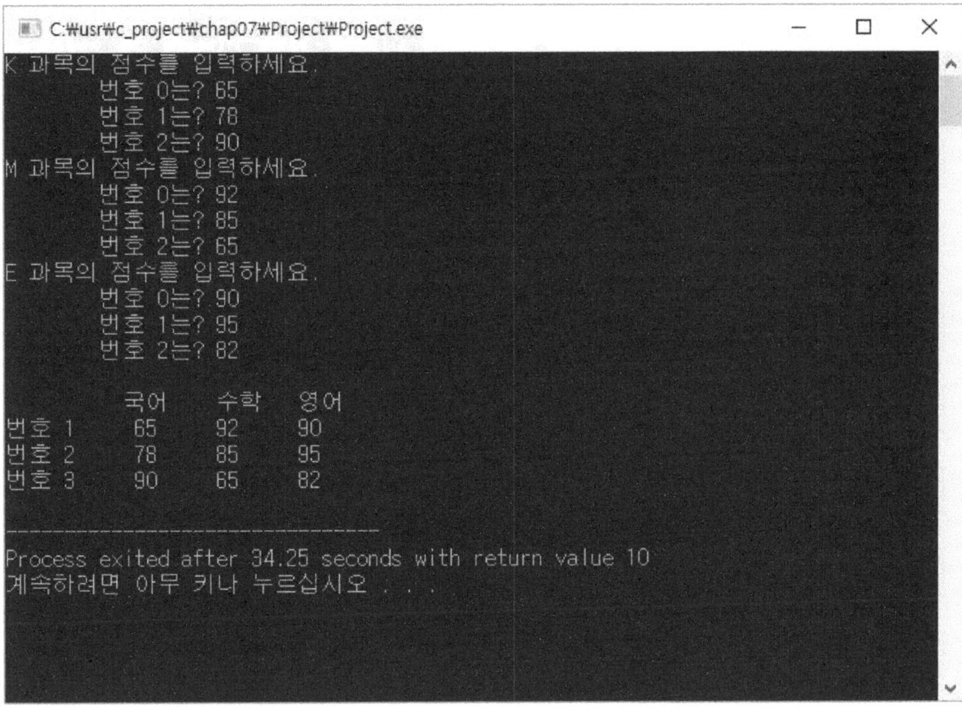

그림 7.12 2차원 배열을 이용한 간단한 표 만들기

핵심 다지기

【연습 7.1】 요소수가 10개인 정수형 배열 num의 데이터 안에서, 키보드로부터 입력된 수치가 존재하는지 검사하는 프로그램을 작성해 보자.

```
#include <stdio.h>
#define MAX 10

int main(void)
{
    int num[MAX], k, data;

    for(k=0; k < MAX; k++) {
        scanf("%d", &num[k]);
    }
    printf("검색하는 데이터 정수: ");
    scanf("%d", &data);
    for(k=0; k < MAX; k++) {
        if(num[k] == data) break;
    }
    if(k < MAX) {
        printf("%d는 num[%d]에 존재합니다.₩n", data, k);
    } else {
        printf("%d는 num[%d]에 존재하지 않습니다.₩n");
    } else {

    return 0;
}
```

【연습 7.2】 문자형 배열에 문자열을 입력한 뒤, 암호화시켜 출력하는 프로그램을 작성하여 보자.

```
#include <stdio.h>
#define MAX 80

int main(void)
{
    int k;
    char str[MAX];

    printf("적절한 문자열을 입력: ");
    gets(str);
    for(k=0; str[k] != '₩0'; k++) {
        str[k] = str[k] + 1;
    }

    printf("암호화 처리:₩n");
    for(k=0; str[k] != '₩0'; k++) {
        printf("%c", str[k]);
    }

    return 0;
}
```

【연습 7.3】 【연습 7.2】의 문자열 암호화 프로그램을 참고하여 암호문을 다시 복원(복호)하는 프로그램을 추가하여 기술하여 보시오.

【연습 7.4】 3행 3열의 행렬 데이터 a와 b를 입력한 뒤, 행렬 a와 b의 합을 계산하는 프로그램을 작성하시오.

```
#include <stdio.h>

int main(void)
{
    int a[3][3], b[3][3], c[3][3], j, k;
```

```
    printf("행렬 데이터 a와 b의 요소값을 각각 입력: ");
    for(j=0; j < 3; j++) {
        for(k=0; k < 3; k++) {
            scanf("%d %d", &a[j][k], &b[j][k]);
        }
    }

    for(j=0; j < 3; j++) {
        for(k=0; k < 3; k++) {
            c[j][k] = a[j][k] + b[j][k];
        }
    }

    printf("₩t a ₩t b ₩t a+b₩n");
    for(j=0; j < 3; j++) {
        for(k=0; k < 3; k++) {
            printf("%3d", a[j][k]);
        }
        printf(":");
        for(k=0; k < 3; k++) {
            printf("%3d", b[j][k]);
        }
        printf(":");
        for(k=0; k < 3; k++) {
            printf("%3d", c[j][k]);
        }
        printf("₩n");
    }

    return 0;
}
```

함수를 이용하기

제8장 함수를 이용하기

이제까지 등장한 프로그램에서는 모두 main() 함수가 있었다. 2장에서 설명한 것과 같이 main() 함수는 최초에 실행되는 특별한 함수로 C언어 프로그램의 중심이라고 말할 수 있다. 그러면 함수라는 것은 무엇을 의미하는가? 먼저 이것부터 시작해 보자.

8.1 C 언어의 함수

8.1.1 함수란 무엇을 의미 하는가?

수학이나 요리 등에서는 여러 가지 공식이 등장한다. 일상생활 중에서도 이와 같은 공식은 자주 사용되고 있다. 예를 들어, 사각형의 면적을 구하는 공식은 (면적 = 밑변 × 높이)이다. 이 공식에 적절한 수치를 대입하면 목적하는 수치를 얻을 수 있다. 이와 같이 공식에 의한 처리는 다음과 같이 표현할 수 있을 것이다.

```
사각형의 면적   ← 공식(밑변, 높이)
윤년            ← 공식(년도)
```

두 개의 공식을 처리하기 위해서는 (데이터를 넘겨주면, 정해진 절차에 의해 처리되고 결과를 반환한다)라는 공통점을 가지고 있다. C언어의 함수라는 것은 이러한 공식과 같은 역할을 수행하는 프로그램을 의미한다.

이 때 함수에 넘겨주는 데이터를 인수(argument), 함수가 반환하는 값을 반환 값(return value)이라고 부른다. 앞에서의 두 공식에서는 함수, 인수, 반환 값은 각각 다음과 같이 서로 대응하고 있다.

표 8.1 공식을 함수에 대응시킨 예

함수	인수	반환 값
사각형의 면적을 구하는 공식	밑변의 길이, 높이	사각형의 면적
윤년을 구하는 공식	년도	윤년 여부

또한 함수를 사용자가 만드는 것을 함수의 정의, 이렇게 해서 만든 함수를 사용자 함수라고 한다. 프로그램 안에서 함수를 사용하는 것을 함수의 호출이라고 부르는 경우가 많다.

8.1.2 C 언어의 함수는 블랙박스

함수의 최대 특징은 블랙박스(black box)라는 것이다. 블랙박스라는 것은 내부가 보이지 않는 까만 박스를 의미한다. 즉 내부의 구조를 알지 못하더라도 함수를 사용하는데 전혀 문제가 없다.

예를 들어, 서력에 해당하는 년도로부터 윤년을 구하는 leap_year()라는 사용자 함수를 만들었다고 가정하자. 그리고 이 함수를 다른 프로그래머에게 전해줬다고 가정하자. 이 경우, 함수를 전달 받은 상대방이 사용자 함수 leap_year()를 이용하기 위해 필요한 정보는 leap_year()가 어떻게 정의되었는지 알려지지 않아도 될 것이다.

8.2 자기만의 함수(사용자 정의)를 만들기

C 언어에서는 함수를 만들어서 사용할 수 있다. (C 언어 프로그래밍이라는 것은 함수를 정의하여 가는 과정)이라고도 볼 수 있다. 여기에서는 자기만의 함수를 정의해서 이를 사용하는 방법을 해설한다.

8.2.1 사용자 정의 함수의 작성방법

여기서는 위에서 언급한 사용자 함수를 만들고자 한다. 사용자 함수를 정의하는 서식은 다음과 같은 형태를 취하고 있다.

```
① 함수의 반환형 ②함수명 (③변수의 선언, …)
{
    ④함수의 내용
    ⑤반환 값을 되돌린다 (return 문)
}
```

위 서식에 따라서 사용자 함수 sum()을 정의하면, 【예제 8-1】과 같이 정의할 수 있다.

【예제 8-1】 두 정수를 전달받아 합을 구하는 함수

```
int sum(int a, int b)
{
    int ans;
    ans = a + b;

    return ans;
}
```

① 반환 값의 자료형 … int

그 함수가 반환할 값의 데이터형을 의미한다. 정수의 데이터를 반환하는 함수라면 int, 소수점형의 데이터를 반환하는 함수이면 double이 된다. 여기서 반환할 값이 없는 경우에는 void가 된다.

정의하는 함수는 두 개의 임의의 정수 값을 인수로 받아와서 그 두 수의 합의 결과를 반환하는 기능을 하고 있다. 따라서 반환 값은 정수형의 하나인 int로 하고 있다.

② 함수명 … sum

함수명을 부여하는 것은 변수명의 경우와 같이 규칙이 있다. 함수명에는 예약어 및 일부의 기호를 사용할 수 없다. 또한 그 함수가 어떤 기능을 가지는지 알 수 있도록 이름을 부여하는 것이 좋다.

③ 변수의 선언 … (int i)

여기서 변수라는 것은 인수의 데이터를 받는 형식인자로서의 변수를 의미한다. 호출하는 쪽의 인수를 실인수라고 부르는 것에 대해서 여기서 선언하는 변수는 형식인자가 된다. 형식인자에는 자동으로 인수의 값이 대입된다. 사용자 함수 sum()이 받는 인수는 두 개의 임의의 정수 값 하나이다.

④ 함수의 내용 … 2~7행

여기에서는 함수의 구체적인 처리를 기술하는 곳이다. 사용자 정의 함수 sum() 안에서 사용하는 변수를 선언하고 입력받은 두 정수 값의 합을 계산한다.

⑤ 반환 값을 되돌린다 … return ans;

두 정수의 합을 계산하였으면, 원래 함수를 호출한 위치(main 함수)에 그 값을 되돌려 주면 된다. 이를 위하여 다음과 같이 기술하면 된다.

return 반환 값을 대입시킨 변수의 이름;

반환 값은 변수 ans에 대입하였으므로 return ans가 된다. 반환 값이 없는 함수에서는 ⑤의 부분은 생략될 수 있다. 이 경우에는 말미의 }까지 도달하면 호출한 위치로 제어가 넘어간다. 함수에 따라서는 ⑤의 부분이 여러 개 존재하는 경우도 있다.

8.2.2 작성된 함수의 호출방법

위에서 작성한 함수 sum()은 두 개의 정수를 인수로서 넘겨받으면 이를 토대로 두 정수의 합을 계산한다. 그리고 계산의 결과를 반환 값으로서 되돌린다. 사용자 함수 sum()을 호출하기 위해서는 함수명과 인수 이외에도 반환 값을 대입하는 변수를 준비한다. 인수가 20과 5, 반환 값을 대입 받는 변수를 a로 가정하면 다음과 같이 기술한다.

```
int a;
:
:
a = sum(20, 5);
:
:
```

a에 두 정수의 합산된 결과가 대입된다.

이와 같이 int형의 변수 a에 합산 결과가 대입된다. 따라서 이 값을 이용해서 또 다른 계산을 하던지 printf() 함수로 "두 정수의 합은 25입니다"라고 화면에 출력하는 것도 가능하다. 위의 예에서는 사용자 함수에 인수로 넘기고 반환 값을 넘겨받는 경우의 호출방식이다. 반환 값 및 인수가 없는 함수의 경우에는 다음과 같이 생략할 수도 있다.

- 반환 값과 인수가 있는 경우 　a = func(20, 5);
- 반환 값이 없는 경우 　func(20, 5);
- 인수가 없는 경우 　a = func();
- 반환 값과 인수가 없는 경우 　func();

함수의 반환 값은 없거나 하나이다. 포인터를 사용함으로써 외관상으로 볼 때 반환하는 값이 하나이지만 복수의 값을 반환하도록 할 수 있다. 다음 장을 참조하기 바란다.

8.2.3 함수를 이용한 프로그램 작성

그러면 정의한 사용자 함수를 호출하여 보자. 【예제 8-2】는 사용자 함수 sum()을 이용해서 두 정수의 합을 구하여 반환하는 프로그램이다. 11행에서 사용자 함수를 호출하고 있고, 12행에서 반환 값을 메시지로서 표시하고 있다.

【예제 8-2】 함수를 이용한 프로그램 작성 예

```
#include <stdio.h>

int sum(int, int); // 함수의 프로토타입 선언

int main(void)
{
    int a, b, answer;
    printf("두 개의 정수를 입력하세요. ₩n");
    scanf("%d %d", &a, &b);

    answer = sum(a, b); // 11행
    printf("두 정수의 합은 %d입니다. ₩n", answer);

    return 0;
}

int sum(int a, int b)
{
    int ans;
    ans = a + b;

    return ans;
}
```

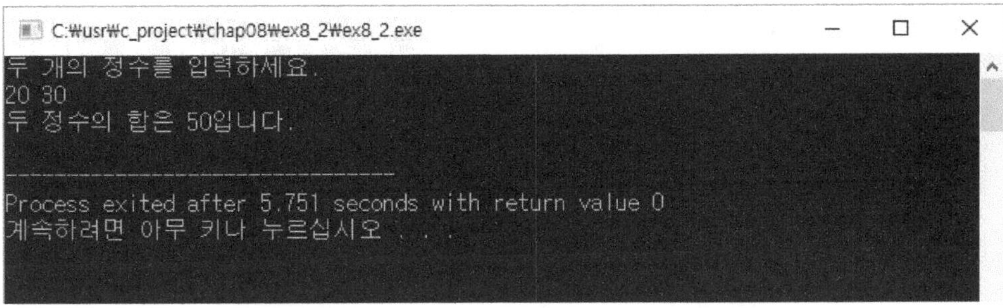

그림 8.1 【예제 8-2】의 실행 결과

위 예제에서 8-11행에서는 키보드로부터 입력된 수치 데이터를 변수 a와 b에 대입하고 사용자 함수 sum()에 인수로서 넘겨주고 있다. 17행 이하는 【예제 8-1】과 같다.

【예제 8-2】의 11행에서 함수의 호출로 지정되어 있는 인수가 실인수, 17행의 사용자 함수의 선언으로 지정되어 있는 변수 a와 b가 형식인수이다. 실인수의 값을 형식인수에 대입하는 처리를 하고 있으므로 반드시 서로 동일한 이름을 사용하지 않아도 된다.

실인수와 형식인수의 차이점은 명확하다. 실인수에 해당하는 변수 a와 b의 값은 sum(a, b) 함수의 호출에 의해 main() 함수 외곽에 있는 sum(int a, int b)으로 전달된다. 이때 함수 호출 전의 변수 a와 b의 값은 함수 sum(a, b)로 복사되어 sum 함수 내에서만 일시적으로 사용된다. 따라서 함수 sum 내에서 참조되는 변수 a와 b의 값에 변화가 일어나더라도 main() 함수 내의 변수 a와 b의 값에는 영향을 미치지 않으므로 sum 함수 내의 변수 a와 b를 형식인수라고 부르게 된 것이다.

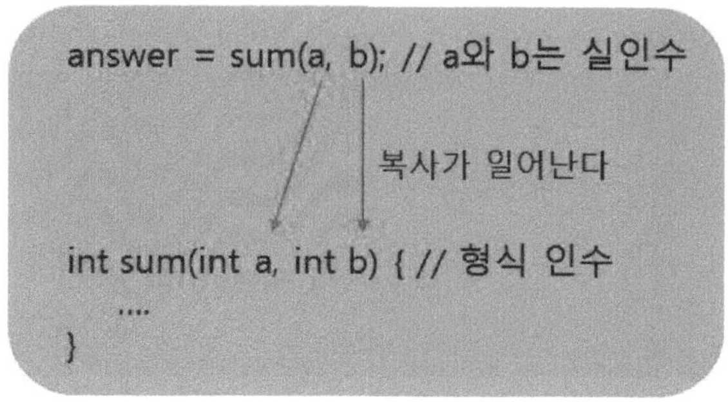

그림 8.2 실인수와 형식인수의 관계

8.3 사용자 정의함수를 이용할 때 조심할 점

사용자가 함수를 정의해서 이를 프로그램 안에서 호출하는 방법을 알아 보았다. 여기에서는 사용자 함수의 정의와 호출에 대해서 알아 두어야 될 사항에 대해서 설명한다.

8.3.1 함수의 프로토타입 선언은 잊지 말자

【예제 8-2】의 3행에서는 다음과 같이 기술하고 있다. 이와 같이 기술하는 것을 프로토타입(prototype) 선언이라고 한다.

```
int sum(int, int);
```

printf() 함수 및 scanf() 함수를 사용하기 위해서는 헤더 파일 <stdio.h>를 사전에 포함시켜야 한다. 이와 마찬가지로 사용자 함수를 사용할 때는 프로토타입 선언을 해야 한다. 말하자면 C언어의 컴파일러에 프로그램 안에서 이와 같은 사용자 함수를 사용한다는 사실을 인식시키는 것이라고 보면 된다.

C 언어의 컴파일러는 프로그램을 위에서 아래 방향으로 처리하게 된다. 따라서 main() 함수의 안에서 갑자기 사용자 함수를 호출하면 컴파일러는 그러한 함수가 있는지 알 수 없으므로 에러 처리를 하게 된다.

프로토타입 선언은 다음과 같은 서식으로 기술하는 것이 보통이다. 사용자 함수의 선언과 유사하지만 말미에 세미콜론(;)을 붙여 두어야 한다.

```
반환 값의 자료형 함수명(인수의 자료형, …);
```

여기서 인수의 자료형이라는 것은 사용자 함수에서 인수의 자료형을 지칭하고 있다. int형의 데이터를 둘 이상으로 하는 함수는 (int, int), 인수가 없다면 void가 된다. 인수의 자료형은 변수명을 이용해서 (int x, int y) 등으로 기술하는 것도 가능하다. 그러나 프로토타입 선언에서는 인수의 형과 수만 알 수 있으면 되므로 보통은 자료형만을 기술해도 충분하다.

8.3.2 Bottom-up이라는 방법도 있다

【예제 8-2】와는 반대로 사용자 함수의 정의를 main() 함수의 앞에 두는 방법도 있다. 이를 bottom-up 방식이라고 한다. 반대로 【예제 8-2】와 같이 main() 함수 위에 함수의 프로토타입 선언을 한 다음에 사용자 정의함수를 두는 경우에는 Top-down 방식이라 구분하여 부른다.

【예제 8-3】 bottom-up 방식의 예

```
#include <stdio.h>
int sum(int a, int b)
{
:
}

int main(void)
{
:
}
```

bottom-up 방식을 취하면 컴파일러는 사용자 함수를 호출하기 전에 사용자 함수의 내용을 인식할 수 있다. 따라서 프로토타입 선언이 없어도 에러가 발생하지 않는다.

그러나 bottom-up을 하게 되면 main() 함수가 제일 마지막에 오게 되므로 프로그램의 판독력이 떨어지게 된다. 사용자 함수를 여러 개 사용할 경우에는 프로토타입 선언을 사용하는 편이 더 좋을 것이다.

8.3.3 변수의 스코프(유효 범위)에도 주의

어떤 변수를 사용할 수 있는 범위를 스코프(scope) 또는 유효범위라고 부른다. 복수의 함수가 사용되는 프로그램에서는 변수의 스코프에 주의할 필요가 있다.

main() 함수를 포함해서 함수 안에서 변수를 선언하면, 그 유효범위는 변수의 선언문에서 함수의 마지막까지가 된다. 도중의 return문에서 함수의 처리로부터 빠져 나가는 경우에는 스코프의 범위는 여기까지가 된다. 이와 같이 함수 안에서 선언된 변수를 **로컬 변수**(local variable)라고 한다.

이와는 반대로 함수의 바깥에서 변수를 선언하면 프로그램 안의 모든 함수로부터 참조가 가능한 상태가 된다. 이러한 변수를 **글로벌 변수**(전역변수 또는 파일 유효범위의 변수)라고 한다.

글로벌 변수를 사용할 때는 가능하다면 프로그램의 선두 위치에서 선언하여 사용할 필요가 있다. 예를 들어, 다음과 같이 int형의 변수 a를 선언하면, a는 글로벌 변수가 되고 main() 함수와 사용자 함수 func() 어느 쪽이라도 변수 a를 사용할 수 있게 된다.

【예제 8-4】 변수의 적용 범위

```
int a; // 글로벌 변수

int main(void)
{
    :
    a = 10;
    :
}
void func()
{
    :
    printf("a의 값은 %d이다. ₩n", a);
}
```

글로벌 변수는 편리한 면도 있지만, 어느 함수에서 글로벌 변수를 조작할 수 있으므로 다른 함수에 부정합이 발생하는 트러블이 일어날 가능성도 있다. 어쩔 수 없이 글로벌 변수를 사용해야 하는 경우를 제외하고 로컬 변수를 사용하는 것이 바람직하다.

8.3.4 함수를 작성할 때의 Tip

이제까지는 사용자 함수를 하나만 작성을 하였다. 어디까지나 예이므로 이 정도의 프로그램이라면 main() 함수 안에 전부 기술하더라도 그다지 장점이 없어 보인다. 그렇다면 더욱 긴 프로그램을 개발할 경우, 어떻게 해서 사용자 함수를 작성하면 좋을까?

한 가지 방법은 처리의 커다란 흐름을 파악하여 각 처리 단위를 기준으로 블록 단위로 잘라서 사용자 함수로 구성하는 것이다. 자주 사용하는 패턴은 다음과 같이 3가지 부분으로 나누어 생각할 수 있다.

- 입력부: 사용자로부터 데이터를 받거나 파일을 읽어들인다.
- 계산부: 넘겨받은 데이터를 처리한다.
- 출력부: 메시지를 표시하거나 파일에 데이터를 저장한다.

위 3가지 부분을 함수로 구성하여 독립시키면 main() 함수에서는 이들 함수를 호출하기만 하면 된다. 이와 같이 함으로써 프로그램 처리의 흐름을 파악하기 쉽도록 할 수 있게 되어 수정하거나 버그 픽스(bug fix) 등이 편해진다.

또 다른 방법으로서 동일한 처리를 하는 곳이 복수 존재하는 경우는 사용자 함수로서 main() 함수의 외부에 두는 것도 좋다. 동일한 처리를 수행하는 프로그램에서는 동일한 코드를 반복해서 작성하게 되면 번잡해지며 버그를 수정하는 것도 불편해진다. 이 경우에는 사용자 함수로 정리하고 필요한 경우에만 호출하는 편이 훨씬 효율적이다.

8.4 이미 준비되어 있는 표준 라이브러리 함수를 이용하기

프로그래머가 작성하는 사용자 함수와는 달리 C 언어에는 미리 준비된 라이브러리 함수가 다수 존재한다. 그 중에서 C 언어의 규격으로서 특별히 정해져 있는 표준 라이브러리 함수(표준 함수)가 그 좋은 예이다. printf() 함수 또는 scanf() 함수 등은 이와 같은 표준 라이브러리 함수의 한 종류이다.

어떤 종류의 표준 라이브러리 함수가 있는지는 C 언어 컴파일러의 매뉴얼 등에 기술되어 있다. 다음은 그 일부를 소개하는 것이다.

- **문자열 처리(헤더파일은 <string.h>)**
  - ☞ strcpy 문자열을 복사한다
  - ☞ strlen 문자열의 길이를 계산한다

- **표준 입출력 함수(헤더파일은 <stdio.h>)**
  - ☞ scanf 지정된 서식으로 입력을 받는다
  - ☞ printf 지정된 서식으로 출력한다
  - ☞ gets 문자열을 입력 받는다
  - ☞ puts 문자열을 출력한다

- **파일 입출력 함수(헤더파일은 <stdio.h>)**
  - ☞ fopen 파일을 연다
  - ☞ fclose 파일을 닫는다
  - ☞ fputs 파일에 문자열을 출력한다
  - ☞ fgets 파일로부터 문자열을 읽어들인다

표준 라이브러리 함수에는 함수의 정의(선언)만으로 모아둔 헤더 파일(함수의 포로토타입)이 준비되어 있다. 표준 라이브러리 함수를 사용하기 위해서는 이 헤더 파일을 포함시킬 필요가 있다. 따라서 프로그램의 선두 부분에 다음과 같이 기술하여야 한다.

```
#include <헤더 파일명>
```

【예제 8-5】는 문자열을 복사하는 strcpy 함수를 이용하는 경우이다. strcpy 함수를 호출하기 위해서 2행 째에서 헤더 파일 <string.h>를 인클루드시키고 있다.

【예제 8-5】 헤더 파일의 사용 예

```
#include <stdio.h>
#include <string.h>

int main(void)
{
    char a[] = "Hello", b[6];

    strcpy(b, a);
    printf("변수 a의 값은 %s이다₩n", a);
    printf("변수 b의 값은 %s이다₩n", b);

    return 0;
}
```

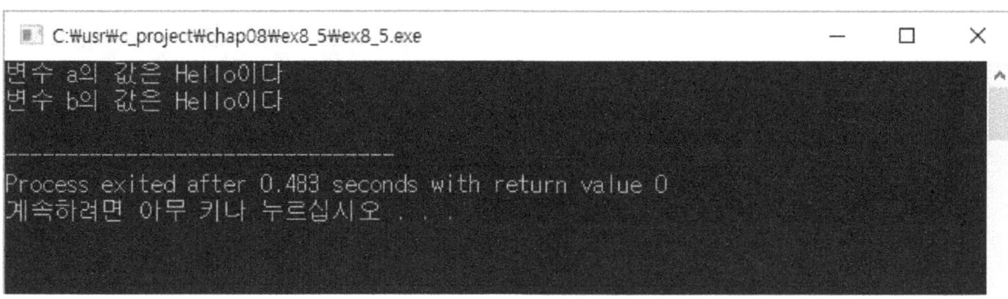

그림 8.3 【예제 8-5】의 실행 결과

【Project】 사각형의 면적을 계산하는 함수 만들어 사용하기

사각형의 면적을 구하는 공식을 이용해서 함수를 작성해 보자. 다음 프로그램은 면적을 계산하는 사용자 함수 square()를 정의하고, 이를 main() 함수 안에서 호출하고 있다. 인수로서 변수 a, b를 지정하고 있고, 실제로 전달되는 것은 변수의 값(형식 매개변수)이라는 것을 상기하자.

【예제 8-6】 사각형의 면적을 구하는 함수 구현

```
#include <stdio.h>

int square(int, int);

int main(void)
{
    int a, b, c;

    printf("사각형의 밑변의 길이는? ₩n");
    scanf("%d", &a);
    printf("사각형의 높이는? ₩n");
    scanf("%d", &b);

    c = square(a, b);
    printf("사각형의 면적은 %d 평방미터이다. ₩n", c);

    return 0;
}

int square(int x, int y)
{
    int area;
    area = x * y;

    return area;
}
```

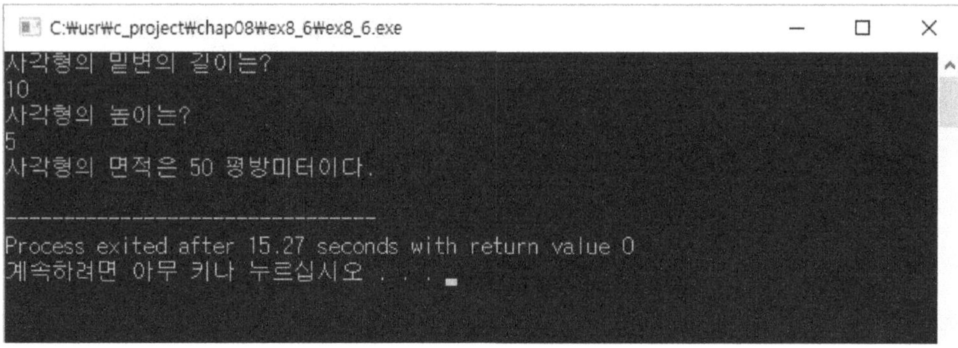

그림 8.4 【예제 8-6】의 실행 결과

【Project】 복수의 return문이 있는 사용자 정의 함수 만들기

이제까지 작성한 사용자 함수의 경우는 return문이 하나 밖에 없었다. 처리의 내용에 따라 사용자 함수 안에 복수의 return문을 삽입하는 것도 가능하다.

다음 프로그램은 return문이 2개 사용된 예이다. 구매한 물건의 가격이 10000원 이상이면 500원 할인, 10000원 미만이면 50원 할인해준다고 가정하자. 구매 가격에 따라 할인 가격이 결정되도록 사용자 함수 discount()에서 계산하고, 각각 2개의 return문을 이용해서 결과 값을 반환하고 있다.

【예제 8-7】 return문을 이용해 함수 값을 반환받기

```
#include <stdio.h>

int discount(int);

int main(void)
{
    int a = 0, b;

    printf("구매 금액을 입력하세요. ₩n");
    scanf("%d", &a);
```

```
    b = discount(a);
    printf("할인된 금액은 %d 가 됩니다. ₩n", b);

    return 0;
}

int discount(int x)
{
    int c;
    if(x >= 10000) {
        printf("만원 이상은 500원 할인합니다! ₩n");
        c = x - 500;
        return c;
    } else {
        printf("만원 미만은 50원 할인합니다! ₩n");
        c = x - 50;
        return c;
    }
}
```

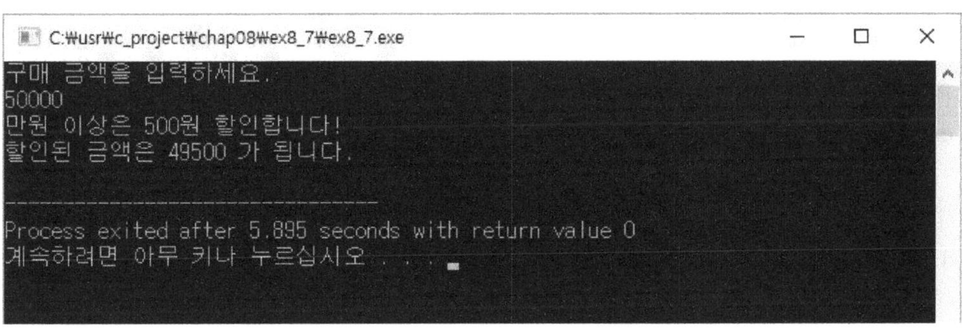

그림 8.5 【예제 8-6】의 실행 결과(만원 이상 입력)

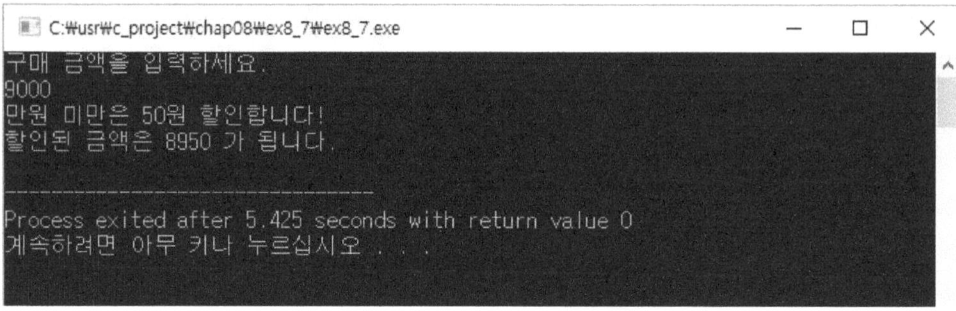

그림 8.6 【예제 8-6】의 실행 결과(만원 미만 입력)

【One Point Lesson】 **구조화 프로그래밍**

프로그램은 함수들의 조합으로 구성되며 함수들은 적절한 위치에서 호출 가능하다. 이런 식으로 프로그램을 작성하면 상당히 규모가 큰 프로그램을 만드는 것이 가능해진다.

특정 기능을 수행하는 것들을 정리하여 함수별로 구성한 것을 모듈(module)이라고 부른다. 프로그램을 작성할 때 이러한 모듈을 활용하는 방법을 모듈 프로그래밍 또는 구조화 프로그래밍이라고 부른다. 구조화 프로그래밍을 하는 과정에서 중요한 점은 무엇일까?

- 큰 흐름을 처음에 결정하고 개별 처리는 다음에 생각한다.
- 개별 처리는 따로 고려한다.

프로그램의 어떤 처리 과정은 일반적으로 생각하면 다음과 같은 절차를 가지고 처리 가능하다.

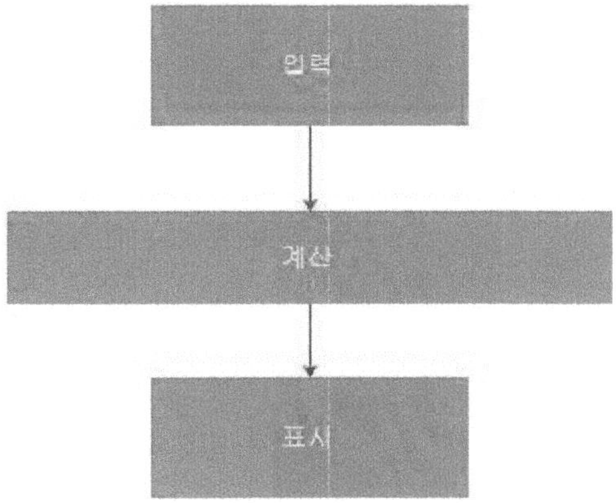

그림 8.5 프로그램의 처리과정

프로그램의 전체 흐름이 이와 같다고 한다면 프로그램의 골격을 구성하기 위해 다음과 같은 예를 생각해 보자.

```
void main()
{
    int a;
    scanf("%d", &a);
    printf("%d", a);
}
```

프로그램의 전체 골격을 대상으로 실제 모듈화를 시도한다면 위 예는 다음과 같은 모듈화 프로그램으로 전환시켜 볼 수 있다.

```
int a;

void main()
{
    input();
    display();
}
```

```
void input()
{
    scanf("%d", &a);
}

void display()
{
    printf("%d", a);
}
```

비현실적인 프로그램이라고 생각할 수 있으나 프로그램을 구조화시키는 의미를 이해하는데 큰 무리가 없을 것이다. 중요한 점은 이와 같은 과정을 거치면 보다 규모가 큰 프로그램으로 확장 가능해진다.

프로그램의 절차는 일반적으로 알고리즘(algorithm)이라고 부르는 경우가 많고, 규모가 큰 프로그램들은 복잡한 알고리즘을 요구하게 된다. 일반적으로는 모듈화의 사고방식을 통해 프로그램을 단계적으로 작성하여 나갈 수 있게 된다.

핵심 다지기

【연습 8.1】 사칙연산을 수행하는 프로그램을 작성하여 보자. 단 가감승제를 수행하는 계산은 각각 다음과 같이 정의하였다.

함수명	인수	함수 값
add	정수 a, b	a + b: long
sub	정수 a, b	a - b: long
div	정수 a, b	a / b: double(형변환이 필요)
mut	정수 a, b	a * b: long

```
#include <stdio.h>

long add(long, long);
long sub(long, long);
double div(long, long);
long mut(long, long);

int main(void)
{
    long a, b;

    printf("정수 a와 b를 입력: ");
    scanf("%ld %ld", &a, &b);
    printf("add:₩t%ld₩n", add(a, b));
    printf("sub:₩t%ld₩n", sub(a, b));
    printf("add:₩t%6.1f₩n", div(a, b));
    printf("mut:₩t%ld₩n", mut(a, b));

    return 0;
}

long add(long a, long b)
```

```
{
    return (a+b);
}
long sub(long a, long b)
{
    return (a-b);
}
double div(long a, long b)
{
    return ((double)a/b);
}
long mut(long a, long b)
{
    return (a*b);
}
```

【연습 8.2】【연습 8.1】의 사칙연산을 수행하는 프로그램에서 나누기 연산을 수행할 경우, 분모의 b가 0이 입력된 경우, 작성된 div 함수에서 오류가 발생할 것이다. 이와 같은 상황에 대처할 수 있도록 div 함수 안의 내용을 적절히 수정하시오.

【연습 8.3】다음 프로그램은 최대 공약수를 찾기 위한 예제이다. 여러 가지 정수들을 입력하여 프로그램을 실행 결과를 확인하여 보시오.

```
#include <stdio.h>

int gcm(int, int);

int main(void)
{
    int a, b;

    printf("정수 a와 b를 입력: ");
```

```
    scanf("%d %d", &a, &b);
    printf("%d와 %d의 최대 공약수:₩t%d₩n", a, b, gcm(a, b));

    return 0;
}

int gcm(int a, int b)
{
    int r;
    while((r = a % b) != 0) {
        a = b;
        b = r;
    }
    return (b);
}
```

【연습 8.4】 입력받은 년도가 윤년인지 아닌지를 조사하는 프로그램을 작성하시오.

제9장 문자열 처리

9.1 문자열 처리는 왜 필요한가?

임의의 두 개의 문자열이 있는데 이들을 서로 비교하거나 연결하여 사용하기도 하며 필요에 따라 내용을 복사하고 변환을 요구하기도 한다. 컴퓨터에서 처리되는 대부분의 정보들은 문자 또는 문자열 등으로 표현되므로 이와 같은 처리는 필요한 처리 과정이라고 볼 수 있다.

이러한 기능을 제공하는 다양한 함수들이 준비되어 있으며 사용할 때는 다음과 같이 조건식의 일부로서 사용되는 경우가 많다.

- 만약 문자열 a가 문자열 b보다 문자수가 길면 ~처리를 하라.
- 만약 a가 b보다 큰 경우에는 ~처리를 하라.

문자열 처리를 수행하는 대표적인 함수들은 표준 헤더 파일별로 분류해 보면 다음과 같다.

표 9.1 표준 문자열 처리함수

헤더 파일	대표 함수	의미
<string.h>	strcpy() strcat() strcmp() strlen()	문자열을 복사한다. 문자열을 연결한다. 문자열을 비교한다. 문자열의 길이를 조사한다.
<ctype.h>	toXXX()	문자열을 비교한다.

9.2 문자열 복사

문자열의 원본을 다른 변수에 복사하고자 하는 경우에는 다음과 같이 strcpy() 함수를 이용하면 편리하다.

strcpy(배열명, 문자열);

여기서 배열명은 복사 대상을 나타내는 포인터(기본적으로 일차원 배열)를 의미하고, 문자열은 복사하고자 하는 원본 내용에 대한 포인터를 나타낸다. 말하자면 배열의 선두 번지에 문자열의 선두 번지를 일치시키는 것이 된다.

본래 문자열은 1 문자 단위로만 복사 가능하지만 strcpy() 함수를 이용하면 문자열 그 자체를 간단하게 복사하는 것이 가능해지는 것이다. 반환 값은 문자열을 가리키는 포인터 즉 주소가 된다. 다음 예는 포인터 string이 가리키는 내용을 배열 c_array에 복사하는 예를 보여준다.

여기서 포인터 string을 사용하였다. 이와 같이 포인터를 사용한 이유는 대입 받는 문자열의 크기가 일정하지 않고, 저장되는 문자열의 내용을 메모리 공간에 격납한 다음에 이 메모리 공간의 주소를 참조할 필요가 있기 때문이다. 포인터의 개념은 11장에서 다시 논의될 것이다.

【예제 9-1】 문자열 복사하기

```
#include <string.h>

void main()
{
    char c_array[50];
    /* 아래 포인터 표현은 문자 배열을 의미한다. */
    char *string = "C programming is best of the best.";
    strcpy(c_array, string);
    printf("string %s를 배열 c_array에 복사하였습니다.\n", c_array);
}
```

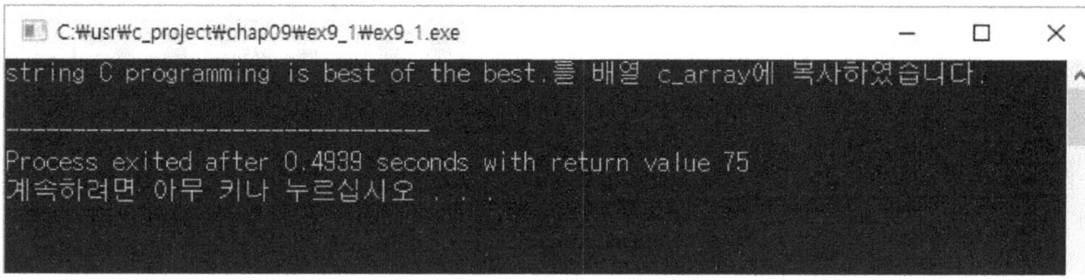

그림 9.1 【예제 9-1】의 실행 결과

9.3 문자열의 연결처리

어떤 문자열이 이미 존재하고 있는데 이 문자열 뒤에 다른 문자열을 이어 붙여서 새로운 문자열을 생성하고 싶을 때는 다음과 같이 strcat() 함수를 이용하면 된다.

strcat(원본 문자열, 이어 붙이고 싶은 문자열);

strcat() 함수의 구조는 「원본 문자열에 이어 붙이고 싶은 문자열의 배열을 추가」시켜 나가는 것이다. 말하자면 원본 배열의 포인터가 가리키는 위치의 문자열 내용 뒤에 이어 붙이고 싶은 문자열의 내용을 복사하는 것이 된다.

이 과정에서 원본 문자열의 제일 마지막에는 ₩0, 즉 null 문자가 없어지고 이어 붙이고자 하는 문자열 내용이 복사되고 null 문자는 맨 마지막에 바로 붙게 된다. 반환 값은 새로운 문자열을 가리키는 주소이다.

【예제 9-2】두 개의 문자열 연결하기

```
#include <string.h>

void main()
{
    char a[200] = "영업 보고서 ";
    char b[] = "No.D2016-07-123 ";
    char c[] = "책임자 ";
    char d[] = "김상무";

    strcat(a, b);  /* ❶ */
    strcat(a, c);  /* ❷ */
    strcat(a, d);  /* ❸ */
    printf("%s", a);
}
```

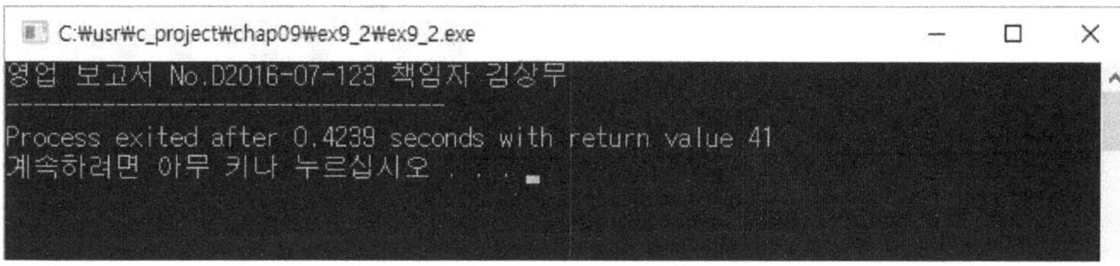

그림 9.2 【예제 9-2】의 실행 결과

실행 결과는 다음과 같다. 예제 프로그램에서 문자열 4개를 대상으로 서로 연결시켜 가는 과정을 볼 수 있으며 마지막에는 하나의 문자열로 재구성되는 것을 알 수 있다. 연결 과정을 순서대로 살펴보면 다음과 같다.

❶ 의 결과 → 영업 보고서 No.D2016-07-123
❷ 의 결과 → 영업 보고서 No.D2016-07-123 책임자
❸ 의 결과 → 영업 보고서 No.D2016-07-123 책임자 김상무

9.4 문자열의 대소 비교

문자열의 대소 비교는 문자열이 대문자인지 소문자인지 또는 문자열의 길이가 긴지 짧은지의 의미를 가지는 것이 아니라 알파벳 순서 또는 「가나다」 순서를 비교하는 것을 나타내므로 주의가 필요하다. 한 마디로 표현하자면 사전의 내용들이 항목들로 나열되어 있고 그 순서를 비교하는 것에 해당된다고 보면 된다. 이러한 문자열의 대소 비교를 위해 준비된 함수가 strcmp() 함수이며 사용 방법은 다음과 같다.

strcmp(문자 배열 a, 문자 배열 b);

strcmp() 함수는 문자 배열 string1과 문자 배열 string2를 비교하여 그 결과에 따라 int형의 값으로 반환하게 된다. 말하자면 strcmp() 함수의 반환 결과는 3가지 유형으로 주어진다.

string1 > string2 : (예) **strcmp(string1, string2)** → 양의 정수 반환
string1 = string2 : (예) **strcmp(string1, string2)** → 0을 반환
string1 < string2 : (예) **strcmp(string1, string2)** → 음의 정수 반환

따라서 이 3가지 유형의 반환 값을 이용하여 예제 프로그램에서와 같이 조건식으로 활용하는 것도 가능하다.

【예제 9-3】 문자열의 대소 비교

```
#include <string.h>

void main()
{
    char name1[] = "고구려";
    char name2[] = "백제";
    if( strcmp(name1, name2) < 0 )
        printf("%s가 사전순위에서 앞에 있습니다.₩n", name1);
    if( strcmp(name1, name2) == 0 )
        printf("%s와 %s는 같은 이름입니다.₩n", name1, name2);
```

```
    if( strcmp(name1, name2) > 0 )
        printf("%s가 사전순위에서 뒤에 있습니다.₩n", name1);
}
```

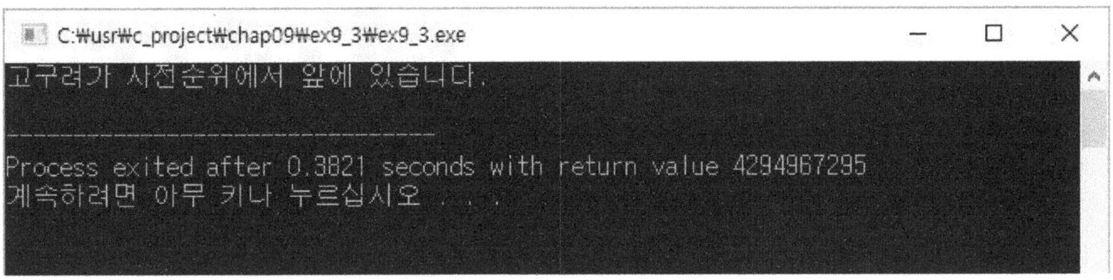

그림 9.3 【예제 9-3】의 실행 결과

또 다른 strcmp() 함수의 활용 예를 살펴보자. 예를 들어 주어진 문자열 배열의 값 region을 가나다 순서로 정렬을 시키는 프로그램이다. 여기서 아직 C 언어의 포인터 개념을 학습하지 않았지만 1차원 배열 이름 region 앞에 * 표기가 붙어 있다는 점에 주목하라.

region[]으로 선언된 경우에는 단순하게 문자들을 가진 문자 배열에 해당되지만, *region[]와 같이 기술한 경우에는 문자열들의 배열이 된다. 포인터의 개념은 뒷장에서 다시 소개가 되므로 여기에서는 문자열들의 배열을 표현하기 위한 수단으로 이해하면 된다.

```
char *region[] = {"서울", "대전", "대구", "부산"};
```

예제 프로그램에서는 기본 선택법에 해당되는 단순한 정렬 기법을 이용하여 주어진 문자열 배열의 값들을 상호 비교하여 「가나다」순으로 정렬을 하여 그 결과를 출력하는 프로그램이다.

【예제 9-4】문자열의 대소 비교를 이용하여 정렬하기

```
#include <string.h>

void main()
{
```

```
    char *region[] = {"서울", "대전", "대구", "부산"};
    char *dummy, *min;
    int count, search, s;

    for(search=0; search<3; search++)
    {
        min = region[search];
        s = search;
        for(count=search+1; count<4; count++)
        {
            if( strcmp(region[count], min)<0 )
            {
                min = region[count];
                s = count;
            }
        }
        // swap
        dummy = region[search];
        region[search] = region[s];
        region[s] = dummy;
    }

    for(search=0; search<3; search++)
    { // 정렬 결과를 화면에 표시
        printf("%s₩n", region[search]);
    }
}
```

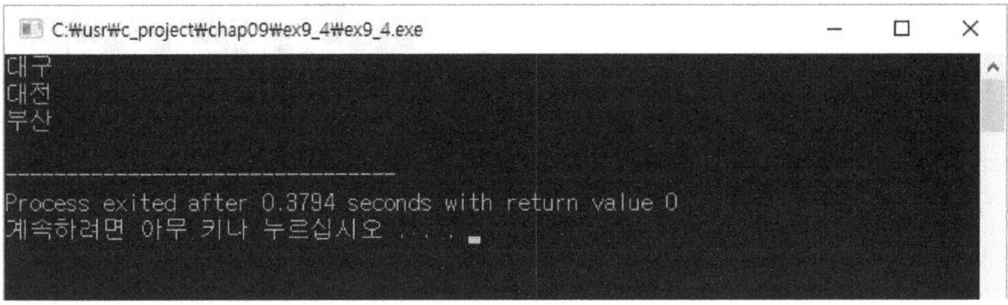

그림 9.4 【예제 9-4】의 실행 결과

9.5 문자열의 길이를 판정

주어진 문자열 string의 길이를 계산하는 함수는 strlen()이다. 이 함수는 문자수를 계산하여 표시하는 것 이외에도 다음과 같이 반환 값을 이용하여 조건식으로 활용하는 것도 가능하다.

```
if( strlen(string) > 10 )
```

strlen() 함수는 처리결과로서 문자수를 반환한다고 하였다. 이때 공백도 1 문자로 계산하지만 문자열의 맨 마지막에 붙어있는 ₩0 문자는 카운트하지 않는다. 예를 들면 주어진 문자열이 "University"인 경우에는 문자수는 10이 된다. 다음 예제 프로그램의 string 값을 바꾸어 가며 실행결과를 확인하여 보기 바란다.

【예제 9-5】 문자열의 길이 비교하기

```
#include <string.h>

void main()
{
    char string[] = "C is frequently used computer languages.";
    if( strlen(string) > 10 )
        printf("%s는 %d 문자로 되어있다.₩n", string, strlen(string));
    else
        printf("10문자 이하로 구성되어 있습니다.₩n");
}
```

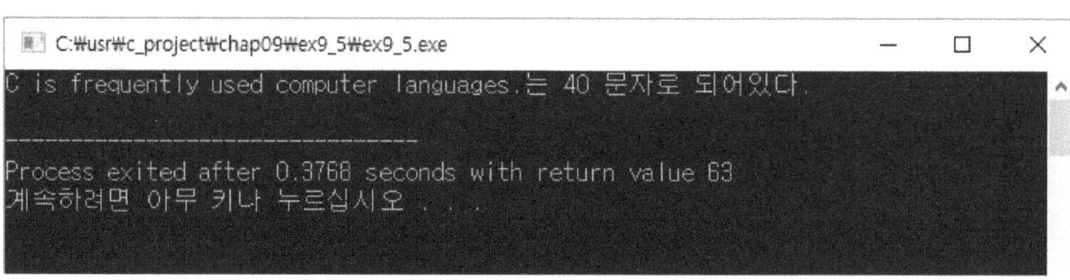

그림 9.5 【예제 9-5】의 실행 결과

9.6 대문자와 소문자의 변환

대문자를 소문자로 또는 소문자를 대문자로 변환시키는 것도 가능하다. 이 경우에는 toupper() 또는 tolower() 함수를 다음과 같이 이용할 수 있다. 이 때 주어진 문자가 대문자 또는 소문자인지를 검사할 수 있으며 다음 예제 프로그램에서 볼 수 있듯이 isupper() 또는 islower() 함수를 사용하면 된다.

- 소문자를 대문자로 변환: toupper(ch)
- 대문자를 소문자로 변환: tolower(ch)
- 주어진 문자 ch가 대문자이면 참을 반환: isupper(ch)
- 주어진 문자 ch가 소문자이면 참을 반환: islower(ch)

예제 프로그램에서 주석문을 해제하고 실행시키면 반대의 결과를 얻을 수 있을 것이다.

【예제 9-6】 입력받은 문자를 대문자 또는 소문자로 변환하기

```
#include <ctype.h>
#include <stdio.h>

int main(void)
{
    char ch;

    for(;;) {
        printf("> 임의의 영문자를 입력: ");
        ch = getchar();
        if(ch == ' ') break;
        if( islower(ch) ) {
            printf("%c는 소문자이다.₩n", ch);
            printf("%c를 대문자로 변환: %c₩n", ch, toupper(ch));
        }
        /*
        if( isupper(ch) ) {
```

```
            printf("%c는 대문자이다.\n", ch);
            printf("%c를 소문자로 변환: %c\n", ch, tolower(ch));
        }
        */
    }
    return 0;
}
```

그림 9.6 【예제 9-6】의 실행 결과

예제 프로그램에서 getchar() 함수는 표준 입력장치로부터 1문자의 입력을 받아 반환시킨다. 많은 경우 다음과 같이 반복처리의 종료조건으로 활용하는 경우도 많으므로 기억해 두자.

```
while( (ch = getchar()) != EOF ) {
    .....
}
```

핵심 다지기

【연습 9.1】 2개의 문자열을 비교하는 표준 라이브러리 함수는?

❶ compare();

❷ string_compare();

❸ cmp();

❹ strcmp();

【연습 9.2】 하나의 문자열의 마지막에 다른 문자열을 붙이는 표준 라이브러리 함수는?

❶ add();

❷ append();

❸ strcat();

❹ strcpy();

【연습 9.3】 다음 예제를 실행하면 그 결과는?

```
#include<stdio.h>

int main(void)
{
    char str[] = "program";
    str[0]='S';
    printf("%s, ", str);
    str = "programmer";
    printf("%s", str+1);

    return 0;
}
```

☞ str = "programmer"; 문장에서 컴파일 오류가 된다.

【연습 9.4】 다음 예제를 실행하면 그 결과는?

```
#include <stdio.h>
#include <string.h>

int main(void)
{
    char str1[20] = "Hello", str2[20] = " World";
    printf("%sn", strcpy(str2, strcat(str1, str2)));

    return 0;
}
```

☞ Hello World!

【연습 9.5】 다음 예제를 실행하면 그 결과는?

```
#include <stdio.h>

int main(void)
{
    char p[] = "%d₩n";
    p[1] = 'c';
    printf(p, 'a');

    return 0;
}
```

☞ a

【연습 9.6】 다음 예제를 실행하면 그 결과는?

```
#include <stdio.h>
```

```
#include <string.h>

int main(void)
{
    printf("%dn", strlen("1234567890"));

    return 0;
}
```

☞ 10

【연습 9.7】 다음 예제를 실행했을 때 putchar(c)의 결과는?

```
/* 프로그램 실행 시 입력 조건은 다음과 같다.
 * ---------------
 * abcdefgq
 * ---------------
 */
#include <stdio.h>
#include <ctype.h>
#include <conio.h>

int main(void)
{
    char c;
    while( (c = getchar()) != 'q' )
    {
        if( islower(c) )
            c = toupper(c);
        putchar(c); // 출력 결과는?
    }
    return 0;
}
```

☞ abcdefg

파일 입출력

제10장 파일 입출력

10.1 텍스트 파일 입출력을 위한 함수

컴퓨터에서는 데이터에 접근하여 내용을 변경하거나 저장할 때 파일 단위로 처리하게 된다. 여기서는 파일을 생성하고, 작성된 파일에 필요한 내용을 출력시키고 다시 읽어 들이는 방법에 대해 설명한다.

기본적인 파일 입출력 처리 과정은 파일 열기, 필요한 처리, 그리고 파일 닫기의 일련의 과정을 거쳐 이뤄진다. 파일이 열린 이후에 수행되는 필요한 처리 등은 다음과 같은 함수들을 이용하여 원하는 처리를 할 수 있다.

표 10.1 파일 입출력을 위한 함수

처리	전용 함수
1 문자 읽기	fgetc(변수, 파일포인터)
1 문자 쓰기	변수 = fputc(파일포인터)
문자열 읽기	fgets(변수, 파일포인터)
문자열 쓰기	변수 = fputs(파일포인터)
서식이 있는 문자열 읽기	fscanf
서식이 있는 문자열 쓰기	fprintf

이들 함수들은 당연히 표준 헤더파일 <stdio.h>에 정의된 것들이며 기본 서식 등에 대해서는 부록을 참고하기 바란다.

10.2 파일에 데이터를 저장하고 읽기

10.2.1 파일의 생성방법

C에서는 파일을 생성하기 위해서 fopen() 함수가 준비되어 있다. fopen() 함수의 원형은 <stdio.h> 파일에 다음과 같이 정의되어 있다.

```
FILE * fopen(const char *, const char *);
```

여기서 함수의 첫 번째 인자는 처리하려는 파일명을 지정하는 인자이고, 두 번째 인자는 파일 처리의 종류(모드)를 지정하는 부분이다.

다음 코드 블록은 sample.txt를 여는 모듈로서, 파일에 자료를 쓰기 위해 파일을 열기 때문에 모드 값을 w로 기술하고 있다. 성공적으로 파일을 열면 FILE 포인터를 반환하고 그 값을 포인터 변수 f에 저장한다. 만약 파일을 여는데 실패하면 NULL 값을 반환한다.

```
FILE *file;
char fname[] = "sample.txt";
if( (file = fopen(fname, "w")) == NULL ) {
    printf("파일을 여는데 실패하였습니다! ₩n");
};
...
fclose(file);
```

이와 같이 파일에 접근할 때 사용할 수 있는 모드는 다음 표에 정리된 것과 같이 여러 가지 처리모드를 지정할 수 있다.

표 10.2 파일의 접근 방법(모드)

mode	설명
r	읽기 전용 모드로 파일을 연다. 파일이 존재하지 않으면 에러가 발생한다.
w	쓰기 전용 모드로 파일을 연다. 기존의 파일이 존재하면 이전의 내용은 없어지고, 파일의 처음부터 쓴다.
a	추가 쓰기(append) 모드로 파일을 연다. 파일이 존재하지 않으면 파일을 새로 생성하고, 파일이 존재할 경우는 그 파일의 가장 뒤부터 내용을 추가한다.
r+	read/write 모드로 파일을 연다. 파일이 존재하지 않으면 에러가 발생한다.
w+	읽기와 쓰기 모드로 파일을 연다. 파일이 없으면 새로 만들고, 기존의 파일이 존재하면 이전의 내용은 없어지고 파일의 처음부터 쓴다.
a+	append 모드로 파일을 연다. 파일이 없으면 새로 생성하고, 기존 파일이 있으면 그 파일의 가장 뒤부터 내용을 추가한다. 파일의 어느 위치에서도 읽기는 가능하지만 쓰기는 추가적인 것만 가능하다.

그리고 생성된 파일에 원하는 내용을 쓰기 위해서는 다음과 같이 printf() 함수와 유사한 fprintf() 함수를 활용하면 된다.

```
fprintf(file, "이름이 %s인 학생의 성적은 %d이다. ₩n", name, score);
```

10.2.2 문자를 파일에 저장하고 읽기

파일에서 1 문자를 읽고 쓰는 처리는 fgetc()와 fputc() 함수를 이용하면 된다. 간단한 예를 들면 파일에 문자 A를 쓰고 다시 파일에서 이 문자를 읽어 들이는 프로그램은 다음과 같다.

【예제 10-1】 한 문자를 파일에 저장하기

```
#include <stdio.h>
FILE *fp;
```

```
void main()
{
    char c = 'A';

    // 쓰기 모드로 파일 열기
    // Windows 운영체제의 경우에는 ₩ 대신에 ₩₩로 대체하시오.
    fp = fopen("C:₩usr₩c_project₩chap10₩ex10_1₩test.txt", "w");

    fputc(c, fp);
    fclose(fp);
}
```

그림 10.1 【예제 10-1】 컴파일 오류 발생

예제 프로그램을 컴파일하게 되면 오류가 발생하게 된다. 그 이유는 오류 메시지를 확인하면 원인은 단순하다. 특정 경로 이하를 지칭하는 문자 ₩가 정상적으로 동작하지 않고 있고, 이를 해결하기 위해서는 ₩₩와 같이 에스케이스 시퀀스 문자를 명확하게 지정하여 주면 오류는 해결이 될 것이다. 이러한 문제는 주로 Windows 계열의 운영체제에서 발생하는 것이므로 기억해두면 좋을 것이다.

문제가 해결되었다면 C:₩usr₩c_project₩chap10₩ex10_1₩test.txt라는 파일이 생성되었을 것이다. 다시 이 파일 안에 저장된 문자 값을 읽어 들이는 것은 거의 동일한 절차를 거치면 되고 읽기 처리를 위해 다음과 같이 fgetc() 함수를 이용하면 된다.

다음 예제의 경우는 프로그램이 실행되는 위치에 test.txt라는 파일이 존재한다는 전제하에 파일 내 문자를 읽고, 읽은 문자를 화면에 출력시키는 예이다. 여기서 putchar(c) 함수 뿐만 아니라 코드 말미에 있는 putc(c, stdout) 함수도 동일하게 한 문자를 화면에 출력시키는 역할을 한다. 그리고 stdout 이라는 의미는 표준 출력 스트림을 액세스하기 위한 FILE 객체이다.

【예제 10-2】 문자가 저장된 파일을 읽기

```
#include <stdio.h>
FILE *fp;

void main()
{
    char c;

    fp = fopen("test.txt", "r"); // 읽기 모드로 파일 열기
    c = fgetc(fp);
    fclose(fp);

    putchar(c); // 화면에 문자 출력
    printf("₩n");
    putc(c, stdout);
```

```
}
```

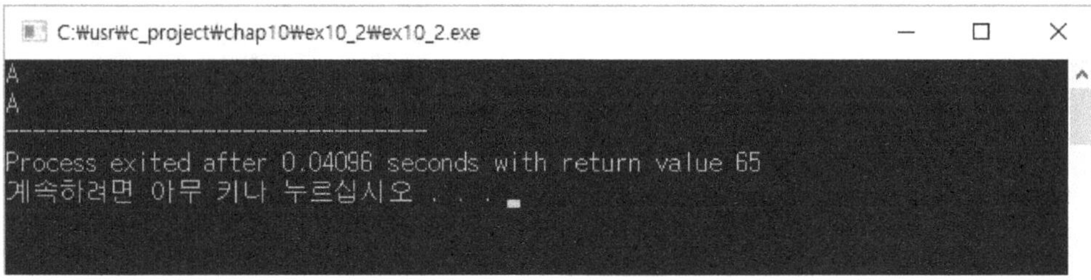

그림 10.2 【예제 10-2】 실행 결과

10.2.3 문자열을 파일에 저장하고 읽기

함수 fopen()과 fprintf()를 이용해서 sample.txt라는 파일에 내용을 출력하는 프로그램을 작성하여 보자. 파일이 쓰기 모드로 열리지 않을 경우는 exit()[2] 함수를 이용하여 프로그램을 종료한다.

【예제 10-3】 문자열을 입력받아 파일에 저장하기

```
#include <stdio.h>
#include <stdlib.h>

int main(void)
{
    char fname[] = "sample.txt";
    char name[30];
    FILE *file;
    int score;

    if( (file = fopen(fname, "w")) == NULL ) {
        printf("파일을 여는데 실패하였습니다! \n");
        exit(1); // 비정상적인 종료
```

2) exit() 함수를 이용하기 위해서는 헤더 파일 <stdlib.h>를 프로그램에서 포함시켜야 한다. 이 함수는 함수를 강제로 종료시키는 기능을 수행하며 인자 값 0은 정상적인 종료를 의미하고, 0이 아닌 경우는 비정상적인 종료라는 것을 운영체제에게 알리는 의미로 사용되고 있다.

```
    };

    printf("학생의 이름과 성적을 입력하세요. ₩n");
    scanf("%s %d", name, &score);

    fprintf(file, "학생 %s의 성적은 %d이다. ₩n", name, score);
    fclose(file); // 파일의 사용이 끝났으면 반드시 닫는다.

    return 0;
}
```

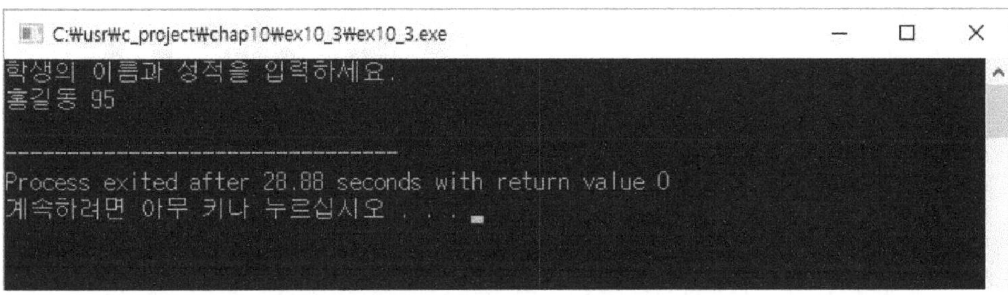

그림 10.3 【예제 10-3】 실행 결과

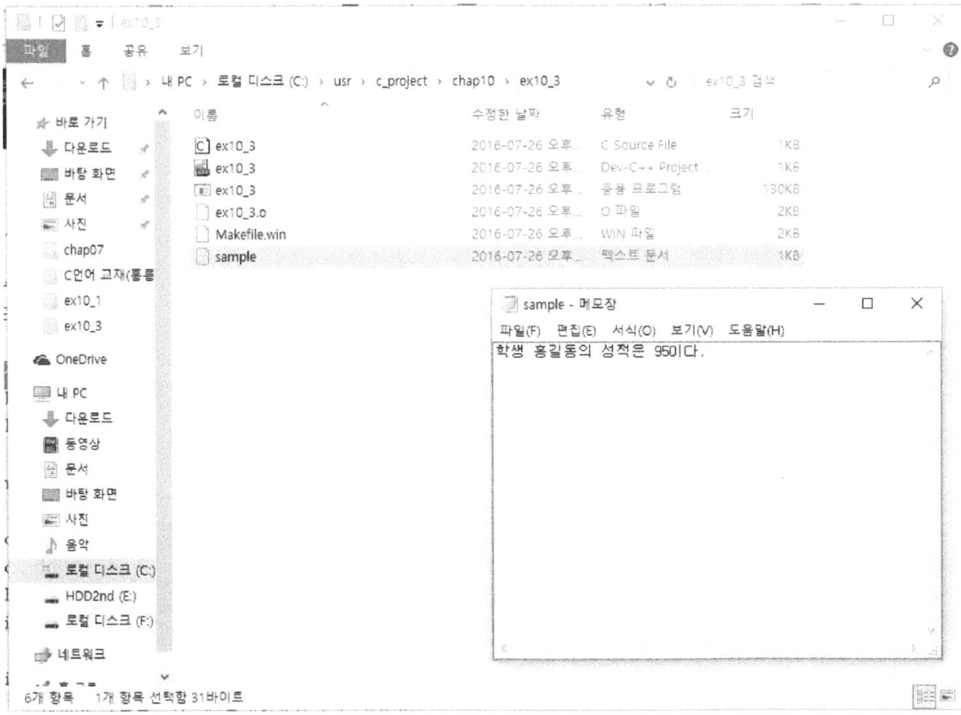

그림 10.4 【예제 10-3】 실행 결과로 sample.txt 파일 생성

파일에 내용을 쓰기 위해서 fprint() 함수를 이용한 것처럼 파일의 내용을 읽어오기 위해서는 fscanf() 함수를 이용하면 된다. 또한 fprintf() 및 fscanf() 함수를 표준 입출력에도 이용할 수 있다. 말하자면 이들 함수의 첫 번째 인자로서 **stdin** 또는 **stdout**을 지정하면 표준 입출력에도 이용할 수 있게 된다.

다음 예제는 먼저 쓰기 모드로 파일을 생성하고 이름과 중간 및 기말 점수를 파일에 저장하고 파일을 닫은 뒤, 다시 이 파일을 읽기 모드로 열어서 파일에 기록된 내용을 읽어 오는 프로그램이다.

【예제 10-4】 파일을 열어서 저장된 내용 확인하기

```
#include <stdio.h>
#include <stdlib.h>
```

```
int main(void)
{
    char fname[] = "sample2.txt";
    char name[30];
    FILE *file;
    int score1, score2, cnt = 0;

    if( (file = fopen(fname, "w")) == NULL ) {
        printf("파일을 여는데 실패하였습니다! ₩n");
        exit(1); // 비정상적인 종료
    };

    printf("학생의 이름과 성적(중간, 기말)을 입력하세요. ₩n");
    scanf("%s %d %d", name, &score1, &score2);

    // sample2.txt에 내용 쓰기
    fprintf(file, "%d %s %d %d₩n", ++cnt, name, score1, score2);
    fclose(file); // 파일의 사용이 끝났으면 반드시 닫는다.

    if( (file = fopen(fname, "r")) == NULL ) {
        printf("파일을 여는데 실패하였습니다! ₩n");
        exit(1); // 비정상적인 종료
    };

    // sample2.txt에 내용 읽기
    fscanf(file, "%d %s %d %d₩n", &cnt, name, &score1, &score2);

    // 표준출력에 쓰기(화면에 출력)
    fprintf(stdout, "₩n%6s %18s %8s %8s₩n",
                    "번호", "이름", "중간", "기말");
    fprintf(stdout, "%6d %18s %8d %8d₩n",
                    cnt, name, score1, score2);
    fclose(file); // 파일의 사용이 끝났으면 반드시 닫는다.
```

```
    return 0;
}
```

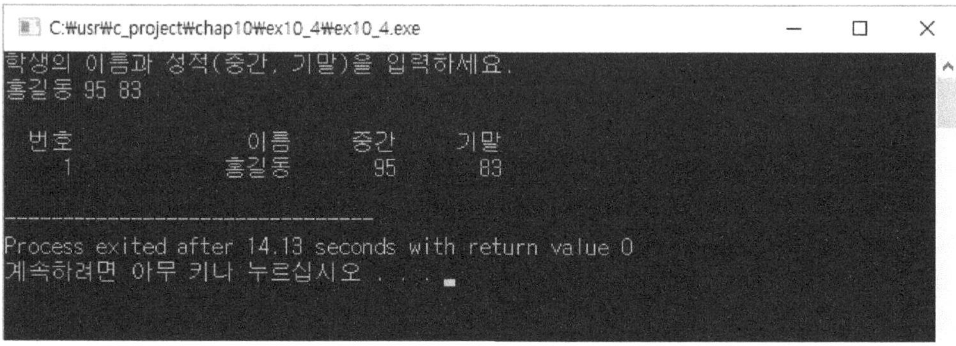

그림 10.5 【예제 10-4】 실행 결과

예제 프로그램에서는 한 명의 학생과 이 학생의 중간 및 기말고사 성적을 입력받는 형태로 되어 있다. 이를 수정하여 여러 명의 학생에 대한 성적을 입력받고 저장할 수 있는 프로그램으로 개선시켜 보기 바란다.

10.2.4 복잡한 데이터를 읽고 쓰기

다음 표와 같이 데이터가 좀 더 복잡한 경우에 대한 응용 예를 살펴보자.

회사명	품목	가격
Samsung	Galuxy	₩800,000
LGT	G5	₩790,000
SKT	SKPhone	₩650,000

이 데이터를 items.dat 파일에 저장하고 저장할 때의 서식은 회사명에는 %10s, 품목은 %9s, 가격은 %8s로 지정한다고 가정한다. 배열을 이용하여 문자열 데이터를 입력받고 필요에 따라 초기화를 수행한다.

【예제 10-5】 복잡한 데이터를 읽고 쓰기

```
#include <stdio.h>
```

```
FILE *fp;

void main()
{
    static char item[][10] = {"Samsung", "Galuxy", "800,000",
                              "LGT", "G5", "790,000",
                              "SKT", "SKPhone", "650,000"};


    int i;
    fp = fopen("items.dat", "w"); // 쓰기 모드로 파일 열기
    for(i=0; i<9; i+=3) {
        fprintf(fp, "%10s%9s%8s", item[i], item[i+1], item[i+2]);
    }
    fclose(fp);
}
```

컴파일하여 실행시키면 items.dat라는 파일이 생성되고 파일 안의 내용을 확인할 수 있을 것이다. 이 파일을 다시 읽어 들이기 위한 절차는 다음과 같이 하면 된다.

【예제 10-6】 파일을 열어서 저장된 내용 확인하기

```
#include <stdio.h>
FILE *fp;

void main()
{
    static char item[9][10];
    int i;

    fp = fopen("items.dat", "r"); // 읽기 모드로 파일 열기
    for(i=0; i<9; i+=3) {
        fscanf(fp, "%10s%9s%8s", item[i], item[i+1], item[i+2]);
    }
```

```
    fclose(fp);

    for(i=0; i<9; i+=3) {
        printf("%-10s%-9s%-8s₩n", item[i], item[i+1], item[i+2]);
    }
}
```

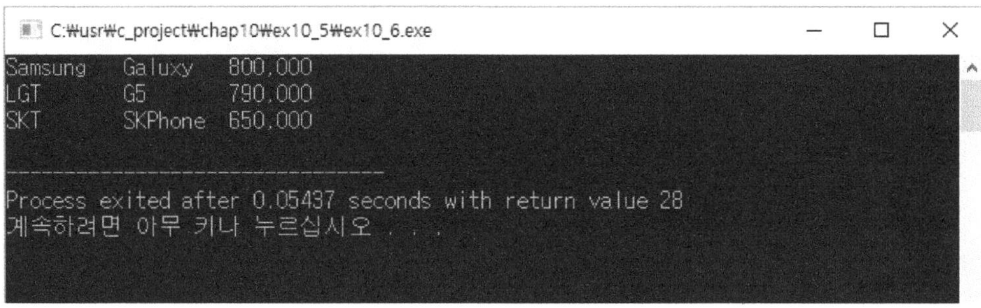

그림 10.6 【예제 10-6】 실행 결과

10.3 랜덤하게 파일 내용 읽기

이제까지의 예는 파일 내에 저장된 내용을 파일의 처음 위치부터 읽어 왔지만 실제 응용에서는 파일의 임의의 위치에 있는 내용을 읽고 싶을 때도 있을 것이다.

이러한 처리는 파일 포인터를 이동시키면서 원하는 위치의 내용을 읽어 낼 수 있다. 파일 포인터를 이동시키는 것은 주소를 지정하여 직접 읽고 싶은 데이터를 탐색할 수 있다는 의미이며 이를 위한 함수가 fseek() 이다. fseek() 함수의 기본 서식은 다음과 같다.

```
fseek(fp, 이동량, 파일 위치);
```

이동량은 long형으로 지정하면 되고, 값을 지정할 때는 지정하고 싶은 바이트 수만큼 0L, 1L, 2L… 등으로 지정하면 된다. 그리고 파일의 선두 위치를 지정하고 싶은 경우에는 **SEEK_SET** 또는 0을, 파일의 현재 위치를 지정하는 경우에는 **SEEK_CUR** 또는 1을, 파일의 마지막일 경우에는 **SEEK_END** 또는 2를 지정하면 된다.

【예제 10-7】 랜덤하기 파일 내용 읽기

```
#include <stdio.h>
FILE *fp;

void main()
{
    static char item[9][10];
    int i;

    fp = fopen("items.dat", "r"); // 읽기 모드로 파일 열기
    fseek(fp, 27L, 0);
    fscanf(fp, "%10s%9s%8s", item[i], item[i+1], item[i+2]);

    fclose(fp);
```

```
    printf("%-10s%-9s%-8s", item[i], item[i+1], item[i+2]);
}
```

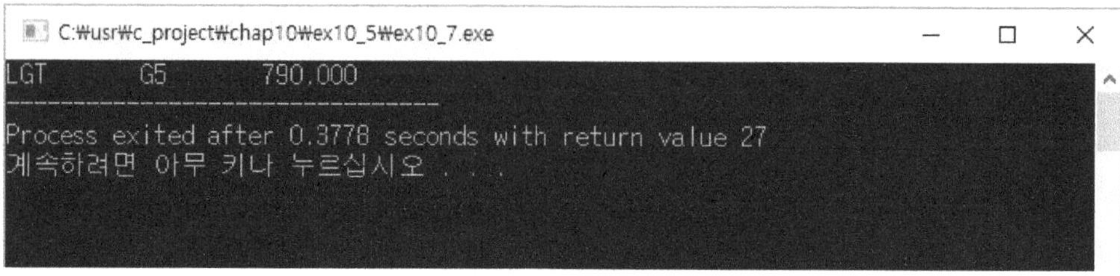

그림 10.7 【예제 10-7】 실행 결과

10.4 파이프라인으로 외부 명령어 실행

C 언어에는 재미있는 함수가 있다. 표준 입력과 표준 출력으로 동작되는 결과를 파이프라인(pipeline)으로 연결하여 이용할 수 있는 popen() 함수가 그 예이다. 당연히 표준 입출력과 연관이 있으므로 <stdio.h> 헤더 파일 내에 정의된 함수로서 기본적인 프로토타입 선언은 다음과 같이 되어 있다.

```
FILE *popen(const char *command, const char *type);
```

함수의 첫 번째 인자 값 command는 실행시킬 명령어를 지정하는 포인터이며, 두 번째 인자 type의 값에 r 또는 w를 지정할 수 있다. r을 지정한 경우에는 실행되는 명령어가 표준출력으로 출력시킨 문자열을 읽기 위한 용도로 파이프를 열 수 있게 된다. w를 지정한 경우에는 command의 표준입력으로 데이터를 전송하기 위한 파이프를 여는 목적으로 사용할 수 있다.

다음 예제는 command로 **netstat -a** 명령어를 지정하여 현재 호스트와 접속되어 있는 네트워크 정보를 열람하기 위해 지정하고 있다. **netstat** 코맨드 뒤에 붙은 **| grep UDP**의 의미는 **netstat** 커맨드가 출력하는 값들을 대상으로 UDP라는 문자열이 있는 정보만 캡처하여 화면에 보여주기 위한 DOS창에서의 파이프라인 명령어이다.

예제에서는 이와 같이 command로 지정된 실행 명령어의 값을 파일 포인터 fp에 파이프로 연결하여 읽어 들이고, 읽은 값들을 다시 line 배열로 넘겨받은 다음에 화면에 출력시키고 있다.

【예제 10-8】 랜덤하기 파일 내용 읽기

```
#include <stdio.h>

int main(int argc, char **argv)
{
    FILE *fp = NULL;
    char line[10240];
```

```
    /* 명령어 수행에 대한 pipe를 호출함 */
    if((fp = popen("netstat -a | grep UDP", "r")) == NULL) {
        return 1;
    }

    /* 명령어로 출력하는 내용을 한줄씩 읽어서 처리 */
    while(fgets(line, 10240, fp) != NULL) {
        printf("%s", line);
    }
    pclose(fp);

    return 0;
}
```

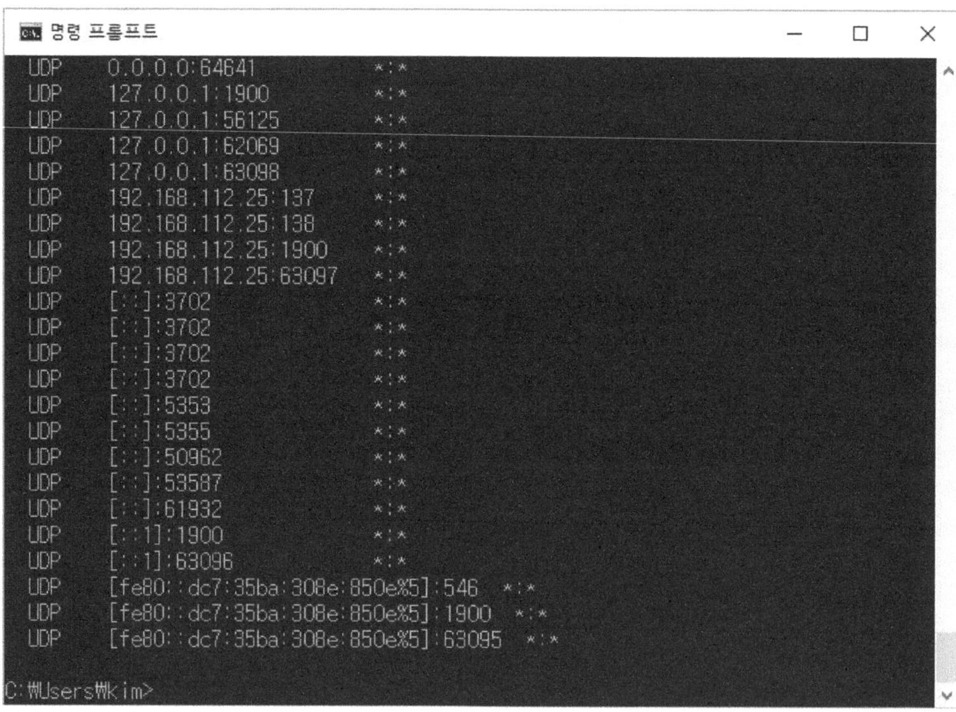

그림 10.8 【예제 10-8】 실행 결과

【예제 10-8】에서 9번째 줄의 내용을 다음과 같이 DOS 명령어로 수정하여 실행시키면 어떻게 되는지 확인하여 보라. 이와 같이 popen() 함수를 사용하면 C 프로그램에서 외부 프로그램과 연동시켜 이용할 수 있다.

```
if((fp = popen("dir /w", "r")) == NULL) {
```

```
if((fp = popen("ipconfig /all", "r")) == NULL) {
```

핵심 다지기

【연습 10.1】 다음 코드 블록에서 fopen() 함수에서 "rb" 가 의미하는 것은 무엇인가?

```
FILE *fp;
fp = fopen("source.txt", "rb");
```

☞ "source.txt"파일을 이진 모드에서 읽기 전용으로 오픈한다.

【연습 10.2】 다음 예제에서 fp가 가리키는 것은 무엇인가?

```
#include<stdio.h>

int main(void)
{
    FILE *fp;
    fp = fopen("trial", "r");

    return 0;
}
```

☞ fp는 입출력에 사용되는 FILE 구조체를 가리킨다.

【연습 10.3】 다음 예제 프로그램은 어떤 식으로 동작하는가?

```
#include<stdio.h>

int main(void)
{
    FILE *fp;
    char ch;
    int i = 1;
```

```
    fp = fopen("myfile.c", "r");
    while((ch=getc(fp))!=EOF)
    {
        if(ch == 'n') i++;
    }
    fclose(fp);

    return 0;
}
```

☞ 파일 안에 들어 있는 줄(라인)의 수를 계산한다.

【연습 10.4】 다음 예제 프로그램의 실행 결과는?

```
#include<stdio.h>

int main(void)
{
    FILE *fp1;
    fp1=fopen("file.c", "w");

    fputc('A', fp1);
    fputc('B', fp1);
    fclose(fp1);

    return 0;
}
```

☞ AB

【연습 10.5】 다음 예제 프로그램을 이용하여 텍스트 파일에 형식을 지정하여 입출력을 수행하고 그 결과를 확인하시오.

```
/* 프로그램 실행 시 다음과 같이 메모장을 열어 입력하시오.
 * ----------------
 * 홍길동 90 67 88
 * 김수희 80 99 92
 * 이준수 94 60 85
 * ----------------
 */
#include <stdio.h>

int main(void)
{
    FILE *fp;
    char name[80];
    int k, m, e;
    double average;

    fp = fopen("input.txt", "r");
    if( fp == NULL ) {
        printf("파일 input.txt를 열수 없습니다.n");
        return 1;
    }

    while( 1 ) {
        if( fscanf(fp, "%s %d %d %d", name, &k, &m, &e) != 4 )
            break;
        average = (k + m + e) / 3.0;
        printf("%s %fn", name, average);
    }
    fclose(fp);

    return 0;
}
```

포인터의 이해

9.1 서로 다른 데이터형을 한꺼번에 처리 - 구조체
9.2 [변수의 주소]를 저장하기 위한 변수 - 포인터
9.3 비트 조작하기
9.4 파일에 데이터를 저장하고 읽어 들이기

제11장 포인터의 이해

이제까지는 C언어 프로그래밍에 대한 기본적인 사항을 중심으로 설명하였다. 여기서는 변수의 어드레스를 대입하고 조작할 수 있는 포인터는 특정 함수의 반환 값이 여러 개인 경우에도 활용할 수 있으며, 동적 메모리 할당 등에 응용할 수 있다. 또한 자료형이 서로 다른 데이터를 묶어서 한꺼번에 처리할 수 있는 구조체 등에서도 활용된다. 사실 포인터의 활용 범위는 다양하므로 그 기초 개념을 정확하게 정립해 두는 것이 좋다.

11.1 [변수의 주소]를 저장하기 위한 변수 - 포인터

포인터에 대해서 이해하는 것은 C언어 프로그래밍의 최대 난관이다. 포인터를 이해하기 위한 기본적인 개념을 설명한다. 일반적으로 포인터를 사용하면 메모리에 직접 데이터를 전달할 수 있다는 다양한 장점을 가지고 있지만 시스템에 영향을 미치거나 중요한 파일을 파괴하는 등의 위험성을 안고 있다. 포인터를 사용할 때는 세심한 주의가 필요하다고 하겠다.

11.1.1 변수와 메모리의 어드레스

간단히 말하면 포인터는 변수가 저장된 메모리 공간의 주소를 대입하는 변수를 의미한다. 포인터를 이해하기 위해서는 먼저 변수와 메모리에 관한 지식이 필요하다.

3장에서 서술한 것과 같이 변수에 데이터를 대입하면 그 데이터는 실제로 메모리에 연결되어 저장된다. 이 때 데이터가 메모리의 어느 위치에 저장되

었는지가 주소로 나타나게 된다.

메모리는 그 지역의 번지수와 같이 생각할 수 있다. 주소는 0012FF80 및 0012FF81과 같은 16진수의 숫자로 표현된다. 하나의 주소에는 8비트의 데이터를 격납할 수 있다. 이 경우 char형의 데이터 사이즈는 8비트이므로 주소를 하나 사용하면 저장이 가능하다. int형의 데이터 사이즈는 32비트이므로 데이터를 저장하기 위해서는 4개의 주소를 점유해야만 한다.

예를 들어 주소=0012FF80를 시작점으로부터 데이터를 저장시키는 경우, char형 데이터, int형 데이터, double형 데이터에서는 다음과 같은 차이점이 있다고 볼 수 있다.

그림 11.1 자료형에 따른 각 주소 공간의 차이

말하자면 변수를 선언하면 char형이면 8비트, int형 변수라면 32비트, double형 변수라면 64비트의 메모리 공간이 확보되고 이곳에 데이터를 저장할 수 있도록 준비가 이뤄지게 된다.

11.1.2 변수의 주소를 알기 위해서는

변수에 대입된 데이터는 메모리 공간에 저장된다. int형의 변수라면 메모리 상의 어느 위치의 주소(선두 번지)로 시작하는 32비트의 공간에 데이터가 들어간다. 다음 그림에서 알 수 있듯이 정수형 변수 a를 선언만 하게 되면 단순히 32비트의 메모리 공간을 예약을 하게 되고, 다음에 10이라는 값을 변수 a에 대입하는 과정을 거쳐 실제 메모리를 할당받게 된다.

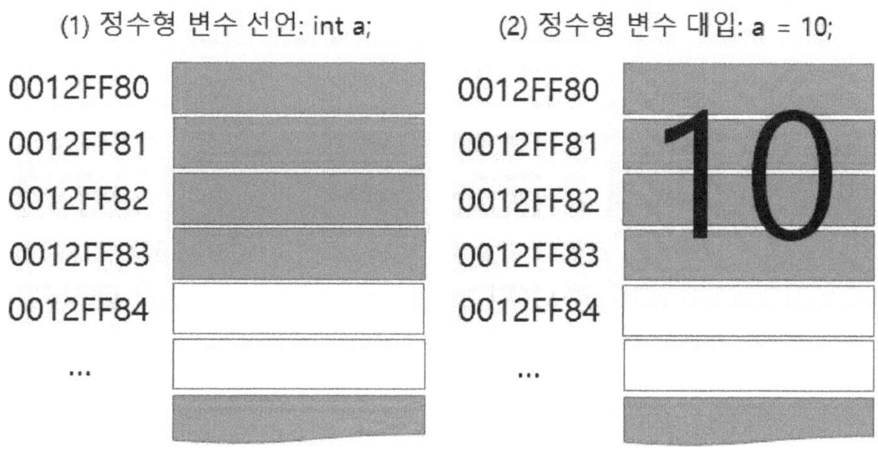

그림 11.2 ing형의 경우 데이터 할당과 주소공간의 차지

이때 변수에 대입된 데이터가 저장된 메모리상의 주소(변수의 주소)를 알기 위해서는 주소 연산자 &를 사용하면 된다. 예를 들어 변수 a의 데이터가 저장된 주소를 알기 위해서는 다음과 같이 하면 된다.

```
&a → 변수 a의 주소
```

&a는 변수 a의 주소를 나타낸다. 이 변수의 주소를 표시하기 위해서는 다음과 같이 자료형 변환을 이용하자.

【예제 11-1】 변수의 주소 값 참조 예

```
#include <stdio.h>
```

```
int main(void)
{
    int a;

    //변수 a의 주소를 표시
    printf("변수 a의 주소는 %p이다. ₩n", &a);

    return 0;
}
```

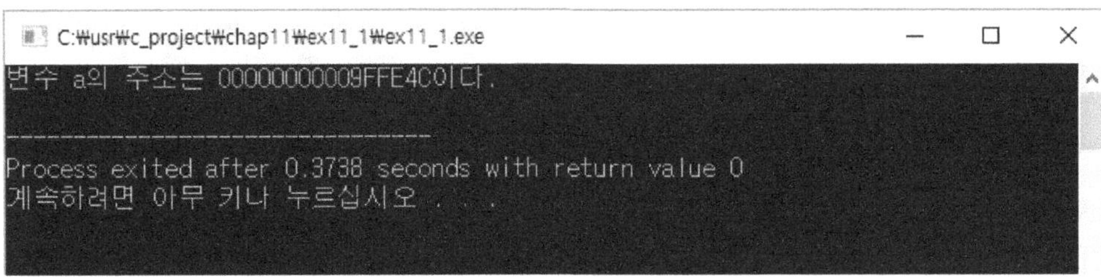

그림 11.3 【예제 11-1】의 실행 결과

8행의 변환 지시자 p는 인수를 (&a)주소로서 표시하기 위한 것이다. 주소 연산자 &와 변환 지시자 p의 조합을 통하여 변수의 메모리 공간의 주소를 파악할 수 있게 되는 것이다. 변수 a의 주소가 어떤 값인가는 프로그램을 실행하기 전에는 명확하지 않다. 바꾸어 말하자면 프로그램을 실행시킬 때마다 다른 주소 값이 출력될 수도 있는 것이다.

☞ **참고**: scanf() 함수를 사용할 때 scanf("%d", &a) 등으로 지정하지만, 여기서의 &도 주소 연산자이다. 이 경우 키보드로부터 입력된 데이터를 변수 a의 주소가 가리키는 공간에 저장하라는 기능을 수행하게 된다.

11.1.3 변수의 주소를 포인터로 설정하기

앞에서 설명한 것처럼, 포인터는 변수의 주소를 저장하는 변수를 의미한다. 변수의 주소를 알아오는 방법을 설명하였으므로 실제로 포인터를 사용하여 보자.

여기서는 변수 a의 주소를 포인터로 설정한다. 포인터는 다음과 같은 3단계로 사용할 수 있게 된다.

① 포인터를 선언한다.
② 포인터에 변수의 주소를 설정한다.
③ 포인터를 사용한다.

①의 선언에는 변수 이름 앞에 포인터 선언자 *를 붙인다. 예를 들어 int형의 변수의 주소를 대입하는 포인터 x를 사용하기 위해서는 다음과 같이 기술하면 된다.

int *x; → int형의 변수의 주소를 대입하는 포인터 x

②의 변수의 주소를 설정하기 위해서는 대단히 중요하다. 선언된 포인터에는 적당한 주소가 할당되어 있으므로 그대로 사용하면 시스템의 중요한 데이터를 파괴할 위험도 안고 있다. 따라서 포인터를 선언했다면, 변수의 주소 설정을 잊지 않도록 해야 한다.

☞ **참고**: 컴파일러에 따라서 포인터에 변수의 주소를 설정하는 것을 망각하더라도 컴파일에 성공하는 경우도 있다. 그러나 이와 같이 만들어진 파일을 실행시키는 것은 대단히 위험하다.

변수 a의 주소를 얻기 위해서는 &a와 같이 하면 된다고 했다. 포인터 x에 변수 a의 주소를 설정하기 위해서는 다음과 같은 대입문으로 설정이 가능해진다.

x = &a; → 포인터 x에 변수 a의 주소를 설정

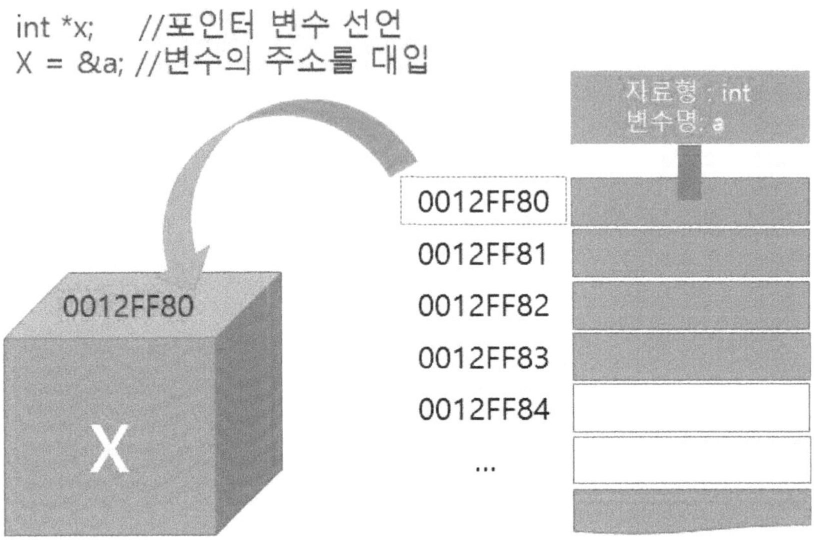

그림 11.4 포인터 변수를 선언한 다음에 변수의 주소를 대입하여 사용

☞ **참고**: 포인터 x에 변수 a의 주소를 설정할 경우, 「포인터 x는 변수 a를 가리킨다」 또는 「변수 a를 가리키는 포인터 x」라는 표현을 자주 사용한다.

다음 예는 int형의 변수 a의 주소를 포인터 x로 설정하고 변수 a의 주소와 저장된 값을 표시하는 프로그램이다.

【예제 11-2】 변수의 주소 값을 포인터로 설정하는 예

```
#include <stdio.h>

int main(void)
{
    int a;
    int *x;

    //포인터 x에 변수 a의 주소를 설정
    x = &a;
```

```
    printf("변수 a의 주소는 %p이다. ₩n", x);

    *x = 100;
    printf("변수 a의 값은 %d이다. ₩n", a);

    return 0;
}
```

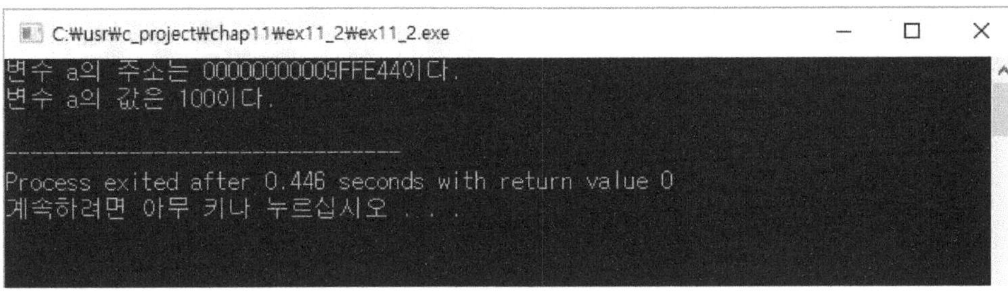

그림 11.5 【예제 11-2】의 실행 결과

13행에서 변수 a의 값 100이 표시되지만 프로그램 안에서는 변수 a에 100이 대입된 곳은 없다. 그럼에도 불구하고 왜 변수 a의 값이 100인가에 대한 답은 12행이다.

```
13: *x = 100;
```

즉 x는 변수 a를 가리키는 포인터이다. 이와 같이 포인터의 앞에 *를 붙이게 되면 포인터가 지칭하는 변수와 같이 동작시키는 것이 가능해진다. 이것은 포인터의 특징 중 하나일 뿐이다.

12행의 *x = 100은 a=100과 동일한 의미를 가진다. 따라서 13행에서 변수 a의 값은 100이라는 표시가 된 것이다. 또한 *는 **간접 참조 연산자**라고 불린다. 포인터에 *를 붙이면 포인터가 지칭하는 주소가 아니라 포인터가 가리키는 주소에 저장된 데이터(여기서는 변수 a의 데이터)를 의미하는 것이다.

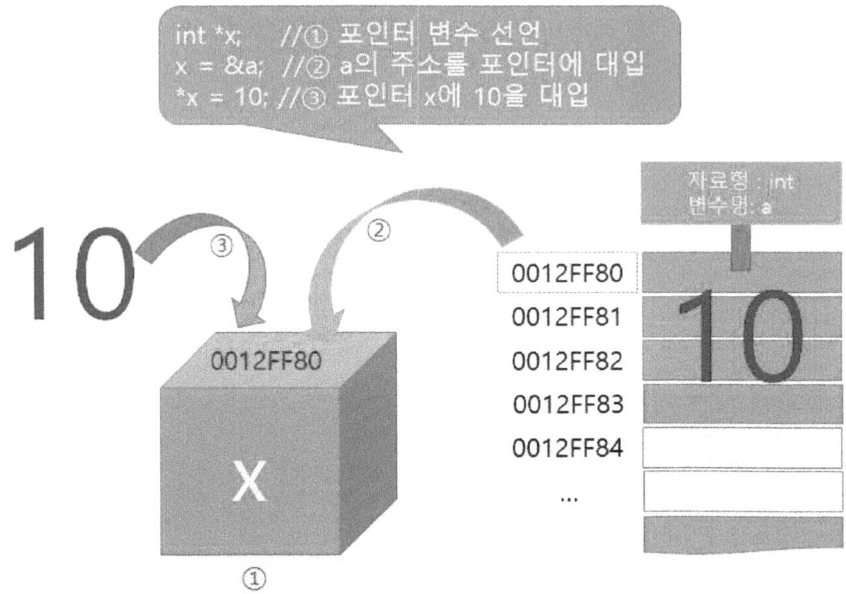

그림 11.6 포인터 변수를 이용한 변수 a의 값의 대입 과정

그리고 포인터를 선언할 때 사용한 *는 포인터 연산자이다. 어느 쪽도 동일한 기호를 사용하고 있지만 그 의미는 다르다는 점에 주의해야 한다.

11.1.4 함수의 반환 값이 2개인 것처럼 위장하기

포인터를 사용하면 메모리의 사용량을 절약할 수 있고 처리의 고속화 이외에도 일반적인 변수에서는 불가능한 처리가 가능해진다는 장점을 가지고 있다. 여기서는 함수의 반환 값이 여러 개 있는 것처럼 처리하는 방법을 설명한다.

함수에서는 여러 개의 인수를 전달하는 것이 가능했지만 반환 값은 단 하나이거나 아예 없었다. 그러나 처리의 내용에 따라서는 2개 이상의 반환 값을 되돌릴 필요가 자주 발생하게 된다.

다음 프로그램은 키보드로부터 입력된 숫자를 10배와 100배로 표시하는 예제이다. 2개의 곱셈은 사용자 함수 func()에서 처리하고 있지만 각각의 결과를 표시하는 것은 main() 함수이다.

【예제 11-3】 함수의 반환 값을 두 개로 만들기

```
#include <stdio.h>

void func(int, int*, int*);

int main(void)
{
    int a, b, c;

    printf("원하는 숫자를 입력하세요? ₩n");
    scanf("%d", &a);
    func(a, &b, &c);

    printf("----------------------₩n");
    printf("10배 하면 %d이다. ₩n", b);
    printf("100배 하면 %d이다. ₩n", c);

    return 0;
}

void func(int x, int *y, int *z)
{
    *y = x * 10;
    *z = x * 100;

    return;
}
```

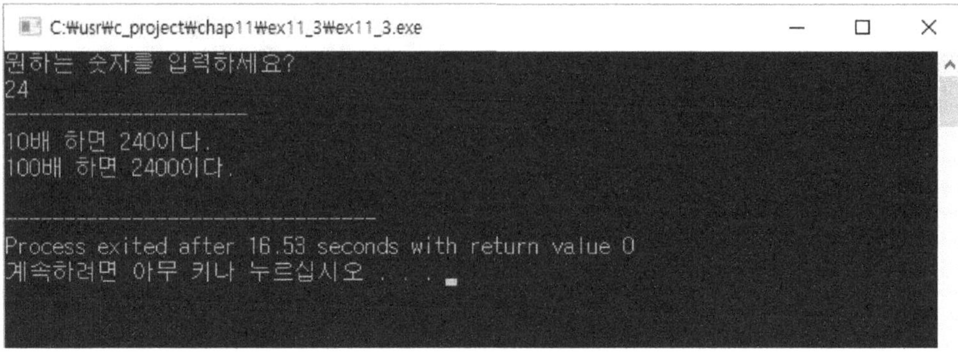

그림 11.7 【예제 11-3】의 실행 결과

☞ **참고**: 사용자 함수 func()는 반환 값이 없는 함수이므로 함수 선언 및 프로토타입 선언에서는 void로 지정하였다. 또한 25행은 return 0;가 아니라 return;이다. 반환 값이 없으므로 이 return문은 생략해도 전혀 문제가 없다.

프로그램의 11행에서 사용자 함수 func()를 호출할 때, 변수 a 이외에 int 형의 변수 b와 c의 주소를 인수로 전달하고 있다. 처리의 흐름을 정리하면 다음과 같다.

① 11행 부분

변수 a, 변수 b의 주소, 변수 c의 주소를 인수로서 사용자 함수 func()를 호출한다.

② 20행 부분

사용자 함수 func()에서는 변수 x, 포인터 y와 z라는 형식인자를 준비하여 인수의 값을 받고 있다.

```
...
func(a, &b, &c);
...
void func(int x, int *y, int *z) {
...
```

③ 22-23행 부분

포인터 y, z가 지칭하는 주소(변수 b, c의 주소)에 계산의 결과를 대입한다.

```
...
y = x * 10;
z = x * 100;
...
```

④ 25행 부분

return문에 의해 원 호출 위치 main() 함수로 되돌아간다.

⑤ 14-15행 부분

변수 b, c의 값(③에서 포인터y, z에 대입된 데이터)를 표시한다.

문법적으로 생각하면 사용자 함수 func()는 반환 값이 없는 void형 함수이다. 그러나 포인터를 사용함으로써 main() 함수 입장에서 보면 2개의 반환 값을 되돌려 받은 것처럼 처리를 하고 있음에 주목하자.

핵심 다지기

【연습 11.1】 다음 코드 블록에서 출력 결과는 어떻게 되는가?

```
int rank[3][2] = {1, 5, 4, 3, 9, 6};

printf("%d₩n", sizeof(rank));
printf("%d₩n", **rank);
printf("%d₩n", *rank[2]);
printf("%d₩n", *(*rank+ 1));
```

【연습 11.2】 포인트 배열은 문자열을 저장하기 위해 사용될 수 있다. 다음 프로그램에서 출력함수를 완성하시오.

```
#include <stdio.h>
void print_strings(char *s[], int n);

int main(void)
    int i;
    char *music[] =
        "classic", "popsong", "blues", "ratine", "jazz";

    print_strings(music, sizeof(music) / sizeof(music[0]));

    return 0;
}

void print_strings(char *s[], int n)
{
    int i;

    // 배열 첨자 방식을 이용하여 코드 완성
    for (i = 0; i < n; i++) {
```

```
        printf("%s n", s[i]);
    }

    return 0;
}
```

【연습 11.3】 대부분의 응용 프로그램을 살펴보면 프로그램 실행 단계에서 명령어 라인에서 옵션 등의 정보를 부가하여 실행시키는 경우가 많다. 다음 프로그램의 실행 결과는 어떻게 되는가?

```
#include <stdio.h>
#include <stdlib.h>

int main(int argc, char *argv[])
{
    int i;

    for(i = 0; i < argc; i++) {
        printf("%sn", argv[i]);
    }
    return 0;
}
```

【연습 11.4】 문자열 str1을 str2로 복사하는 함수 str_cpy를 작성하여 보자. 다음 예제가 이해가 되었다면, 부록 B에 소개되어 있는 strcpy() 함수와 비교하여 보시오.

```
#include <stdio.h>

char *str_cpy(char *, const char *);

int main(void)
{
```

```
    char str1[20], str2[10], *p;

    gets(str1);
    p = str_cpy(str2, str1);
    printf("str1 = %s₩n", str1);
    printf("str2 = %s p = %s₩n", str2, p);
    return 0;
}

char *str_cpy(char *str2, const char *str1)
{
    char *st = str2;

    while(*str1 != '₩0') {
        *str2 = *str1;
        str1++;
        str2++;
    }
    *str2 = '₩0';
    return (st);
}
```

구조체의 이해
9.1 서로 다른 데이터형을 한꺼번에 처리 - 구조체
9.2 [변수의 주소]를 저장하기 위한 변수 - 포인터
9.3 비트 조작하기
9.4 파일에 데이터를 저장하고 읽어 들이기

제12장 구조체의 이해

12.1 서로 다른 데이터형을 한꺼번에 처리하자

예를 들어, 패스트푸드점에서 다음과 같은 메뉴를 제공한다고 가정하자.

표 12.1 구조체 개념 설명을 위한 메뉴 설정

상품명	가격
Hamburger	3000
MixPizza	10000
HotDog	2500

이 중에서 상품명은 문자열이지만, 가격은 정수형이다. 상품과 가격을 관리할 경우에 Hamburger는 3000원, MixPizza는 10000원을 한꺼번에 처리할 수 있으면 좋겠지만 데이터형이 서로 다르므로 이를 배열로 취급하는 것은 어렵다.

이와 같은 경우에 구조체(structure)를 사용하면 편리하다. 구조체라는 것은 다양한 자료형의 복수의 데이터를 묶어서 취급하는 것이 가능하다. 또한 구조체는 그 자체를 스스로 만들어 정의하는 새로운 자료형이라는 생각도 가능하다. 이러한 사고방식은 대단히 중요하다.

위에서 예를 든 패스트푸드점의 메뉴에서는 상품명과 가격을 취급하기 위한 구조체는 다음과 같이 선언할 수 있다. 실행블록의 마지막 부분에서 세미

콜론을 부가하는 것에 유념해야 한다.

```
struct shop {
    char menu[20];
    int price;
};
```

선두의 struct는 구조라는 의미의 영문 단어로 구조체를 선언하겠다는 의미이다. shop은 이 구조체의 이름을 나타나내며 구조체 태그(tag)라고도 불린다. 2행과 3행의 부분은 이 구조체를 구성하는 배열 및 변수의 선언이다. 상품명을 취급하므로 char형의 배열 menu, 가격을 취급할 경우는 int형의 변수 price를 선언하고 있다. 이들 배열 및 변수는 구조체의 멤버(member)라고 부른다.

12.2 구조체를 만드는 방법

구조체를 사용하기 위해서는 구조체 변수를 선언하면 된다. 앞에서 언급한 것처럼 구조체는 프로그래머가 정의하는 새로운 자료형이라는 사실을 상기하라. 구조체 변수는 그 구조체의 형을 이용해서 선언한 변수를 의미한다. int 형의 데이터 구조를 가진 변수 a를 선언할 때는 int a;라고 기술하는 것과 마찬가지로 구조체에서 동일한 절차로 선언하면 된다.

예를 들어, 앞에서 정의한 구조체 shop의 자료형을 가진 구조체 변수 myshop을 선언하기 위해서는 다음과 같이 기술하면 된다.

```
struct shop myshop;
```

이와 같이 구조체 변수 myshop을 선언하면, 다음과 같이 변수 및 배열을 사용할 수 있게 된다.

myshop.menu → 구조체 변수 myshop의 멤버 배열 menu
myshop.price → 구조체 변수 myshop의 멤버 변수 price

여기서 구조체 변수명과 멤버 이름 사이의 도트(.)는 구조체 멤버 연산자이다. 우측에 있는 배열 및 변수가 좌측에 있는 구조체 변수의 멤버라는 것을 나타내는 연산자이다.

구조체 변수를 사용하기까지의 흐름을 정리하여 나타내면 다음과 같다.

❶ 구조체의 선언	struct shop {
	    char **menu[20]**;
	    int **price**;
	};

↓	
❷ 구조체 변수의 선언	struct shop **myshop**;
↓	
❸ 구조체 멤버에 접근(참조)	myshop.nemu myshop.price

다음 예제는 구조체 shop을 이용한 프로그램이다. 12-14행의 3개의 구조체 변수 myshop1, myshop2, myshop3을 초기화시키고 있다.

【예제 12-1】 구조체 shop의 선언과 참조 방법

```
#include <stdio.h>

//구조체 shop의 선언
struct shop {
    char menu[20];
    int price;
};

int main(void)
{
    //3개의 구조체 변수의 선언
    struct shop myshop1 = {"Hamburger", 3000};
    struct shop myshop2 = {"MixPizza", 10000};
    struct shop myshop3 = {"HotDOg", 2500};

    //3개의 구조체 변수의 값을 표시
    printf("상품 = %s   %d원₩n", myshop1.menu, myshop1.price);
    printf("상품 = %s   %d원₩n", myshop2.menu, myshop2.price);
```

```
    printf("상품 = %s    %d원\n", myshop3.menu, myshop3.price);

    return 0;
}
```

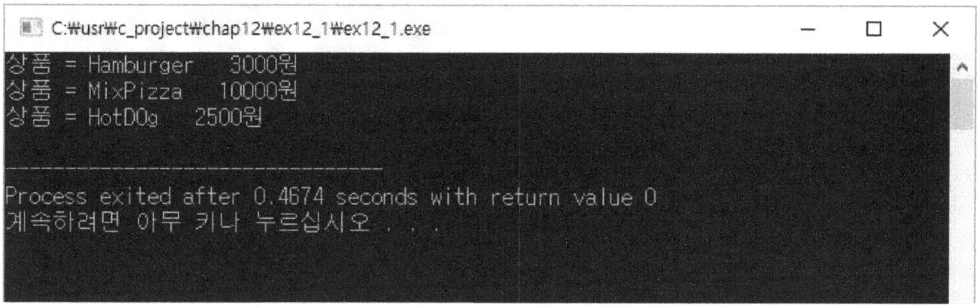

그림 12.1 【예제 12-1】의 실행결과

12행에서 좌변에서 선언한 구조체 변수 myshop1에 대해서 우변의 데이터 Hamburger와 3000원이 대입된다. 13-14행도 동일한 방법으로 멤버들에 접근하고 있다.

12.3 구조체의 사용법 - 구조체 배열의 사용

구조체 변수를 사용할 수 있듯이 일반적인 자료형과 마찬가지로 구조체 배열을 사용하는 것도 가능하다. 배열의 사용 방법을 숙지하고 있다면 구조체 배열의 사용방법도 어렵게 느껴지지 않을 것이다.

구조체 변수를 사용하기까지의 흐름은 다음과 같다.

■1 구조체의 선언	struct shop {
	    char **menu[20]**;
	    int **price**;
	};

↓	
■2 구조체 변수의 선언	struct shop **myshop[3]**;
↓	
■3 구조체 멤버에 접근(참조)	myshop[0].nemu myshop[0].price

다음 예는 3개의 구조체 변수를 이용해서 구조체 배열로 처리하는 과정을 나타내고 있다.

【예제 12-2】 구조체 배열의 사용 예

```
8행까지는 앞의 예제와 동일
...
int main(void)
{
    //구조체 배열의 초기화
    struct shop myshop[3] = {{"Hamburger", 3000},
                             {"MixPizza", 10000},
                             {"HotDOg", 2500}};
```

```
    //구조체 배열의 값을 표시
    printf("상품 = %s   %d원₩n", myshop[0].menu, myshop[0].price);
    printf("상품 = %s   %d원₩n", myshop[1].menu, myshop[1].price);
    printf("상품 = %s   %d원₩n", myshop[2].menu, myshop[2].price);

    return 0;
}
```

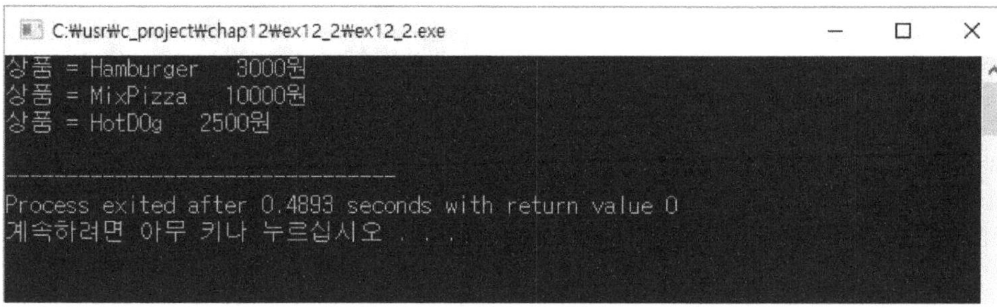

그림 12.2 【예제 12-2】의 실행 예

12.4 typedef을 앞에 붙여 구조체 선언하기

구조체를 선언할 때, typedef를 이용해서 다음과 같이 선언하면 새로운 자료형의 이름을 설정하여 사용할 수도 있다.

```
typedef struct shop {
    char menu[20];
    int price;
} FOODS;
```

이와 같이 선언하면 구조체 변수 myshop을 선언할 경우, struct shop myshop이 아니라 FOODS myshop과 같이 기술하는 것이 가능해진다. 말하자면 사용자만의 자료형을 정의해서 자료형을 이용할 수 있게 되는 것이다.

본래 typedef는 자료형을 정의하기 위한 예약어이다. 예를 들어 다음과 같이 기술하면 변수의 선언으로 int형이 아니라 JUNGSU라는 형태로 자료형 사용이 가능해진다.

```
typedef int JUNGSU;
```

이것은 편리한 점도 있지만, 기존의 자료형의 이름을 변경하면 프로그램의 가독성이 떨어지므로 임의로 변경하지 않는 것이 좋을 것이다.

【One Point Lesson】 **공용체는 무엇인가?**

구조체와 유사한 이름을 가진 것으로 공용체(union)가 있다. 공용체는 복수의 데이터로 메모리를 공유하는 역할을 수행한다. 공용체의 선언은 union이라는 예약어를 사용하는 것 말고는 구조체를 선언하는 방법과 동일하다. 예를 들어, shop이라는 이름을 가진 공용체를 선언하기 위해서는 다음과 같이 구조체와 마찬가지로 멤버의 변수(배열)는 자료형이 달라도 상관이 없다.

```
union shop {
    멤버 변수① 선언;
```

```
    멤버 변수② 선언;
    ...
}
```

프로그램 안에서 공용체를 사용하기 위해서는 union shop myshop;과 같이 공용체 변수를 선언하면 된다. 단 공용체 변수는 하나의 멤버 데이터만 유지 가능하므로 어는 멤버에 변수를 대입하면 다른 멤버의 데이터는 사라져 버리고 만다.

바꾸어 말하자면, 하나의 멤버 데이터만를 유지해도 좋다면 공용체를 사용함으로써 메모리의 사용량을 절약 가능하다. 공용체는 단독으로도 사용할 수 있지만 오히려 구조체의 멤버로서도 사용하는 경우도 더 많다.

【One Point Lesson】 구조체를 이용하여 데이터베이스 만들기

구조체와 함수 호출을 이용하여 모듈화 프로그래밍을 하는 절차를 살펴보자. 예를 들어 이름, 주소, 전화번호 및 나이를 입력하고 이러한 정보를 화면에 표시하면서 파일로 정보를 저장해야 하는 경우가 많다.

```
입력 부분 → input()
표시 부분 → displayInfo()
파일 저장 → saveToFile()
```

프로그램의 전체 골격은 main(), input(), displayInfo(), saveToFile() 함수로 구성되고 다음과 같이 파일과 구조체의 선언으로 프로그램의 틀을 잡아보도록 하자.

```
File *fp;

struct data {
    char name[15];
    char address[30];
    char tel[13];
```

```
    int age;
};

int input(struct data *info);
int displayInfo(struct data *display);
int saveToFile(struct data *flop);
```

파일 저장을 하기 위해 필요한 File 포인터 fp의 선언과 함께 프로그램의 요구사항에 맞춰 구조체의 멤버 정보들을 적절한 자료형으로 선언하였다. 그리고 각 모듈 기능을 담당하는 함수들은 다음과 같이 구성하였다.

```
int input(struct data *info);          → 구조체가 인수, 반환 값은 int
int displayInfo(struct data *display); → 구조체가 인수, 반환 값은 int
int saveToFile(struct data *flop);     → 구조체가 인수, 반환 값은 int
```

❶ main() 함수

메인 프로그램 안에서는 구조체 변수 po1, po2, po3를 선언하고 10번 정도의 데이터를 입력받는 것으로 가정하였다. 그리고 데이터베이스 정보를 입력받는 각 단계에서 구조체 변수 po1, po2, po3의 값을 1씩 증가시키고 아울러 파일 열기 및 닫기 처리를 수행한다.

```
void main()
{
    int i, j, k;
    struct data input_num[10], *po1, *po2, *po3;
    po1 = po2 = po3 = input_num;

    for(i=0; i<10; i++, po1++)
    {
        if(inputInfo(po1) == 0) break;
    }

    printf("₩n");
```

```
    for(j=0; j<i; j++, po2++)
    {
        displayInfo(po2);
    }

    fp = fopen("C:\temp\database.txt", "w");
    for(k=0; k<i; k++, po3++)
    {
        saveToFile(po3);
    }
    fclose(fp);
}
```

데이터베이스 정보를 반복하여 입력받는 과정에서 input() 함수의 반환 값이 0인 경우에는 데이터 입력받기를 종료하도록 하여 반복 루프를 탈출하도록 처리하고 있다.

또한 구조체 변수 po1은 input_num[0]을 가리키고 있으므로 함수 input()에서 처음 반복 루프에서는 input_num[0], 두 번째 반복 루프에서는 input_num[1] 등과 같이 순서대로 값이 전달되며 변화하게 된다.

❷ input() 함수

데이터 입력 처리를 수행하는 함수이며 구조체 변수 po1을 info으로 넘겨받아 입력된 데이터 값을 저장하고 있다. 기본적으로 입력받는 데이터 값들은 char형이지만 나이 정보의 경우에는 정수 값으로 처리가 되어야 하므로 사전에 char형 transform[10] 배열을 선두에 선언해 두었고 atoi() 함수를 이용하여 문자 값을 정수로 변환시키고 있다.

구조체 각 멤버변수를 참조하기 위해서 **->** 연산자를 사용하고 있으며, 데이터베이스 정보를 매회 입력받는 과정에서 이름을 입력받는 위치에서 값을 입력하지 않고 Enter 키를 누른 경우에는 0의 값을 반환하도록 하여 main() 함수에서 입력을 위한 반복 루프를 탈출하도록 하는 종료 조건으로 이용하고 있다.

```
int input(struct data *info)
{
    char transform[10];
    printf("₩n");

    printf("이름 = ");
    gets(info->name);
    if(info->name[0] == 0) return 0;

    printf("주소 = ");
    gets(info->address);

    printf("전화 = ");
    gets(info->tel);

    printf("나이 = ");
    gets(transform);
    info->age = atoi(transform);

    return 1;
}
```

❸ displayInfo() 함수

비교적 간단한 구성이지만 구조체 변수 display로 po2 정보를 넘겨받아 데이터베이스 정보를 표시하는 함수이다. 구조체 각 멤버의 참조는 **->** 연산자를 이용하고 있다.

```
int displayInfo(struct data *display)
{
    printf("₩n");
    fprintf(fp, "%s %s %s %d₩n",
            display->name, display->address,
```

```
            display->tel, display->age);
}
```

❹ saveToFile() 함수

데이터베이스 정보를 파일에 저장하는 함수가 saveToFile()이다. 구조체 변수 flop에 po3를 넘겨받아 처리하고 있으며 구조체의 각 멤버 참조는 -> 연산자를 이용하고 있다.

```
int saveToFile(struct data *flop)
{
    fprintf(fp, "%s %s %s %d\n",
            flop->name, flop->address, flop->tel, flop->age);
}
```

이제까지의 과정을 모두 정리하여 프로그램을 완성시키면 다음과 같다.

【Project】 간단한 데이터베이스 프로그램

```
/* Database Program */
#include <stdio.h>
#include <stdlib.h>

FILE *fp;

struct data {
    char name[15];
    char address[30];
    char tel[13];
    int age;
};

int inputInfo(struct data *info);
int displayInfo(struct data *display);
int saveToFile(struct data *flop);
```

```
void main()
{
    int i, j, k;
    struct data input_num[10], *po1, *po2, *po3;
    po1 = po2 = po3 = input_num;

    for(i=0; i<10; i++, po1++)
    {
        if(inputInfo(po1) == 0) break;
    }

    printf("₩n");
    for(j=0; j<i; j++, po2++)
    {
        displayInfo(po2);
    }

    fp = fopen("database.txt", "w");
    for(k=0; k<i; k++, po3++)
    {
        saveToFile(po3);
    }
    fclose(fp);
}

int inputInfo(struct data *info)
{
    char transform[10];
    printf("₩n");

    printf("이름 = ");
    gets(info->name);
```

```
    if(info->name[0] == 0) return 0;

    printf("주소 = ");
    gets(info->address);

    printf("전화 = ");
    gets(info->tel);

    printf("나이 = ");
    gets(transform);
    info->age = atoi(transform);

    return 1;
}

int displayInfo(struct data *display)
{
    printf("₩n");
    fprintf(fp, "%s %s %s %d₩n",
                display->name, display->address,
                display->tel, display->age);
}

int saveToFile(struct data *flop)
{
    fprintf(fp, "%s %s %s %d₩n",
                flop->name, flop->address, flop->tel, flop->age);
}
```

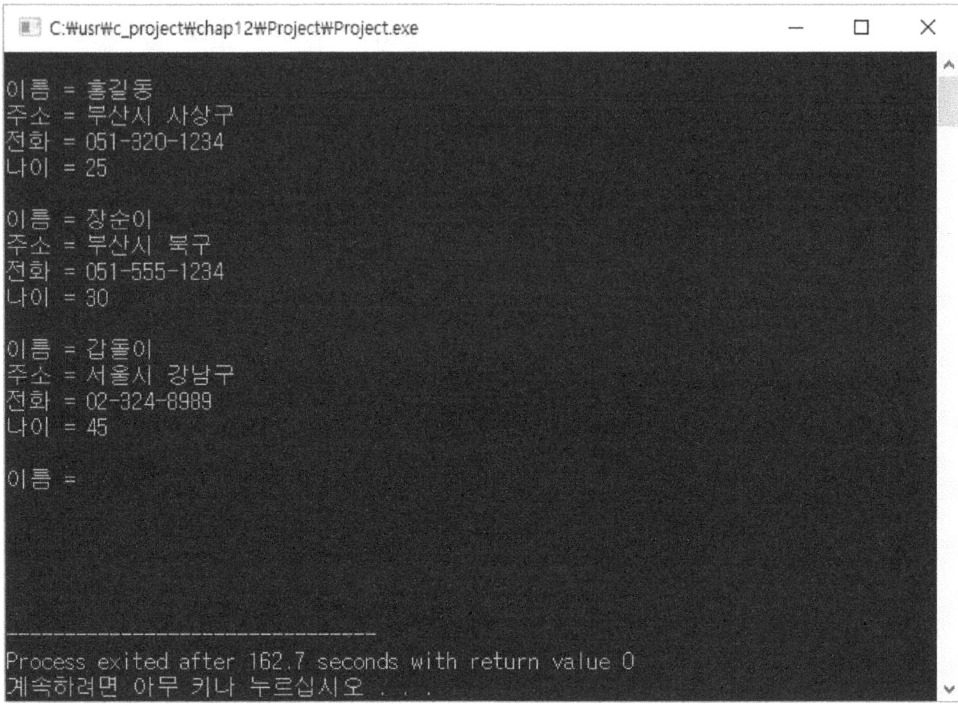

그림 12.3 데이터베이스 프로그램 실행

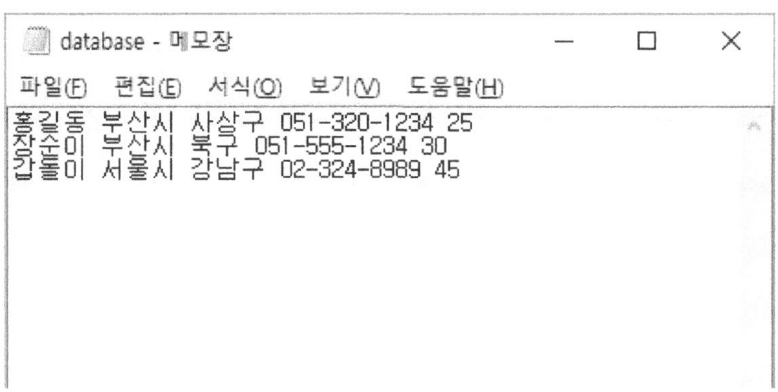

그림 12.4 데이터베이스 파일의 확인

핵심 다지기

【연습 12.1】 구조체 변수 myshop의 변수 price를 액세스(참조)하기 위한 올바른 수식은?

❶ myshop->price

❷ myshop.price

❸ myshop-price

❹ myshop>price

【연습 12.2】 구조체를 가리키는 포인터 myshop을 통하여 변수 menu를 액세스하기 위한 올바른 수식은?

❶ myshop->menu

❷ myshop.menu

❸ myshop-menu

❹ myshop>menu

【연습 12.3】 다음 중 구조체를 올바르게 정의한 것은?

❶ struct {int price;}

❷ struct myshop {int price;}

❸ struct myshop int price;

❹ struct myshop {int price;};

【연습 12.3】 다음 프로그램의 출력 결과는?

```
#include<stdio.h>

struct person
{
    int id;
    char address[25];
}

int main(void) {
```

```
    struct person korean[] = {
        {1000, "Seoul"}, {2000, "Daegu"}, {5000, "Busan"}
    };

    printf("%d", korean[2].id);
    printf("%s\n", (*(korean+ 2)).address);
    return 0;
}
```

【연습 12.4】 CPU를 구성하는 것은 CPU 종류, 클록 스피드, 캐시 종류, 가격 등의 기본 요소를 가진다. 이러한 CPU의 정보를 처리하기 위해 구조체로 선언하고자 한다. 다음 요구사항을 참고하여 적절한 구조체를 선언하시오.

고려 사항	변수명	자료형	비고
CPU 종류	name	char	문자열
클록 스피드	clock_speed	float	
캐시 종류	cache	int	
가격	price	int	

```
struct cpu {
    char name[25];
    float clock_speed;
    int cache;
    int price;
};
```

【연습 12.5】 컴퓨터를 이용하여 수치연산을 수행하다보면 복소수 연산이 요구되는 경우가 많다. 다음 예를 참고하여 출력 결과를 평가하시오.

```
#include <stdio.h>
```

```
typedef struct complex { // 복소수를 표현하는 구조체
    int x; // 실수 파트
    int y; // 허수 파트
} Complex; // Complex 타입으로 정의

Complex add(Complex p, Complex q);

int main(void) {
    Complex p = {5,  4};
    Complex q = {3, -7};

    Complex result = add(p, q);
    printf("두 복소수의 합은 (%d, %d)이다.₩n", result.x, result.y);

    return 0;
}

Complex add(Complex p, Complex q) {
    Complex result;

    result.x = p.x +  q.x;
    result.y = p.y +  q.y;

    return result;
}
```

【연습 12.6】 【연습 12.5】 문제가 이해가 되었다면 두 개의 복소수를 빼거나 곱하는 경우를 고려하여 프로그램을 개량하시오.

【연습 12.7】 레코드 번호에 따라 상품번호, 상품명을 랜덤 파일에 적어 넣고, 지정된 레코드 번호의 레코드를 입력하여 보자.

```
#include <stdio.h>
```

```
typedef struct {
    char num[6];
    char name[21];
} CUSTM;
long size = sizeof(CUSTM);

void disk_write(FILE *outfp)
{
    int n;
    long offset;
    CUSTM data;

    while(1) {
        printf("레코드 번호? ");
        scanf(%d%*c", &n); /* %*c에 의해 개행문자는 건너뜀 */
        if(n == 0) break;

        printf("상품 번호 입력 ");
        gets(data.num);
        printf("상품 이름 입력 ");
        gets(data.name);
        offset = (n-1)*size;
        fseek(outfp, offset, 0);
        fwrite(&data, size, 1, outfp);
        if(ferror(outfp)) { /* 출력 에러 처리 */
            printf("Error: file write error₩n");
            break;
        }
    }
}

void disk_read(FILE *infp)
```

```
{
    int n;
    CUSTM data;
    long offset;

    printf("₩n랜덤하게 파일 읽기..₩n");
    while(1) {
        printf("레코드 번호? ");
        scanf(%d", &n);
        if(n == 0) break;

        offset = (n-1)*size;
        fseek(infp, offset, 0);
        fread(&data, size, 1, infp);
        if(feof(infp)) { /* 파일의 끝에 도달한 경우 처리 */
            printf("EOF: 파일의 끝에 도달₩n");
            break;
        }
        if(ferror(infp)) { /* 입력 에러 처리 */
            printf("Error: file read error!!₩n");
            break;
        }
        data.num[5] = data.name[20] = '₩n';
        printf("상품번호:%6s 상품명:%21s₩n", data.num, data.name);
    }
}

int main(void)
{
    FILE *fp;

    if(fp = fopen("custom", "w+")) == NULL) {
        printf("Error: file not open!!₩n");
```

```
        exit(1);
    }
    disk_write(fp);
    disk_read(fp);
    fclose(fp);

    return 0;
}
```

보다 진보된 내용들을 공부하기 위해서

제13장 진보된 내용의 학습

이제까지 배운 내용은 C언어의 기본이라고 할 수 있다. 앞으로 C언어를 이용하여 다양한 응용과 실전을 위해서 필요한 사항 등에 대해서 설명한다.

13.1 C 언어의 달인이 되기 위한 절차

13.1.1 다른 사람이 만든 프로그램을 작동시켜 보기

무언가를 배우기 위해서는 "배우기보다는 먼저 익숙해져라!"를 강조하고 싶다. C 언어의 개념을 어느 정도 파악했다면, 프로그램을 이런 저런 형태로 작성해 볼 일이다. 프로그램을 작성하는 동안 프로그래밍이라는 것이 무엇인지 체득하게 될 것이다.

C 언어에 관련된 교재에는 작지만 다양한 예제들이 소개되어 있다. 최근에는 샘플 프로그램이 들어 있는 CD-ROM도 첨부되어 있는 교재도 있으며, 출판사로부터 샘플 프로그램을 다운받을 수 있는 경우도 있다.

스스로 프로그램을 작성하는 것뿐만 아니라 관련 서적 등에 게재된 프로그램을 직접 실행시켜 보는 것도 한 가지 방법이라고 할 수 있다. 소스 코드의 입력 과정 등을 통하여 프로그램의 방법, 각종 기호(예를 들면 적절한 변수명 또는 함수명 등) 및 연산자 등에도 익숙해 질 것이다. 그리고 프로그램이 어떤 처리를 하는지 고민하는 과정을 통하여 프로그래밍에 대한 이해도 깊어질 것이다.

또한 본 교재에서 사용하는 C 컴파일러와 같이, 커맨드 라인 베이스의 컴파일러를 사용할 예정이라면 MS-DOS 프롬프트의 커맨드에 대한 이해도 익숙해져 파일/디렉토리의 조작 방법도 함께 배울 수 있을 것이라고 생각된다.

13.1.2 샘플 예제는 반드시 입력하여 보고, 개조까지 해 본다

C언어 관련 서적에 게재된 프로그램은 단순하게 동작하는지 확인하기 보다는 스스로 변경을 시도하거나 개량을 시켜보는 것이 대단히 중요하다. 표시하고자 하는 메시지를 변경, 분기처리 및 반복처리에 대한 조건식을 변경해 보는 것도 한 가지 방법이 될 것이다. 중요한 것은

☞ 이와 같이 코드를 변경하면, 프로그램은 이렇게 동작할 것이다.
☞ 원하는 동작이 있다면, 이렇게 변경하면 될 것이다.
☞ 변경을 시도했다면, 제대로 동작하는지 반드시 확인이 필요하다.

등의 사항을 실제로 확인하는 과정이 병행되어야만 할 것이다. 이를 통하여 프로그램의 구조 및 처리의 흐름에 대한 사고력이 향상될 것이다.

13.1.3 기본을 습득했으면 다음 스텝으로

C언어의 변수, 연산, 자료형, 배열, 분기처리/반복처리, 함수, 구조체, 포인터 등에 대해서 해설하였다. 그러나 "가능하면 쉽게 해설", "간단한 프로그램을 직접 작성"이라는 목적으로 해설하고 있으므로 이는 어디까지나 C언어의 입문서에 지나지 않는다는 점이다. 보다 심도 있는 공부를 원한다면, 고급 교재들을 공부해 보길 추천한다.

교재 초반부에서 소개된 자료형 및 연산자에는 실제로 더 많은 종류들이 사용되고 있다. 분기처리 및 반복처리에서는 보다 복잡한 처리도 가능하며, 파일 조작 및 printf(), scanf() 이외의 라이브러리 함수의 사용방법 등 배워야 될 내용은 얼마든지 있다. 이러한 개념을 이해하는 것과 동시에 C언어의 기능을 제대로 살릴 수 있도록 스스로 프로그램을 작성할 수 있는 능력을 배양하는 것이 우선되어야 할 것이다.

13.1.4 알고리즘에 대해서 공부한다

프로그래밍의 세계에서 자주 접하게 되는 "알고리즘"이라는 것은 소기의 목적을 달성하기 위한 처리의 절차를 정리해둔 것이라고 할 수 있다. 예를 들어, 데이터의 정렬방법(일반적으로 sorting이라고 불린다) 및 파일의 압축 방법, 보통은 컴퓨터로 표현할 수 없는 수를 취급하는 방법, 효율적으로 계산하는 방법 등은 알고리즘 관련 서적 등에 상세히 소개되어 있다.

알고리즘에 대한 공부와 함께 이를 이용함으로써 프로그램 작성에 소요되는 시간도 절약할 수도 있다. 다양한 처리를 실현하기 위한 알고리즘 전문서적(예를 들어, 수치해석과 같은 서적들) 등은 어느 정도 규모의 프로그램을 작성할 때 큰 도움이 될 것이다.

13.1.5 전문 프로그래머를 지향한다

프로그래밍의 세계에서도 당연히 프로는 존재한다. 프로는 다양한 도구를 사용해서 단순한 소재로부터도 제품을 만들어낸다. 요리하는 사람은 칼과 도마, 프라이팬 등의 조리 기구를 사용해서 고기, 생선, 야채 등으로부터 요리를 만들어낸다. 목수는 다양한 공구 및 기계를 사용해서 건자재로부터 건물을 만들어 낸다.

이는 스스로 사용하는 도구 및 소재를 잘 파악하고 있으므로, 목적을 위해서는 어떤 소재를 사용할지 어떤 도구를 사용하는 것이 효율적인지를 잘 알고 있기 때문이다. 도구 및 소재에 대해서 잘 파악하는 것은 선택의 폭이 넓어지는 것을 의미하기도 한다. 프로그래머의 경우도 컴파일러를 도구, 함수 및 제어구조, 변수, 배열, 포인터 등을 소재로 사용해서 프로그램이라는 제품을 만들어낸다. 따라서 본인에게 적합한 도구의 선택과 소재에 대한 적절한 이해는 전문 프로그래머를 지향하는 기본적인 자질이라고도 볼 수 있다.

13.2 C 언어 진단실

C 언어를 기반으로 프로그래밍을 하는 과정에서 자주 나타나는 대표적인 문제점들을 진단하여 보고, C 코드만의 특색을 되살려 C 언어다운 프로그램을 작성할 수 있는 올바른 습관을 들이도록 하자.

13.2.1 변수 선언 시 나타나는 문제

다음과 같은 변수 선언을 생각하여 보자. 변수의 선언과 초기화를 따로 하는 경우가 많은데 이런 경우에는 변수의 선언과 초기화를 동시에 수행하는 것이 좋다.

대규모 프로그램을 개발할 때 변수의 선언과 초기화가 분리되어 있는 경우, 변수 선언에 따른 그 변수의 초기화가 매번 적절하게 대응하지 못하고 그냥 두는 경우가 많이 발생하게 된다. 이러한 변수의 사용은 의도하지 않는 값들의 대입으로 인하여 버그 발생을 초래하게 된다.

좋지 않은 예	좋은 예
int count; count = 0;	**int count = 0;**

변수 선언과정에서 자주 나타나는 또 다른 예는 다음과 같다. 두 개의 변수를 int형으로 일괄 선언하고자 하지만 이는 좋지 않은 습관이다. 당연히 이와 같이 선언된 변수 중의 어는 하나는 적절한 초기화가 수행되지 않고 사용될 가능성이 높다.

좋지 않은 예	좋은 예
int age, grade, score;	**int age;** **int grade;** **int score;**

또 하나 기억할 사항은 「한 줄에는 오직 하나의 문장만을 기술한다.」라

는 원칙을 고수하는 것이 좋다. 다음 예에서 알 수 있듯이 두 개의 변수를 초기화 하는 과정에서 완전히 분리된 형태로 초기화를 처리하는 것이 좋다.

좋지 않은 예	좋은 예
size = 10; min_size = 0;	**size = 10;** **min_size = 0;**

변수의 초기화 문제 이외에도 변수들을 대상으로 연산을 수행하는 경우에 나타나는 좋지 않은 사례는 다음과 같다. 연산식을 구성할 때는 연산식 내에 또 다른 연산식이 대입문을 포함하는 형태로 구성되지 않도록 하여 단순화시키는 것이 좋다.

좋지 않은 예	좋은 예
d = (a = b + c) + e;	**a = b + c;** **d = a + e;**

13.2.2 조건식의 평가

조건식을 평가하여 분기처리 또는 반복처리를 의도하는 경우에도 자주 나타나는 유형이다. 다음의 경우 isdigit() 함수의 반환 값은 참 또는 거짓이다. 그럼에도 불구하고 예시와 같이 또 한 번의 평가를 시도하고 있다.

좋지 않은 예	좋은 예
if(isdigit('7') == true) // 불필요한 중복된 평가	**if(isdigit('7'))**

다음 경우에도 마찬가지이다. 함수 내에서 조건 평가를 하여 그 결과를 반환하는 함수를 설계한 경우에도 자주 범하는 좋지 않은 유형의 코드 구현이다. 매개변수로 주어진 값이 짝수 또는 홀수인지에 따라 단순하게 참 또는 거짓을 반환할 목적이라면 주어진 문제해결에 집중하여 과감하게 코드를 수정할 수 있다.

if문의 조건식을 판정하고 이에 따라 두 군데로 분기하여 값을 반환하는 불필요한 행위는 숫자가 짝수 또는 홀수인지에 대한 근본적인 문제에 집중하여 단순하게 표기할 수 있을 것이다.

좋지 않은 예	좋은 예

bool is_even(int value) {
    if(value%2 == 0)
        return true;
    else
        return false;
}
	**bool is_even(int value) {
	    return (value%2 == 0);
	}**

위 문제와 유사한 경우이지만 다음 예의 경우는 조건식을 판정하여 그 결과에 따라 외부에 있는 다른 함수를 호출하여 그 결과를 개별적으로 반환하여 하는 경우에는 두 개의 분기처리가 명확하게 이뤄질 수 있도록 조치하는 것이 좋다. if문의 조건식의 평가는 b_func() 호출과 관계가 없어도 매번 평가가 이뤄져야 하는 중복평가가 끊임없이 발생하게 될 것이다.

좋지 않은 예	좋은 예

bool my_func(int value) {
    if(value%2 == 0)
        return a_func();
    return b_func();
}
	**bool my_func(int value) {
	    if(value%2 == 0)
	        return a_func();
	    else
	        return b_func();
	}**

13.2.3 10가지 강력한 코딩 규칙

안전성이 매우 중요한 프로그램을 개발할 경우, 개발자들은 중요한 원칙을 정하고 이를 준수해야 할 것이다. NASA의 우주선 개발에 사용하기 위해 JPL(Jet Propulsion Laboratory)의 제럴드 홀즈만(Gerald Holzmann)에 의해 만들어진 규칙을 살펴보면 다음과 같다.

☞ 단지 열 개의 규칙으로 되어 있어 매우 외우기 쉬움
☞ 특정 언어에 대해 구체적인 규정을 하기 보다는 많은 다양한 언어에 적용하기 위해 충분히 일반적인 방식으로 표현되어 있음
☞ 동시에 이것은 정적 분석 도구를 사용하여 규칙 위반을 검출하기 쉽도록 충분히 구체적임

프로그래밍 언어에서 사용하는 어휘나 구문적인 특성에 제한을 받지 않으며 개발 과정 자체에 관심을 가지고 대응하는 것이 바람직할 것이다. C 언어 기준으로 하는 참고사항이나 Java와 같은 객체지향 언어에서도 대부분 수용 가능한 규칙으로서 다음 내용을 참고하기 바란다.

❶ 단순한 제어 흐름 구조만을 사용한다.
❷ 모든 루프에 제한적인 최고 값을 지정한다.
❸ 초기화한 후에는 동적 메모리 할당을 사용하지 않는다.
❹ 함수는 60 라인을 넘지 않는다.
❺ 평균적으로 함수 당 최소한 두 개의 assertion을 사용한다. 여기서 assertion이란 어떤 조건이 만족되어야 다음 코드가 실행되도록 조건을 명시하는 것을 의미하며, C 언어에서는 다음과 같이 기술할 수 있다.

```
int divide( int a, int b)
{
  assert( b != 0);
  return ( a/b );
}
```

❻ 데이터 오브젝트는 최소 범위 레벨(scope level)에서 선언한다.
❼ void가 아닌 함수의 리턴 값과 함수의 매개변수가 타당한지 확인한다.
❽ 전처리기(preprocessor)는 파일을 포함(#include)하거나 간단한 매크로에만 사용한다.
❾ 포인터의 사용을 제한한다. 역참조(dereferencing)는 단일 레벨로만 사용한다.
❿ 컴파일러의 모든 경고 옵션을 켜고 사용하며 소스 코드 분석기를 사용한다.

코딩 스타일과 규칙 검사에 대한 관련 지침/표준에 관심 있는 경우에는 다

음 사이트의 정보를 참고하기 바란다.

- **Google C++ Style Guide**
  http://google-styleguide.googlecode.com/svn/trunk/cppguide.xml
- **GCC Coding Conventions**
  http://gcc.gnu.org/codingconventions.html

13.3 응용 프로그램

C 언어를 기반으로 프로그래밍을 하는 과정에서 자주 나타나는 대표적인 문제점들을 진단하여 보고, C 코드만의 특색을 되살려 C 언어다운 프로그램을 작성할 수 있는 올바른 습관을 들이도록 하자.

13.3.1 C에서 외부 프로그램과 대화하기

【예제 10-8】에서 popen() 함수를 이용하여 지정된 실행 명령어의 표준 출력 결과를 파이프로 연결하여 받아 올 수 있다는 것을 확인하였다. 이번에는 popen() 함수 두 번째 인자의 값을 **w**로 지정하여 실행명령어와 C 프로그램 사이에 대화형으로 처리하는 간단한 예를 보인다.

C 프로그램에서 실행 명령어로 실행시킬 명령어는 **gnuplot.exe**이다. 이 어플리케이션은 대화형창에서 명령어를 입력받아 각종 연산 및 과학기술계산용 그래프 등을 출력시켜 주는 어플리케이션으로서 다음 사이트에서 내려 받을 수 있으므로 본인의 운영체제에 맞는 설치 프로그램을 다운받아 설치하기 바란다. 프로그램을 설치한 뒤에는 설치한 위치(경로)를 반드시 확인하여 두기 바란다.

☞ Gnuplot 내려받기: http://gnuplot.sourceforge.net/

main() 함수 내에서는 그래프로 출력할 데이터를 준비하고 있다. x-축 데이터는 xData 배열에 저장하고, y-축 데이터는 yData 배열에 저장하고 있다. 데이터가 준비되면 plotResults() 함수를 호출하여 그래프를 그리도록 명령을 내려 gnuplot 어플리케이션이 동작하도록 하고 있다.

주의할 점은 다음 코드에서 볼 수 있듯이 어플리케이션의 설치 경로가 **C:₩₩Program Files₩₩..**와 같이 시작하는 경우에는 공백문자가 들어가 있어 설치 경로를 올바르게 인식하지 못하는 경우가 있다. 따라서 예제에서와 같이 Windows 운영체제의 환경변수 값에서 참조 가능한 **C:₩₩Progra~₩₩..** 형태로 지정해 주어야 한다는 점이다.

```
gnuplotPipe =
      popen("C:₩₩Progra~1₩₩gnuplot₩₩bin₩₩gnuplot.exe", "w");
```

예제에서 중요한 위치에 적절한 주석문을 참고하면 예제를 이해하는데 무리 없을 것이다. 중요한 것은 C 프로그램에서 외부 어플리케이션을 직접 실행시킬 수 있고, C 프로그램에서 외부 어플리케이션으로 대화 형태로 명령을 전달하여 정보를 처리할 수 있다는 점이다.

특히 C 프로그램에서 외부 데이터베이스 시스템(예를 들어 gdb 명령어 실행)과 연결하여 직접 다양한 처리를 하거나 필요한 정보를 C 프로그램을 가져와서 재가공하여 사용할 수 있다.

【예제 13-1】 구조체 배열의 사용 예

```
/*
 * Calling Gnuplot from c Using Pipes
 */

#include <stdio.h>
#include <stdlib.h>
#include <math.h>

void plotResults(double* xData, double* yData, int dataSize);

int main() {
  int i = 0;
  int nIntervals = 100;
  double intervalSize = 1.0;
  double stepSize = intervalSize/nIntervals;

  double* xData = (double*) malloc((nIntervals+1)*sizeof(double));
  double* yData = (double*) malloc((nIntervals+1)*sizeof(double));

  // 그래프를 그리기 위한 x, y-축 데이터 생성
```

```
  xData[0] = 0.0;
  double x0 = 0.0;
  for (i = 0; i < nIntervals; i++) {
       x0 = xData[i];
       xData[i+1] = x0 + stepSize;
  }
  for (i = 0; i <= nIntervals; i++) {
       x0 = xData[i];
       yData[i] = sin(x0)*cos(10*x0);
  }

  plotResults(xData, yData, nIntervals);

  return 0;
}

void plotResults(double* xData, double* yData, int dataSize) {
  FILE *gnuplotPipe, *tempDataFile;
  char *tempDataFileName;
  double x,y;
  int i;

  tempDataFileName = "sampleData";
  // gnuplot 어플리케이션을 실행시켜 파일 포인터에 연결하기
  gnuplotPipe =
        popen("C:₩₩Progra~1₩₩gnuplot₩₩bin₩₩gnuplot.exe", "w");

  if ( gnuplotPipe ) {
       // gnuplot 어플리케이션이 실행되면 대화창이 열리고,
       / 이 대화창에서 그래프 그리기 명령어를 실행
       fprintf(gnuplotPipe, "plot ₩"%s₩" with lines₩n",
                              tempDataFileName);
       fflush(gnuplotPipe);  // 버퍼 비우기
```

```
    // 그래프 그리기에 사용된 데이터를 파일에 저장하기
    tempDataFile = fopen(tempDataFileName,"w");
    for (i=0; i <= dataSize; i++) {
        x = xData[i];
        y = yData[i];
        fprintf(tempDataFile,"%lf %lf₩n",x,y);
    }
    fclose(tempDataFile);

    printf("press enter to continue...");
    getchar();
    remove(tempDataFileName);
    // gnuplot 어플리케이션 대화창을 exit 코맨드로 처리하여 닫기
    fprintf(gnuplotPipe, "exit ₩n");
  } else {
    printf("gnuplot not found...");
  }
}
```

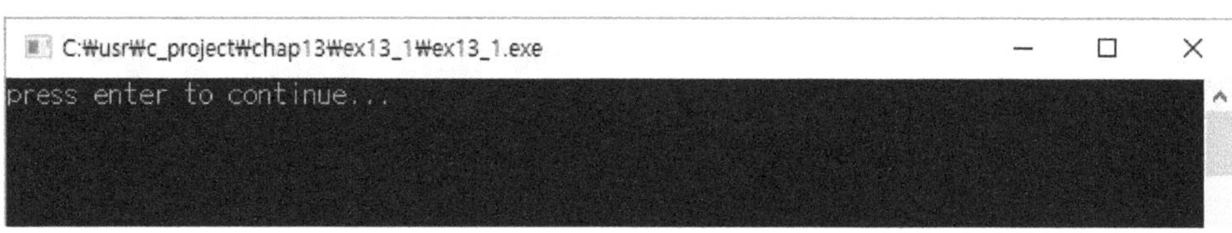

그림 13.1 【예제 13-1】을 실행하면 실행 콘솔창만 떠있게 되고 곧이어 gnuplot 어플리케이션이 실행된다.

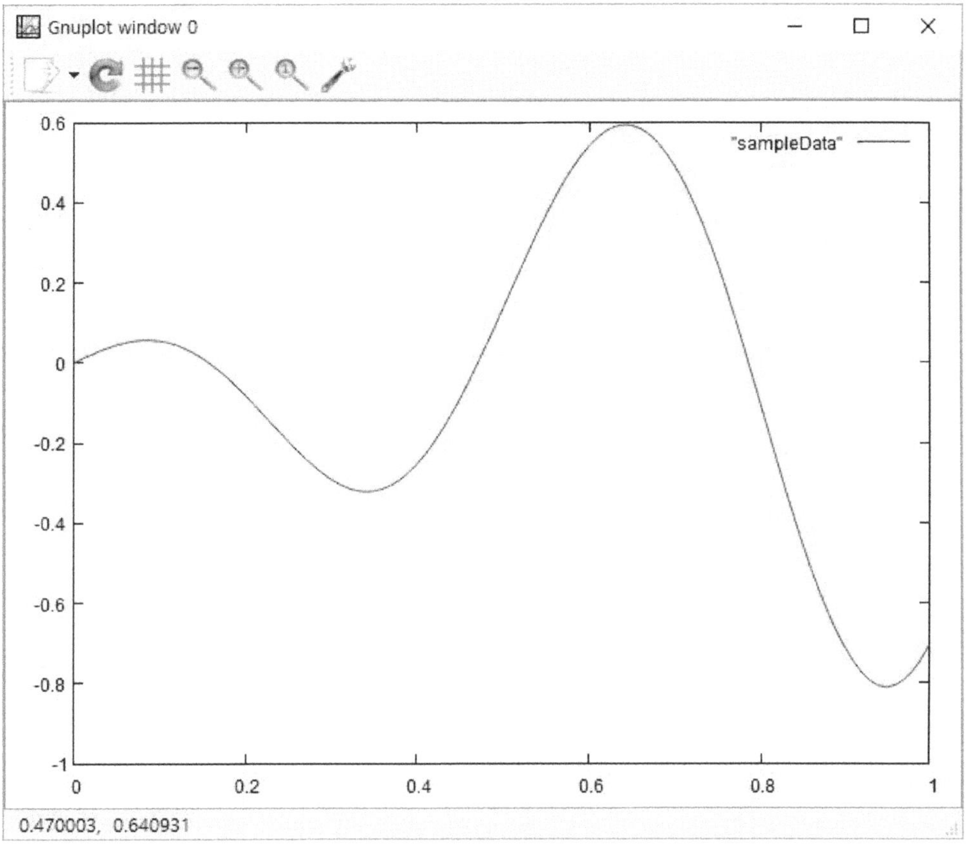

그림 13.2 gnuplot 어플리케이션이 실행되고 C 프로그램에서 plot 명령어를 넘겨받아 이와 같이 그래프를 그려준다.

13.3.2 데이터의 중앙값 찾기와 히스토그램 그리기

중앙값(median)은 평균과 마찬가지로 데이터의 중심 위치를 추정하기 위한 통계량이다. 보통 중앙값을 결정하는 것은 데이터를 크기순으로 정렬한 뒤 정렬된 데이터가 홀수 개인 경우에는 중앙에 위치한 값이 된다. 만약 정렬된 데이터들이 짝수 개인 경우에는 중앙에 위치하는 두 개의 데이터 값의 평균을 취하게 된다. 예를 들어 3, 5, 7인 경우에는 중앙값이 5가 되고 3, 5, 7, 9인 경우에는 5와 7의 평균인 6이 중앙값이 된다.

데이터의 범위(range) R은 데이터의 흩어진 정도를 추측하기 위한 통계량으로서 데이터의 최대 값과 최소 값을 이용하여 다음과 같이 정의된다.

$$R = x_{max} - x_{min}$$

이제까지 배운 내용을 기초로 주어진 데이터를 정렬하고 이 정렬된 데이터의 중앙값과 범위를 탐색하고 그 결과를 히스토그램으로 출력하는 프로그램을 작성하여 보자.

【예제 13-2】 주어진 데이터의 중앙값과 범위를 구해 히스토그램 그리기

```
#include <stdio.h>
#include <string.h>
#define DATA_NUM 30  // 데이터의 갯수
#define MAX_DATA 10  // 데이터의 최대 값

int main()
{
    // 변수 정의
    int data[DATA_NUM] = {6, 3, 5, 9, 8, 1, 2, 10, 4, 3,
                          7, 4, 3, 7, 6, 5, 3, 4, 5, 8,
                          1, 4, 9, 2, 4, 5, 3, 7, 6, 5};
    int i, j, tmp;
    double med;  // 중앙값
    double renge;  // 범위

    // 변수의 초기화
    i = 0;
    j = 0;
    tmp = 0;
    med = 0;
    renge = 0;
    memset(histogram, '₩0', sizeof(histogram));  // 배열의 내용 초기화

    // 데이터를 크기순으로 정렬
```

```
for(i = 1; i < DATA_NUM; i++) {
    for(j = 0; j < DATA_NUM - i; j++) {
        if(data[j] > data[j + 1]) {
            tmp = data[j];
            data[j] = data[j + 1];
            data[j + 1] = tmp;
        }
    }
}

// 중앙값 구하기
if(DATA_NUM % 2 == 1) { // 데이터 수가 홀수인 경우
    med = data[(DATA_NUM-1)/2];
}
else { // 데이터 수가 짝수인 경우
    med = (data[(DATA_NUM/2)-1] + data[DATA_NUM/2])/2.0;
}

// 범위 구하기
renge = data[DATA_NUM - 1] - data[0] + 0.0;  // 범

printf("> 중앙값: %0.2f₩n", med);
printf("> 범   위: %0.2f₩n", renge);

// histogram[]은 히스토그램에서 사용하는 배열
for(i = 0; i <= MAX_DATA; i++) {
    histogram[i] = 0;
}

// data[i], 0 <= x <= 10 로 주어진 데이터 x의 개수를
// histogram[x]의 수치 데이터로 대응시킴
for(i = 0; i < DATA_NUM; i++) {
    histogram[data[i]]++;
```

```
    }

    printf("₩n> Histogram₩n");
    for(i = 0; i <= MAX_DATA; i++) {
        printf("%2.0d| ", i);  // 좌표축 표시
        for(j = 0; j < histogram[i]; j++) {
            printf(" * ");  // 데이터의 개수만큼 "*" 마크 표시
        }
        printf("₩n");
    }

    return 0;
}
```

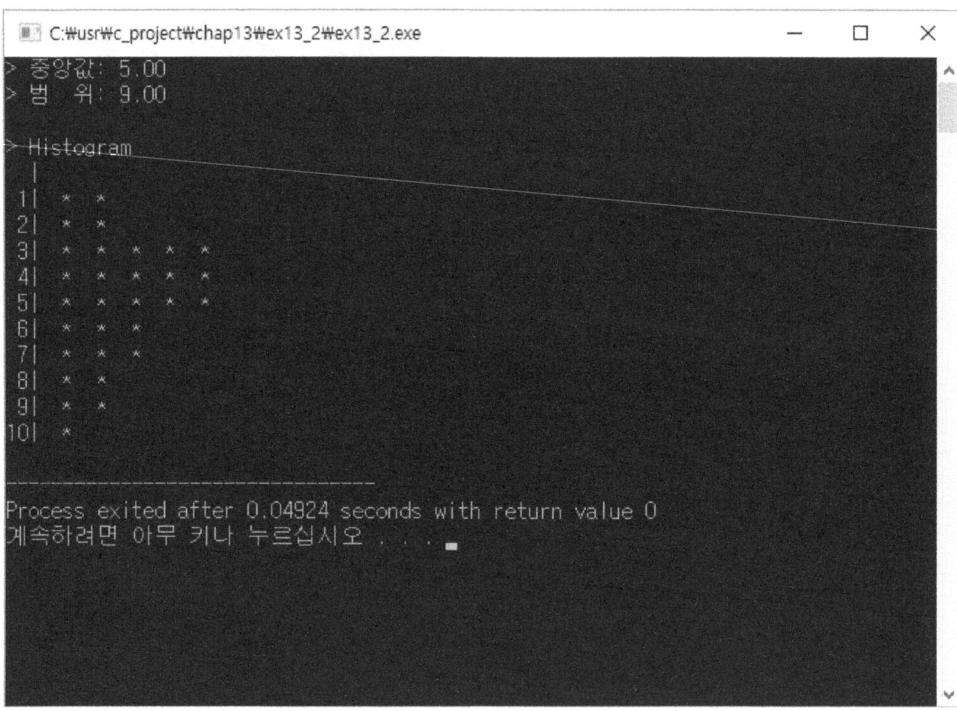

그림 13.3 【예제 13-2】의 실행결과

13.3.3 데이터를 이진수로 표시하기

이번에는 주어진 데이터를 이진수 비트열로 표시하는 프로그램을 살펴보자. 데이터는 양의 정수 값만을 대상으로 하고 원 데이터의 비트열을 표시한 다음에 이 표시된 데이터의 값을 좌측으로 1비트만큼 이동시킨 결과를 표시한다. 다시 이 결과를 우측으로 1비트 이동시키고 있다.

실행결과 그림 13.5에서 알 수 있듯이, 예제에서 볼드체로 표기된 내용과 동일하게 아래와 같이 비트 이동연산자를 이용하여도 실행결과는 동일하다. 그 이유는 변수 n의 값을 2로 나눈 값은 변수 n을 우측으로 1비트만큼 이동시킨 결과에 상응하기 때문이다.

```
        for( n=32768; n>0; n=n>>1 ) {
```

【예제 13-3】 주어진 데이터를 이진수 비트열로 표시하기

```
#include <stdio.h>

void show_binary(unsigned u);

int main(int argc, char *argv[]) {
        unsigned short u = 45678;  // 평가 데이터

        show_binary(u);
        u = u << 1;
        show_binary(u);
        u = u >> 1;
        show_binary(u);

        return 0;
}

// 주어진 데이터를 이진수 비트열로 표시
void show_binary(unsigned u) {
```

```
        unsigned n;

        for( n=32768; n>0; n=n/2 ) {
        //for( n=32768; n>0; n=n>>1 ) {
                if( u&n ) {
                        printf( "1 ");
                }
                else {
                        printf( "0 ");
                }
        }
        printf( "₩n" );
}
```

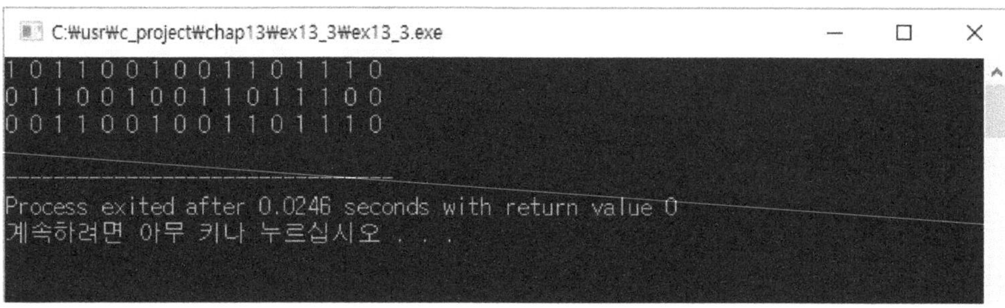

그림 13.4 【예제 13-3】의 실행결과

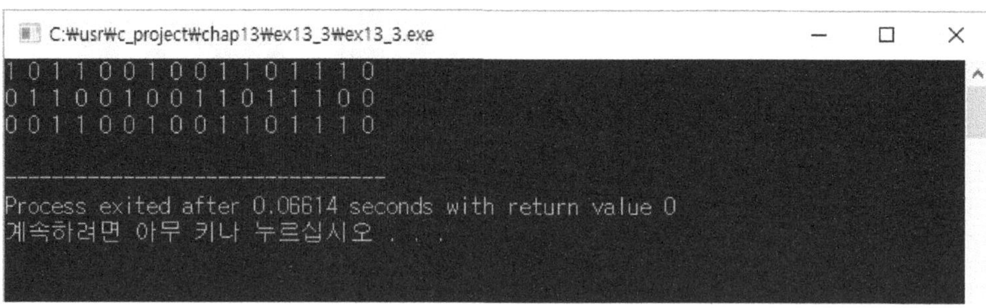

그림 13.5 【예제 13-3】에서 비트이동을 연산에 따른 실행

부록

A. Dev-C++ 컴파일러의 설치와 환경설정
B. ANSI 함수 사양
C. 연산자의 우선순위와 결합규칙

A. Dev-C++ Compiler의 설치와 환경 설정

Dev-C++ 컴파일러의 다운로드

Windows 환경에서 이용할 수 있는 C, C++ 컴파일러로서 Dev-C++가 있다. 이 컴파일러는 GNU GPL, 즉 GNU General Public License를 사용하고 있으며, 통합 개발 환경인 IDE (Integrated Development Environment)를 제공하고 있다. 또한 gcc를 기반으로 하고 있기 때문에 컴파일러의 성능은 매우 완성도가 매우 높은 편이다. 정확히 말하자면 gcc를 기반으로 한 Mingw (MINimalist Gnu for Windows)를 기반으로 하고 있다.

Dev-C++의 공식 홈페이지는

http://www.bloodshed.net/

이지만, 접속이 원활하지 않을 경우는 SourceForge의

https://sourceforge.net/projects/orwelldevcpp/

로 바로 접속하여 컴파일러를 다운로드 받을 수 있다. 참고로 아래 사이트로 바로 접속하여 파일을 내려 받아도 무방하다.

http://orwelldevcpp.blogspot.kr/

Dev-C++ 컴파일러의 특징

Dev-C++ 컴파일러의 특징은 다음과 같다.

- GCC 기반의 컴파일러
- 통합 디버거 (GDB)
- 프로젝트 매니저
- 변경 가능한 문법 하이라이트 편집기
- 클래스 브라우저
- 코드 완성기능
- 함수 나열 기능
- 프로파일링
- 창, 콘솔, 정적 라이브러리와 DLL 빨리 만들기
- 프로젝트 만들기 위한 템플릿 제공
- Makefile 생성
- 자원 파일을 편집하고 컴파일
- 툴 매니저
- 인쇄 지원
- 찾기/바꾸기 기능
- CVS 지원

Dev-C++을 사용하기 위한 시스템 요구사항으로는 메모리 32MB 이상, 윈도우 95 OSR 2 이상의 운영체제가 필요하다. 현재 버전은 안정버전인 5.11이 있고, 32비트 및 64비트 운영체제 모두 지원한다.

특이사항으로서 Dev-C++은 GNU GPL 기반이므로 소스코드가 공개되어 있다. Dev-C++은 C나 C++로 개발된 것이 아니고 Borland의 Delphi 6로 만들어 졌다는 사실이다. 따라서 Dev-C++의 소스코드를 받아도 Delphi 6을 구입하지 않았다면 컴파일이 불가능하다.

프로그램의 설치는 매우 간단하다. 단순히 파일을 다운로드 받은 다음에

Dev-Cpp 5.11 TDM-GCC 4.9.2 Setup.exe

를 실행시키기만 하면 된다. 나머지는 일반적인 윈도우 응용 프로그램의 설치와 동일하다. 설치가 끝나고 실행하게 되면 테마의 모양을 설정할 수 있게 Config가 뜨게 되며 바로 실행된다.

Dev-C++ 컴파일러의 인스톨

설치 과정은 매우 단순하며 다국어 지원에 따른 한글 환경도 이용할 수 있다. 구 버전의 프로그램이 인스톨 된 상태인지 점검한다. 만약 구 버전이 이미 사용 중이라면 삭제 후 다시 설치하기 바란다.

그림 A.1 다국어 지원에 따른 언어 선택

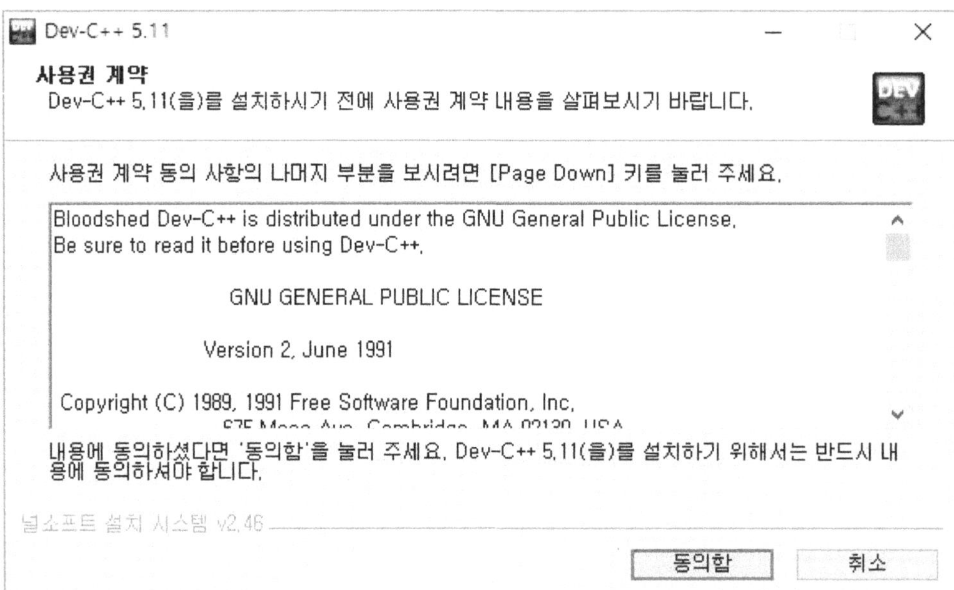

그림 A.2 GNU GPL 사용권 계약 동의

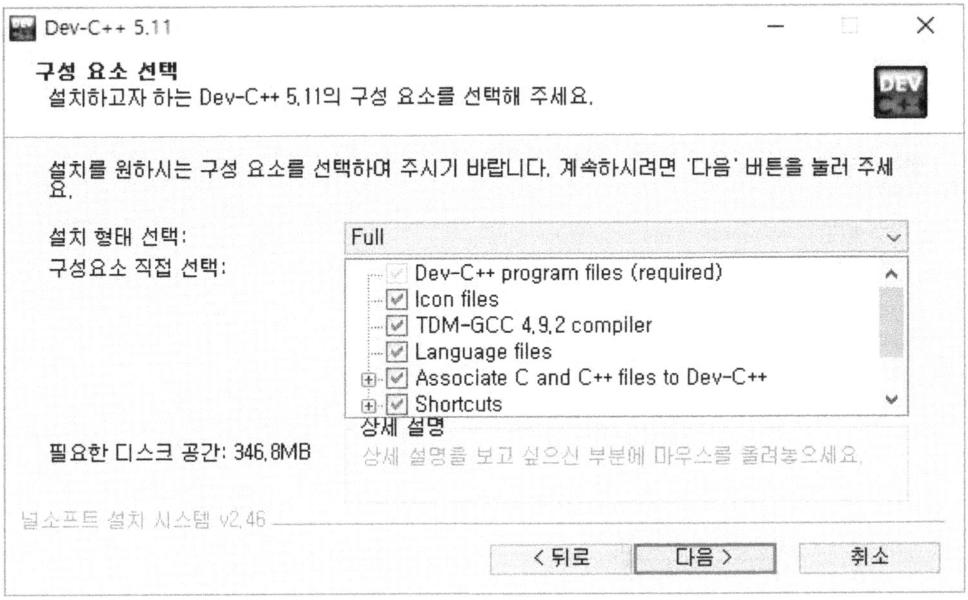

그림 A.3 구성 요소는 디폴트로 선택하여도 무방

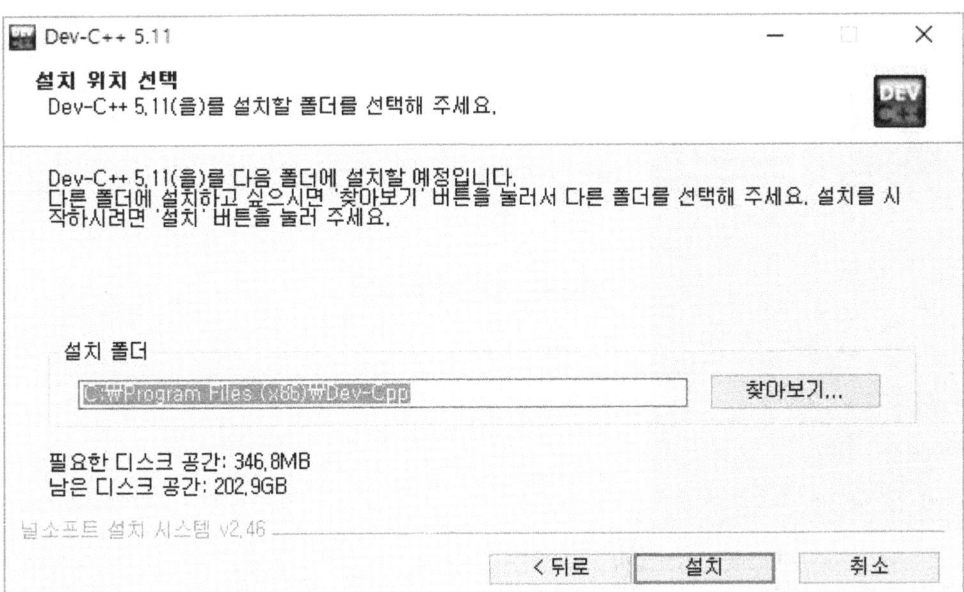

그림 A.4 설치 위치의 선택(설치 버튼을 그냥 클릭)

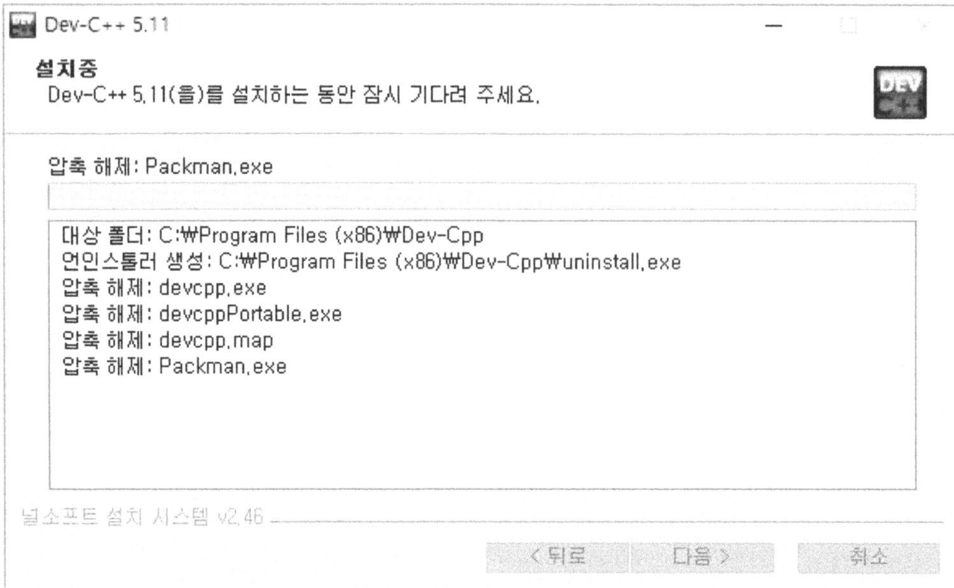

그림 A.5 설치 과정의 진행 화면

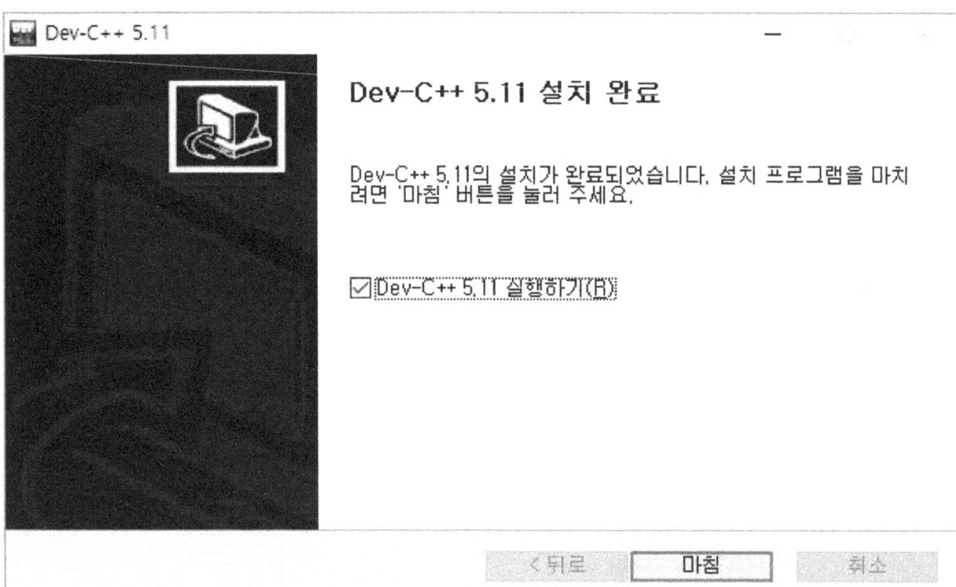

그림 A.6 설치 종료 화면

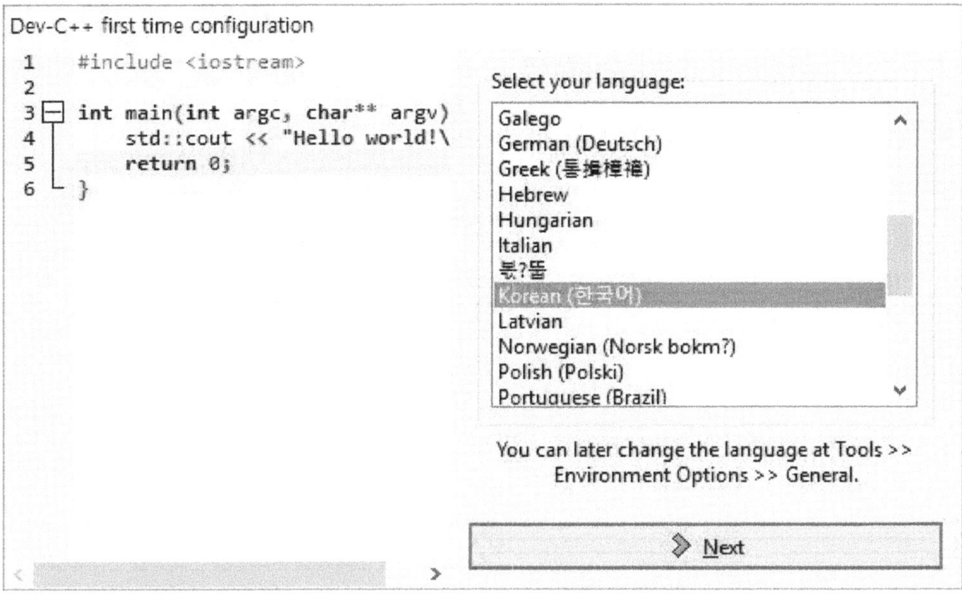

그림 A.7 설치 완료 후 초기 실행화면에서 사용언어 선택

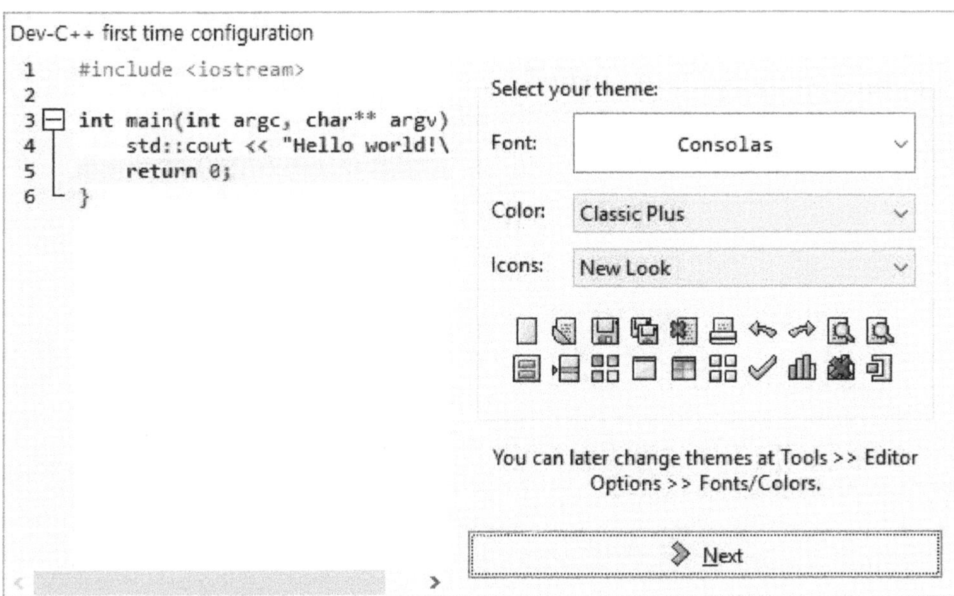

그림 A.8 코드 편집창에서 이용할 스타일 선택

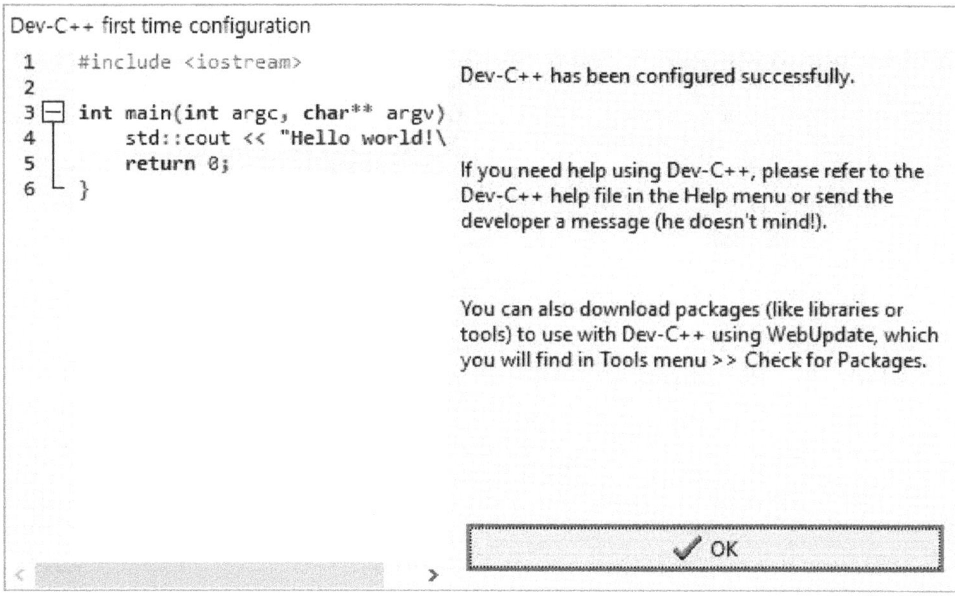

그림 A.9 설정 완료 화면

그림 A.10 Dev-cpp IDE 실행 화면

Dev-Cpp IDE 사용

Dev-Cpp 통합개발환경에서 소스코드를 작성하고 컴파일하여 시행시키는 과정을 살펴보면 다음과 같다.

❶ 신규 프로젝트 만들기: 모든 어플리케이션 개발은 기본 프로젝트 단위로 구성된다.

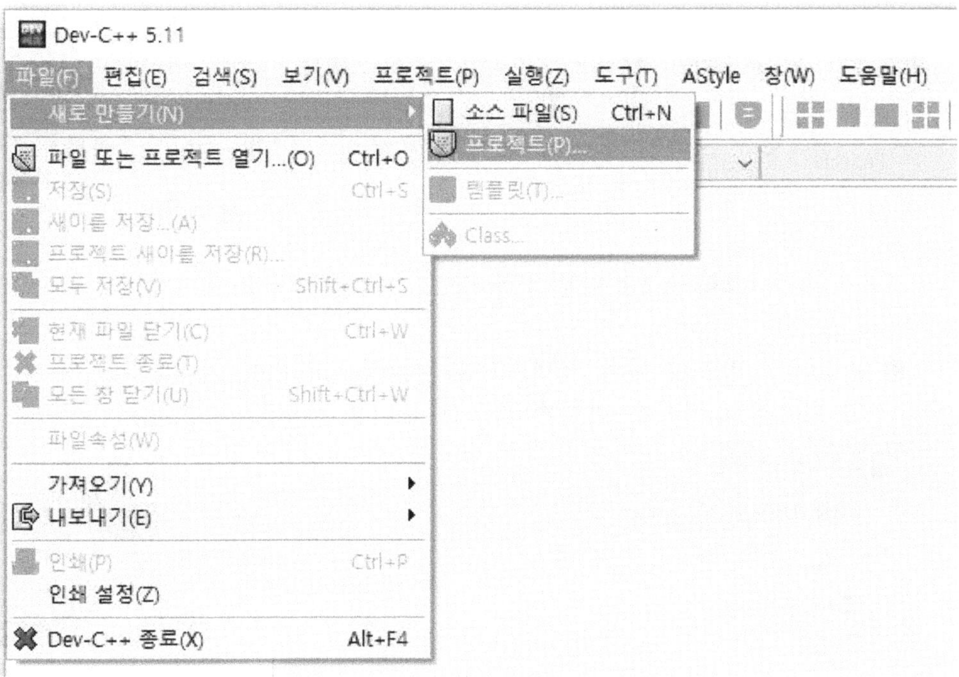

그림 A.12 신규 프로젝트 생성

❷ 개발 유형의 선택

- 개발 프로젝트는 Basic 타입으로 선택한다.
- 어플리케이션 유형은 Console Application으로 선택한다.
- 다음으로 개발언어는 C로 선택하고, [기본 언어로 설정(M)] 부분을 체크해 둔다.
- 프로젝트명은 필요에 따라 수정한다.

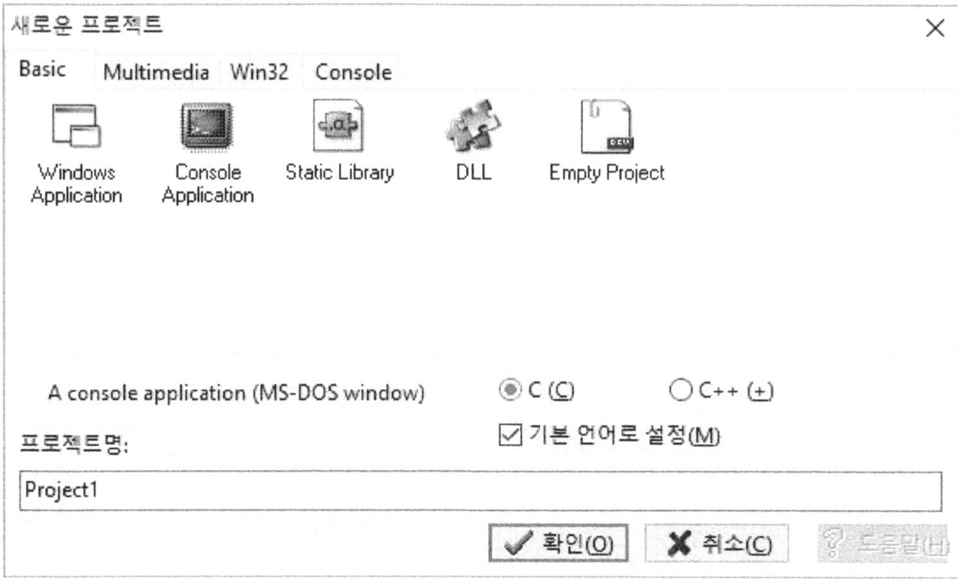

그림 A.13 기본 프로젝트의 유형과 개발 언어 선택

❸ 프로젝트 파일의 위치 선택: C:₩c_project 폴더를 가정한 경우로서, 모든 프로젝트 파일은 관리가 가능한 폴더를 준비해 두는 것이 좋다.

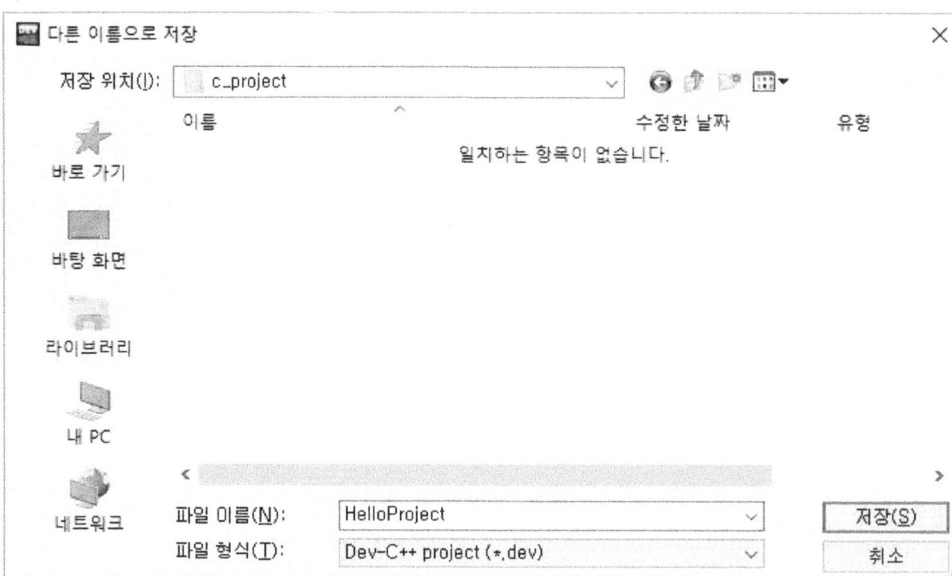

그림 A.14 프로젝트 파일의 위치 지정

❹ 프로젝트 구성 완료

- 프로젝트 트리: 구성된 프로젝트 구성을 확인 및 관리
- 편집창: 소스 코드를 작성하는 부분
- 로그창: 컴파일 결과 또는 이에 따른 경고 및 에러 메시지 확인
- 컴파일: C 프로그램을 컴파일하여 실행파일 생성(단축키 F9)
- 실행: 컴파일된 프로그램을 실행(단축키 F10)
- 컴파일 후 실행: 컴파일과 실행을 동시에 수행(단축키 F11)
- 전체 재컴파일: 여러 개의 프로젝트가 구성되어 있는 경우에 한꺼번에 재컴파일을 하는 것도 가능(단축키 F12)

그림 A.15 프로젝트 구성이 완료된 화면

❺ 소스코드 작성: 여기서는 전체 사용과정을 확인하는 의미에서 그림과 같이 7번 행에 printf()문을 삽입하였다. 소스코드가 이와 같이 추가되었다면 단축키 F11을 누르면 컴파일이 수행되고 이어서 바로 실행되는 것을 확인할 수 있을 것이다.

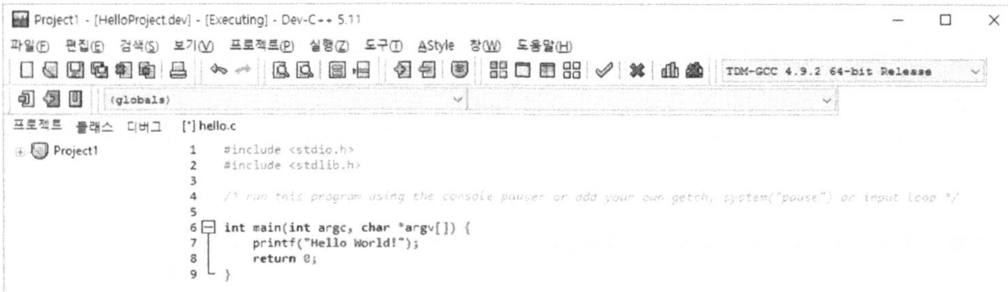

그림 A.16 소스코드 작성: printf()문 추가

❻ 프로그램 컴파일과 실행

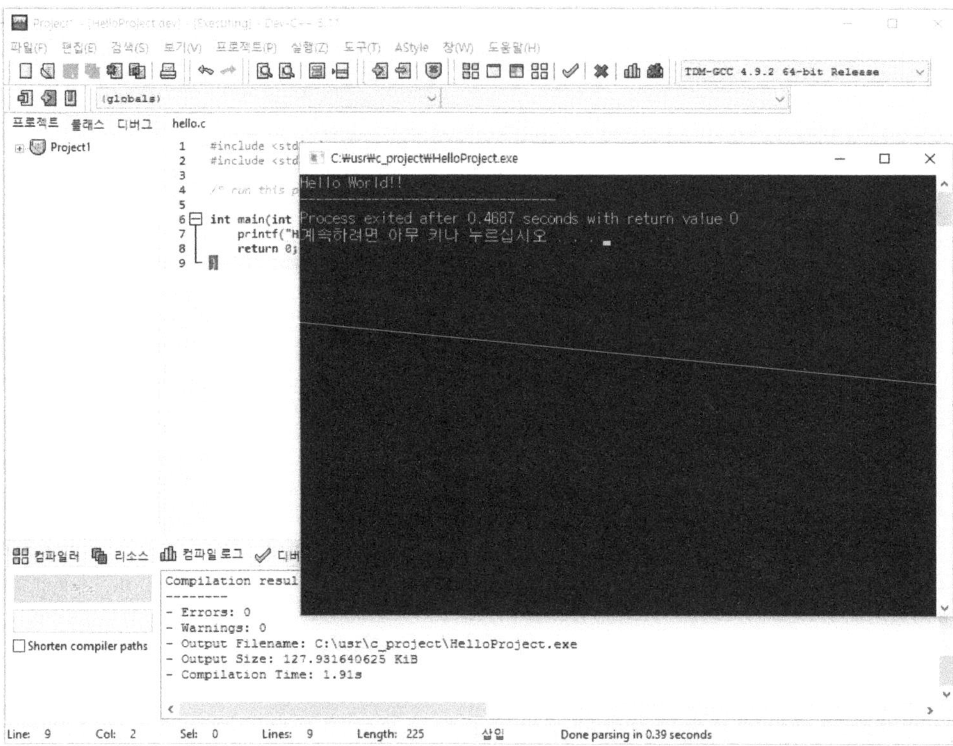

그림 A.17 작성된 프로그램을 컴파일하고 실행(단축키 F11 누르기)

B. ANSI 함수 사양

ANSI 규격으로 정의되어 있는 함수 중에서 빈번하게 사용되는 함수들을 소개한다. 특히 이해하기 어렵다고 판단되는 경우에는 간단한 사용 예를 나타내었다. 구체적인 기능에 대해서는 사용하는 컴파일러와 관련된 매뉴얼 등을 참고하기 바란다.

A

abs: 인수로 넘겨받은 수 n의 절대값 구하기

사양	#include <stdlib.h> int abs(int n) /* **int형의 인수** */
반환하는 값	n의 절대값
인수	절대값을 구하기 위한 임의의 수 n

atof: 부동소수점형 문자열을 부동소수점 수로 변환하기

사양	#include <stdlib.h> double atof(const char *str)
반환하는 값	변환된 값
인수	변환을 위한 부동소수점형 문자열

atoi: 정수형 문자열을 정수로 변환하기

사양	#include <stdlib.h> int atoi(const char *str)
반환하는 값	변환된 값
인수	변환을 위한 문자형 문자열

atol: 정수형 문자열을 정수로 변환하기

사양	#include <stdlib.h> long atol(const char *str)
반환하는 값	변환된 값
인수	변환을 위한 문자형 문자열

C

calloc: 영역의 동적 확보

사양	#include <stdlib.h> void *calloc(size_t n, size_t size)
반환하는 값	정상: 확보한 영역에 대한 포인터 실패: NULL
인수	▪ 확보하고자 하는 영역의 개수 ▪ 확보할 영역 하나에 대한 사이즈

ceil: 수의 반올림

사양	#include <math.h> double ceil(double x)
반환하는 값	반올림 처리된 결과 값
인수	반올림시키고자 하는 값 x

clock: 프로세스가 실행되는 동안의 시간단위

사양	#include <time.h> clock_t clock()
반환하는 값	프로세스가 실행되는 동안의 시간 단위로서 1초당 1000clock, 즉 1ms를 의미하며
인수	프로세스가 현재 실행까지 소요된 clock 수

cos: 여현을 구하기

사양	#include <math.h> double cos(double radian)
반환하는 값	여현 값
인수	각도(단위는 radian이므로 주의하자)

E

exit: 프로그램의 종료

사양	#include <stdlib.h> void exit(int status)
반환하는 값	없음
인수	처리계에 의존함
EXIT_SUCCESS	정상종료 0으로 정의되어 있다
EXIT_FAILURE	부정종료 1로 정의되어 있다

exp: 자연대수 e를 밑수로 하는 지수 x 구하기

사양	#include <math.h> double exp(double x)
반환하는 값	지수 값
인수	e^x의 x

F

fabs: 인수로 넘겨받은 수 n의 절대값 구하기

사양	#include <math.h> double fabs(double x) **/* double형의 인수 */**
반환하는 값	x의 절대값
인수	절대값을 구하기 위한 임의의 수 n

fclose: 고수준 파일 닫기

사양	#include <stdio.h> int fclose(FILE *fp)
반환하는 값	정상: 0 부정: EOF
인수	닫고자 하는 FILE의 포인터 fp

feof: 파일의 EOF 판정

사양	#include <stdio.h> int feof(FILE *fp)
반환하는 값	
인수	

ferror: 파일의 에러 판정

사양	#include <stdio.h> int ferror(FILE *fp)
반환하는 값	
인수	

fgetc: 파일에서 한 문자 입력받기

사양	#include <stdio.h> int fgetc(FILE *fp)
반환하는 값	정상: 입력된 문자 부정: EOF EOF: EOF
인수	입력 파일에 대한 포인터 fp

fgets: 파일에서 한 문자 입력받기

사양	#include <stdio.h> char *fgets(char *str, int n, FILE *fp)
반환하는 값	
인수	

floor: 자리내림

사양	#include <math.h> double floor(double x)
반환하는 값	
인수	

fopen: 고수준 파일 열기

사양	#include <stdio.h> FILE *fopen(const char *file, const char *mode)
반환하는 값	
인수	

fprintf: 파일에 지정된 서식으로 출력

사양	#include <stdio.h> int *fprintf(FILE *fp, const char *format, …)
반환하는 값	정상: 출력 데이터의 개수 부정: EOF
인수	▪ 출력하는 파일에 대한 포인터 fp ▪ const char *format, …의 경우는 printf 참조

fputc: 파일에 문자열 출력

사양	#include <stdio.h> int fputc(int c, FILE *fp)
반환하는 값	정상: 출력한 문자 부정: EOF
인수	▪ 출력하는 문자 ▪ 출력 파일에 대한 포인터 fp

fputs: 파일에 문자열 출력

사양	#include <stdio.h> int *fputs(const char *str, FILE *fp)
반환하는 값	
인수	

fread: 파일로부터 데이터 입력받기

사양	#include <stdio.h> size_t fread(void *str, size_t size, size_t n, FILE *fp)
반환하는 값	
인수	

free: 영역의 해방(개방)

사양	#include <stdlib.h> void free(void *mp)
반환하는 값	없음
인수	개방하는 영역의 메모리 포인터

fscanf: 파일에 지정된 서식으로 출력

사양	#include <stdio.h> int *fscanf(FILE *fp, const char *format, …)
반환하는 값	정상: 입력 데이터의 갯수 부정: EOF EOF: EOF
인수	▪ 입력하는 파일에 대한 포인터 fp ▪ const char *format, …의 경우는 scanf 참조

fseek: 파일 포인터의 이동

사양	#include <stdio.h> int fseek(FILE *fp, long offset, int n)
반환하는 값	
인수	

fwrite: 파일에 데이터 출력하기

사양	#include <stdio.h> size_t fread(const void *str, size_t size, size_t n, FILE *fp)
반환하는 값	
인수	

G

getc: 파일에서 한 문자 입력

사양	#include <stdio.h> int getc(FILE *fp)
반환하는 값	정상: 입력한 문자 부정: EOF EOF: EOF
인수	입력하려는 파일의 포인터 fp

getchar: 한 문자 입력

사양	#include <stdio.h> int getchar(void)
반환하는 값	정상: 입력 문자 코드 부정: EOF EOF: EOF
인수	없음

gets: 파일에서 문자열 입력

사양	#include <stdio.h> char *gets(char *str)
반환하는 값	정상: 포인터 str 부정: NULL EOF: NULL
인수	입력하려는 문자열 포인터 str

I

isalnum: 영문자 숫자('A'~'Z', 'a'~'z', '0'~'9') 판정

사양	#include <ctype.h> int isalnum(int c)
반환하는 값	영어 숫자: 참(0이 아닌 값) 영어가 아닌 경우: 거짓(0)
인수	판정을 위한 문자 c

isalpha: 영문자('A'~'Z', 'a'~'z') 판정

사양	#include <ctype.h> int isalpha(int c)
반환하는 값	영어 숫자: 참(0이 아닌 값) 영어가 아닌 경우: 거짓(0)
인수	판정을 위한 문자 c

iscntrl: 제어 문자의 판정

사양	#include <ctype.h> int iscntrl(int c)
반환하는 값	제어 문자: 참(0이 아닌 값) 아닌 경우: 거짓(0)
인수	판정을 위한 문자 c

아스키 코드의 경우는 0x00~0x1f, 0x7f가 제어문자로 지정되어 있다.

【사용 예】

```
char c = 0x0a;
if( iscntl(c) ) {
```

```
    /* 제어 문자 */
} else {
    /* 제어 문자가 아님 */
}
```

isdigit: 10진수('0'~'9') 판정

사양	#include <ctype.h> int isdigit(int c)
반환하는 값	숫자: 참(0이 아닌 값) 아닌 경우: 거짓(0)
인수	판정을 위한 문자 c

【사용 예】

```
char c = '7';
if( isdigit(c) ) {
    /* 숫자이다 */
} else {
    /* 숫자가 아니다 */
}
```

isgraph: 도형 문자의 판정

사양	#include <ctype.h> int isgraph(int c)
반환하는 값	도형 문자: 참(0이 아닌 값) 아닌 경우: 거짓(0)
인수	판정을 위한 문자 c

아스키 코드의 경우는 0x21~0x7e가 도형문자로 지정되어 있다.

【사용 예】

```
char c = 0x41; /* 아스키 코드 문자 'A' */
if( isgraph(c) ) {
    /* 도형 문자이다 */
} else {
    /* 도형 문자가 아니다 */
}
```

islower: 영어 소문자의 판정

사양	#include <ctype.h> int islower(int c)
반환하는 값	영어 소문자: 참(0이 아닌 값) 아닌 경우: 거짓(0)
인수	판정을 위한 문자 c

isprint: 인쇄 가능 문자의 판정

사양	#include <ctype.h> int isprint(int c)
반환하는 값	인쇄 문자: 참(0이 아닌 값) 아닌 경우: 거짓(0)
인수	판정을 위한 문자 c

아스키 코드의 경우는 0x20~0x7e가 인쇄 가능 문자이다.

ispunct: 구분 문자의 판정

사양	#include <ctype.h> int ispunct(int c)
반환하는 값	구분 문자: 참(0이 아닌 값) 아닌 경우: 거짓(0)
인수	판정을 위한 문자 c

아스키 코드의 경우는 0x21~0x2f, 0x3a~0x40, 0x5b~0x60, 0x7b~0x7e.

isspace: 구분 문자의 판정

사양	#include <ctype.h> int isspace(int c)
반환하는 값	공백 문자: 참(0이 아닌 값) 아닌 경우: 거짓(0)
인수	판정을 위한 문자 c

아스키 코드의 경우는 0x09, 0x0a, 0x0b, 0x0c, 0x0d, 0x20.

isupper: 영어 소문자의 판정

사양	#include <ctype.h> int isupper(int c)
반환하는 값	영어 대문자: 참(0이 아닌 값) 아닌 경우: 거짓(0)
인수	판정을 위한 문자 c

isxdigit: 16진수('0'~'9', 'a'~'f', 'A'~'F') 판정

사양	#include <ctype.h> int isxdigit(int c)
반환하는 값	16진수: 참(0이 아닌 값) 아닌 경우: 거짓(0)
인수	판정을 위한 문자 c

【사용 예】

```
char c = 'f';
if( isxdigit(c) ) {
    /* 16진수이다 */
} else {
    /* 16진수가 아니다 */
}
```

L

labs: 절대값 구하기

사양	#include <stdlib.h> long labs(long n) **/* long형의 인수 */**
반환하는 값	n의 절대값
인수	임의의 수 n

log: e를 밑수로 하는 대수(자연대수)

사양	#include <math.h> double log(double x)
반환하는 값	x의 자연대수 값
인수	임의의 수 x

log10: 10을 밑수로 하는 대수(상용대수)

사양	#include <math.h> double log10(double x)
반환하는 값	x의 상용대수 값
인수	임의의 수 x

M

malloc: 영역(메모리)의 동적 확보

사양	#include <stdlib.h> void *malloc(size_t size)
반환하는 값	정상: 확보한 영역에 대한 포인터 실패: NULL
인수	확보할 영역의 크기 size

【사용 예】

```
char *str;
str = (char *)malloc(100); /* 100바이트의 메모리(영역) 확보 */
```

P

pow: 멱수 x^y 구하기

사양	#include <math.h> double pow(double x, double y)
반환하는 값	x^y의 결과 값
인수	임의의 수 x와 y

printf: 지정된 서식으로 출력

사양	#include <stdio.h> int printf(const char *format, …) **const char *format, …의 서식** **"format", [arg1, arg2, …, argn]**
반환하는 값	정상: 출력한 문자 수 실패: 음의 값
"format"	▪ 이중 인용부호로 둘러싼 내부에서 %로 시작하고, 다음 내용을 지정 ▪ []는 생략 가능한 문자열, 플래그, 필드 폭, 특정 수식자, 변환사양을 지정
[문자열]	▪ 임의의 문자
[flag]	▪ -: 왼쪽 채우기 표시 ▪ +: 양의 수치에 +를 표시 ▪ 공백: 양의 수치에 대해 + 대신에 공백 표시 ▪ 0: 필드 폭의 빈 부분을 0으로 채움 ▪ #: 변환사양 o, x의 앞에 기술한 경우, 수치의 앞에 0, 0x를 표시
[필드 폭]	▪ 정수의 경우 표시하는 전체의 폭 수치1.수치2의 경우, 최소 출력폭은 2가 된다. ▪ 부동소수점의 경우 전체의 폭(w).소수점 이하의 폭(d): w.d
[특정 수식자]	▪ long, unsigned long형에는 l, long double형에는 L, short, unsigned short형에는 h
[arg1, …]	▪ 변환사양에 대응하는 인수를 적는다. ▪ 변환사양이 없으면 생략할 수 있다.

putc: 파일에 한 문자 입력

사양	#include <stdio.h> int putc(int c, FILE *fp)
반환하는 값	정상: 출력한 문자 실패: EOF
인수	▪ 출력하는 문자 c ▪ 입력받는 파일 포인터 fp

【사용 예】

```
int c;
c = getc(stdin); /* 표준 입력장치로부터 한 문자 입력 받는다 */
putc(c); /* 표준 출력장치로 출력(일반적으로 화면) */
```

putchar: 한 문자 출력

사양	#include <stdio.h> int putchar(int c)
반환하는 값	정상: 입력 문자 코드 실패: EOF(파일 종료)
인수	문자 c

【사용 예】

```
int c = 'a';
putchar(c); /* a를 출력 */
```

puts: 문자열 출력

사양	#include <stdio.h> int puts(const char *str)
반환하는 값	정상: 0이 아닌 값 실패: EOF
인수	출력 문자열에 대한 포인터 str

【사용 예】

```
char str[] = "Hello";
puts(str); /* Hello를 출력 */
```

R

rand: 0~RAND_MAX 사이의 유사난수를 발생

사양	#include <stdlib.h> int rand(void)
반환하는 값	유사 난수
인수	없음

RAND_MAX는 stdlib.h 안에서 32767로 정의되어 있는 경우가 많다.

scanf: 배열로부터 지정된 서식으로 읽기

사양	#include <stdio.h>
	scanf(const char *format, …)
	const char *format, …의 서식
	“format", arg1, arg2, …, argn

반환하는 값	정상: 입력 항목의 갯수 실패: EOF
"format"	▪ 이중 인용부호로 둘러싸인 내부에서 %로 시작하고, 다음의 내용을 지정. ▪ []은 생략 가능. ▪ 입력 폭, 특정 수식자, 변환사양을 지정. ▪ %와 공백 이외의 문자를 지정한 경우, 입력 데이터의 문자와 반드시 일치해야 한다. ▪ 「scanf("This%dis%d", %a, %b);」의 입력은 「This100is200」이 된다.
[입력 폭]	▪ 최대 입력 문자수를 지정. 단 부동소수점수의 폭은 지정할 수 없다. ▪ 입력 데이터가 지정 폭을 넘어선 경우, 변환사양 이외의 문자가 나타날때까지 입력한다. ▪ 입력 폭을 생략한 경우, 변환사양 이외의 문자가 나타날때까지 입력한다.
[특정 수식자]	short형에는 h, long형에 l, double형에 L
[arg1, …]	변환사양에 대응하는 인수를 적는다

sin: 정현 값 구하기(sin(x))

사양	#include <math.h> double sin(double radian)
반환하는 값	결과 값
인수	각도(단위는 radian이므로 주의하자)

sprintf: 배열에 지정된 서식으로 문자열 출력

사양	#include <stdio.h> int sprintf(char *str, const char *format, …)
반환하는 값	정상: str에 출력된 문자수 실패: 음의 값
인수	▪ 출력을 위한 배열 포인터 str ▪ const char *format, …의 경우는 printf 참조

【사용 예】

```
char str[50];
sprintf(str, "%d %s", 100, "Hello");
```

sqrt: 평방근 구하기

사양	#include <math.h> double sqrt(double x)
반환하는 값	x의 평방근
인수	임의의 수 x

srand: seed를 지정하여 난수 발생

사양	#include <stdlib.h> void srand(unsigned int seed)
반환하는 값	없음
인수	seed

【사용 예】

```
double x;
srand(100); /* 난수 발생을 위하여 100을 seed로 지정 */
x = rand(); /* 0-RAND_MAX 사이의 난수 발생 */
```

sscanf: 배열로부터 지정된 서식으로 읽기

사양	#include <stdio.h> int sscanf(const char *str, const *format, …)
반환하는 값	정상: 인수로 입력한 수 부정: EOF
인수	▪ 입력을 위한 포인터 str ▪ const char *format, …의 경우는 scanf 참조

【사용 예】

```
char str[] = "100 world";
char munja[10];
int num;
sscanf(str, "%d %s", &num, munja); /* num=100, munja=world 출력 */
```

strcat: 문자열 연결

사양	#include <string.h> char *strcat(char *str1, char *str2)
반환하는 값	연결후의 포인터 str1
인수	▪ 연결 대상 배열의 포인터 str1 ▪ 연결을 위한 문자열 포인터 str2

【사용 예】

```
char str1[20] = "He", str2[] = "llo world";
strcat(str1, str2);
puts(str1); /* Hello world를 출력 */
```

strchr: 선두에서부터 문자 검색

사양	#include <stdio.h> char *strchr(const char *str, int c)
반환하는 값	발견: 발견한 문자에 대한 포인터 실패: NULL
인수	▪ 검색하는 문자열에 대한 포인터 str ▪ 검색하려는 문자 c

【사용 예】

```
char *p, str[] = "test.c";
p = strchr(str, '.'); /* *strchr(str, '.') = '₩0'으로 기술할 수도! */
*p = '₩0';
puts(str); /* test를 출력 */
```

strcmp: 문자열 비교

사양	#include <string.h> int strcmp(const char *str1, const char *str2)
반환하는 값	str1 > str2이면 양의 정수 str1 = str2이면 0 str1 < str2이면 음의 정수
인수	▪ 문자열 포인터 str1 ▪ 문자열 포인터 str2

【사용 예】

```
char str1[] = "abc", str2[] = "abc";
if(strcmp(str1, str2) == 0) {
    printf("%s = %s₩n", str1, str2); /* abc = abc */
}
```

strcpy: 문자열 복사

사양	#include <string.h> char *strcpy(char *str1, const char *str2)
반환하는 값	포인터 str1
인수	▪ 복사 대상 배열의 포인터 str1 ▪ 복사 원본 문자열 포인터 str2

【사용 예】

```
char str1[20], str2[] = "Hello";
strcpy(str1, str2);
puts(str1); /* Hello를 출력 */
```

strlen: 문자열 길이 구하기

사양	#include <string.h> size_t strlen(const char *str)
반환하는 값	문자열 길이(사이즈)
인수	문자열 포인터 str

【사용 예】

```
char str = "Hello world";
size_t length = strlen(str);
```

```
printf("length = %d₩n", len); /* 11을 출력: ₩0을 포함하지 않음 */
```

strncat: 지정된 수만큼의 문자열 연결

사양	#include <string.h> char *strncat(char *str1, char *str2, size_t n)
반환하는 값	포인터 str1
인수	▪ 연결 대상 배열의 포인터 str1 ▪ 연결을 위한 문자열 포인터 str2 ▪ 연결하려는 문자 수 n

【사용 예】

```
char str1[20] = "He", str2[] = "llo world";
strncat(str1, str2, 3);
puts(str1); /* Hello를 출력 */
```

strncmp: 지정된 수만큼의 문자열 비교

사양	#include <string.h> int strncmp(const char *str1, char *str2, size_t n)
반환하는 값	str1 > str2이면 양의 정수 str1 = str2이면 0 str1 < str2이면 음의 정수
인수	▪ 문자열 포인터 str1 ▪ 문자열 포인터 str2 ▪ 비교하려는 문자 수 n

【사용 예】

```
if(strncmp(file_name, "test", 4) == 0) {
    printf("file_name = test₩n"); /* 파일명의 선두가 test */
}
```

strncpy: 지정된 수만큼의 문자열 복사

사양	#include <string.h> char *strncpy(char *str1, char *str2, size_t n)
반환하는 값	포인터 str1
인수	▪ 복사 대상 배열에 대한 포인터 str1 ▪ 복사 참조 문자열의 포인터 str2 ▪ 복사하고자 하는 문자 수 n

【사용 예】

```
char str1[20], str2[] = "Hello";
strncpy(str1, str2, 2); /* '₩0'은 포함되어 있지 않음 */
str1[2] = '₩0'; /* '₩0'을 추가 */
puts(str1); /* He를 출력 */
```

strchr: 뒤에서부터 문자 검색

사양	#include <string.h> char *strchr(const char *str, int c)
반환하는 값	발견: 발견한 문자에 대한 포인터 마발견시: NULL
인수	▪ 검색 대상 문자열의 포인터 str ▪ 검색하는 문자 c

【사용 예】

```
char *p, str[] = "ascii_file";
p = strchr(str, '_');
puts(p); /* _file을 출력한다 */
```

T

tan: tan(x) 계산하기

사양	#include <math.h> double tan(double radian)
반환하는 값	결과 값
인수	각도(단위는 radian이므로 주의하자)

toupper: 파일에 대해서 한 문자를 반환

사양	#include <ctype.h> int toupper(int c)
반환하는 값	영어 소문자: 영어 대문자 이외의 문자: 변환하지 않은 원래의 입력된 문자
인수	변환시키고자 하는 문자 c

tolower: 영어 대문자 → 영어 소문자로 변환

사양	#include <ctype.h> int tolower(int c)
반환하는 값	영어 대문자: 영어 소문자 이외의 문자: 변환하지 않은 원래의 입력된 문자
인수	변환시키고자 하는 문자 c

U

ungetc: 파일에 대해서 한 문자를 반환

사양	#include <stdio.h> int ungetc(int c, FILE *fp)
반환하는 값	정상: 문자 c 부정: NULL
인수	▪ 되돌려 쓰는 문자 c ▪ 파일 포인터 *fp

【사용 예】

```
FILE *fp;
int c;
fp = fopen("INPUT", "r"); /* INPUT 파일의 내용: 문자열 abc */
c = fgetc(fp); /* 문자 a의 입력 */
ungetc(c, fp); /* 문자 a를 되돌림 */
c = fgetc(fp); /* 문자 a의 입력 */
```

C. 연산자의 우선순위와 결합 규칙

<table>
<tr><th>연산자</th><th>비고</th><th>결합</th><th>우선순위</th></tr>
<tr><td>() [] .-> ++ --</td><td>++, --는 postfix</td><td>→</td><td rowspan="16">high
↑

↓
low</td></tr>
<tr><td>++ == sizeof & * + - ~ !</td><td>++, --는 prefix, &는 주소, +와 -는 단항+,-</td><td>←</td></tr>
<tr><td>(type)</td><td>캐스트</td><td>←</td></tr>
<tr><td>* / %</td><td>*는 곱셈</td><td>→</td></tr>
<tr><td>+ -</td><td>가감산</td><td>→</td></tr>
<tr><td><< >></td><td></td><td>→</td></tr>
<tr><td>< > <= >=</td><td></td><td>→</td></tr>
<tr><td>== !=</td><td></td><td>→</td></tr>
<tr><td>&</td><td>비트의 논리곱</td><td>→</td></tr>
<tr><td>^</td><td>비트의 배타적 논리합</td><td>→</td></tr>
<tr><td>|</td><td>비트의 논리합</td><td>→</td></tr>
<tr><td>&&</td><td>논리연산의 논리곱</td><td>→</td></tr>
<tr><td>||</td><td>논리연산의 논리합</td><td>→</td></tr>
<tr><td>?:</td><td>조건연산자(삼항연산자)</td><td>←</td></tr>
<tr><td>= = -= *= /= %= <<= >>= &= ^= |=</td><td></td><td>←</td></tr>
<tr><td>,</td><td>콤마 연산자</td><td>→</td></tr>
</table>

찾아보기

저자 약력

김태용 tykimw2k@dongseo.ac.kr
동서대학교 컴퓨터공학부 교수
일본 오카야마대학 공학석사 및 박사

본 결과물은
교육부 재원을 지원 받아 수행된
대학특성화(CK-1) 사업의 연구결과입니다.

C 프로그래밍 입문

인 쇄	:	2017년 1월 05일
발 행	:	2017년 1월 10일
저 자	:	김태용
발 행 처	:	도서출판 한산 서울시 서대문구 수색로 6길 43번지 105동 602호 TEL : 02) 304-3504 FAX : 02) 304-3505
발 행 인	:	김 기 영
등 록 번 호	:	제 10-1745 호
I S B N	:	979-11-87555-02-5(93560)

가 격	:	20,000 원 잘못된 책은 교환해 드립니다.